Ilse Wehrmann

Der Kita-Kollaps

Warum Deutschland endlich
auf frühe Bildung setzen muss!

HERDER

FREIBURG · BASEL · WIEN

© Verlag Herder GmbH, Freiburg im Breisgau 2023
Alle Rechte vorbehalten
www.herder.de

Satz: Carsten Klein, Torgau
Herstellung: GGP Media GmbH, Pößneck

Printed in Germany

ISBN Print: 978-3-451-60150-7
ISBN E-Book (EPUB): 978-3-451-83200-0

Inhalt

*»Eine Gesellschaft offenbart sich nirgendwo deutlicher
als in der Art und Weise, wie sie mit ihren Kindern umgeht.
Unser Erfolg muss am Glück und Wohlergehen unserer Kinder
gemessen werden, die in einer jeden Gesellschaft zugleich die
verwundbarsten Bürger und deren größter Reichtum sind.«*

(Nelson Mandela)

Vorbemerkung

Seit vielen Jahren engagiere ich mich für die frühkindliche Bildung und für die Zukunft der Kinder in unserer Gesellschaft. Im Vorfeld der Entstehung dieses Buches habe ich viele Gespräche geführt und mich mit Mitstreiter:innen, Fachleuten, Betroffenen, Politiker:innen und anderen Menschen über das Thema ausgetauscht. Ich habe viel Zuspruch und Unterstützung dafür erhalten, meine Stimme zu erheben und dieses Buch zu schreiben.

Sieben Expertinnen und Experten haben ein Vorwort für dieses Buch geschrieben und ich freue mich, dass wir ihre wichtigen Standpunkte hier abdrucken dürfen. Für die Unterstützung des Projekts gilt ihnen mein großer Dank!

Ilse Wehrmann

Vorworte

Vorwort von Prof. Dr. Rainer Strätz

Kitas erscheinen heute in der Presse fast nur noch unter zwei Stichworten: Unzuverlässigkeit und Fachkräftemangel. Beides könnte durch Lockdowns und hohen Krankenstand in der Pandemie entstanden sein; mit deren Ende sollten die Probleme dann wieder verschwinden, aber das geschieht nicht. Neuerdings müssen sich Eltern, auch wenn sie einen verbindlichen Betreuungsvertrag abgeschlossen haben, mithilfe einer »Kita-Ampel« auf ihrem Handy kurzfristig informieren, ob sich die Einrichtung überhaupt in der Lage sieht, ihr Kind für die vereinbarte Zeitdauer aufzunehmen. Manchmal müssen sie froh sein, wenn es überhaupt kommen kann.

Die Gründe sind schlicht: Es gibt immer noch deutlich weniger Kitas und Kita-Plätze, als für die verlässliche Erfüllung der Rechtsansprüche von Eltern notwendig wäre – diese Ansprüche stehen oft nur auf dem Papier. Sie wurden beschlossen, ohne dass sie (im Westen der Republik) auch nur im Ansatz bzw. in absehbarer Zukunft zu erfüllen gewesen wären, trotz Zuwachs an Geld und Personal in den letzten Jahren. Es gibt zu wenige Neubauten und in den schon bestehenden Kitas viel zu wenig sozialpädagogische Fachkräfte.

Beide Probleme – so dürfen wir vermuten – bestehen schon länger. Aber erst eine langfristig angelegte Recherche könnte das überzeugend belegen, am besten durchgeführt von einer Person, die das System der Tageseinrichtungen für Kinder selbst seit langen Jahren und in unterschiedlichen Funktionen mitverfolgt und daher aus verschiedenen Blickwinkeln kennt.

Eindrückliche Beispiele könnten zeigen, was wie geht und was warum nicht. So wird ein Betriebskindergarten, hinter dem die Unternehmensspitze steht, innerhalb von fünf Monaten gebaut und eröffnet. Öffentliche Verwaltungen dagegen können sich durch geringes Interesse der politischen Führung sowie eine Zange aus Regulierungswut und Entscheidungsscheu selbst so lähmen, dass ein Neubau nach vier Jahren noch nicht fertig ist.

Der Fachkräftemangel wurde schon vor 20 Jahren vorausgesehen und befindet sich jetzt endgültig in einer Abwärtsspirale: Weder kommen genügend neue Fachkräfte in das Berufsfeld (schlechtes Image, schlechte Ausbildungsbedingungen) noch bleiben sie angesichts demotivierender Arbeitsbedingungen in ausreichender Zahl.

Ist diese Vernachlässigung der Belange und der Rechte von Familien und Kindern auf die Kitas beschränkt oder betrifft sie auch weitere Bildungseinrichtungen? Nimmt sich unser rohstoffarmes Industrieland auf diese Weise selbst die einzige Zukunftsperspektive, nämlich ein optimales Bildungssystem?

Schließlich: Was wären sinnvolle und wirksame Korrekturmaßnahmen? Sie müssten längerfristig angelegt sein, Wundermittel gibt es wohl nicht. Und sie müssten alle relevanten Akteure an einen Tisch bringen, die »Chefetage« müsste den von der Krise Betroffenen, besonders den Eltern und Fachkräften, zuhören und dann entschlossen handeln.

Das könnte zu dem dringend notwendigen Paradigmenwechsel in unserer Gesellschaft führen, was den Stellenwert von Bildungseinrichtungen und speziell von Arbeitsplätzen in Kitas betrifft. Grundlage müsste ein Text sein, der das hier nur Angedeutete umfassend, prägnant und damit überzeugend darstellt, in dem allgemeine Überlegungen sich mit eindrucksvollen Einzelbeispielen abwechseln, in den umfangreiche Statistiken und

Ergebnisse von breit angelegten Umfragen einfließen und die Probleme unverhohlen, aber immer sachlich angesprochen werden.

Dieses Buch gibt es. Sie haben gerade begonnen, es zu lesen.

Prof. Dr. Rainer Strätz lehrt am Sozialpädagogischen Institut der Fachhochschule Köln.

Vorwort von Dr. Gabriele Haug-Schnabel

Eine wirklich gute Kita braucht viele professionell ausgebildete Fachkräfte. Nur sie können die aufrüttelnden und beeindruckenden Forschungsergebnisse der letzten Jahre für alle Altersgruppen differenziert und mit dem nötigen Engagement umsetzen. Die Aufträge für Qualifizierungen von Teams – zum Beispiel die sogenannte »Beobachtung bei laufendem Kitabetrieb« oder das Verfahren »Professionalität messen in Kitas« – zeigen uns jedoch deutlich, dass es dafür noch an zu wenigen zuständigen Stellen in den deutschen Bundesländern ein Bewusstsein gibt.

Wir reden hier von den Startvoraussetzungen für alle weiteren Bildungswege unserer Kinder. Die Kitas können genauso wie die »Grundschulen« Einfluss darauf nehmen, ob sich ein Kind in der Gruppe eher zu den Gewinnern oder doch mehr zu den Bildungsverlierern zählt. Und genau das beeinflusst seine Motivation für nächste Bildungsschritte!

Der ständige Personalmangel – im Kita- wie auch im Hortbereich – bremst zu viele Veränderungsimpulse aus. Leider hängt der Personalmangel auch mit der mir persönlich immer noch unerklärlichen Angst einiger Träger vor multiprofessionellen Teams zusammen, in denen pädagogische Fachkräfte und Pädagog:innen der Kindheit oder der frühen Kindheit gewinnbringend zusammenarbeiten.

Nur mit Mut und staatlicher Unterstützung bei mehr Flexibilität und Vielfalt, bei erweitertem Fachkräftekatalog und multiprofessionellen Teams kann es hoffentlich noch rechtzeitig zu positiven Veränderungen kommen.

Genau jetzt brauchen wir dieses Buch von Dr. Ilse Wehrmann, wenn wir wirklich neue Wege in der pädagogischen Begleitung von Kindern gehen wollen. Uns jetzt endlich der Diversität unter den Kindern und ihren Eltern bewusst zu werden und hierauf differenziert zu reagieren, ist hierbei nur *ein* Punkt, den Ilse Wehrmann thematisiert und einfordert.

Eines ist mir beim Lesen bewusst geworden: Wenn man genau hinsieht und auf die aktuellen Möglichkeiten und deren Umsetzung in den Kitas schaut, beruhigt uns keine Seite in Ilse Wehrmanns Buch.

Allein Kapitelüberschriften wie zum Beispiel »Viel Krampf um nichts!«, »Hindernislauf zur Betriebserlaubnis« und viele No-Gos mehr sind erschreckend und zeigen, dass wir das aktuelle Elend mit Überzeugung angehen und bekämpfen müssen, wenn wir für die nächsten Generationen wirklich etwas erreichen wollen.

Eindeutiger und berührender kann die Aufgabe, in den Kitas bewusst umzudenken, nicht dargestellt werden. Und genau das brauchen wir, um Veränderungen mit einem kritischen Blick anzugehen!

Dr. rer. nat. habil. Gabriele Haug-Schnabel, Verhaltensbiologin und Ethnologin, lehrt »Pädagogik der Kindheit« an der Evangelischen Hochschule Freiburg und »Early Childhood Education« sowie »Early Life Care« an der Universität Salzburg.

Vorwort von Prof. Dr. Susanne Viernickel

Ilse Wehrmann hat ein Buch zur Lage des deutschen Früherziehungssystems geschrieben. Sie kennt es seit Langem und von innen, weiß um die vielschichtigen, komplexen Zusammenhänge. Dennoch, und wahrscheinlich gerade deshalb, war sie immer auch Mahnerin: Wir wissen eigentlich besser, was pädagogische Fachkräfte brauchen, um gute Arbeit zu leisten, und was das System braucht, um zu funktionieren. Wir könnten es eigentlich besser machen. Doch ihre aktuelle Diagnose lautet: Die Situation ist desaströs.

Vor mehr als zehn Jahren haben wir in Studien zum Nutzen von Bildungsprogrammen im Elementarbereich festgestellt, dass die pädagogischen Fachkräfte vor einem Umsetzungsdilemma stehen: Den Qualitätsansprüchen und Anforderungen, die dort formuliert werden, können sie unter den gegebenen Rahmenbedingungen nicht genügen. Das zermürbt, macht unzufrieden und nicht selten krank. Vor zwei Jahren haben wir einen Warnaufruf veröffentlicht: Das Kita-System steht vor dem Kollaps! So geht es nicht mehr weiter! 150 Kolleginnen und Kollegen haben unterzeichnet. Heute ist es nicht besser, sondern schlimmer geworden. Das liegt zum einen an dem branchenübergreifenden Fachkräftemangel, der natürlich auch das Früherziehungssystem betrifft. Es liegt sicherlich auch daran, dass die aufeinanderfolgenden, teils parallel verlaufenden krisenhaften Ereignisse pädagogischen Fachkräften abverlangen, an ihre Grenzen und oft genug auch darüber hinauszugehen. Die Ursachen allein in diesen externen Faktoren zu sehen, wäre allerdings verfehlt. Darauf weist Ilse Wehrmann in ihrem Buch in aller Deutlichkeit und notwendigen Schärfe hin.

Sie blickt aus verschiedenen Perspektiven auf das Früherziehungssystem in Deutschland, stellt die aktuelle Situation in einen historischen wie gesellschaftlichen Kontext und zeigt anhand zahlreicher Beispiele Versäumnisse auf. Das Grundproblem sieht Ilse Wehrmann in der gesellschaftlichen Geringschätzung von Kindern und Familien. Kinder haben keine Lobby und sie sind nicht Zielgruppe von politischen Entscheidungsträgern. Ihre lebendigen Schilderungen davon, wie Bürokratismus, Partikularinteressen und Unfähigkeit dringend notwendige Ausbau- und Personalgewinnungsmaßnahmen lähmen, wie Kita-Träger im Labyrinth von (Nicht)zuständigkeiten, Finanzierungswegen und Auflagen gefangen sind, führen uns die Absurdität der Lage so pointiert vor Augen, dass man lachen müsste – wenn es nicht so traurig wäre.

Einige der wichtigsten Aussagen: Es klappt, wenn etwas zur Chefsache wird. Kita-Leitungen brauchen größere Entscheidungsspielräume. Kinderrechte müssen (endlich) ins Grundgesetz. Ilse Wehrmanns Buch ist ein Rundumschlag; der jedoch ist auch nötig. Denn es geht nicht nur darum, Hürden beim Ausbau abzubauen, sondern das »Gesamtpaket« aufzuschnüren. Finanzierungsstrukturen und -ressourcen müssen verbessert, Träger professionalisiert werden. Pädagogische Fachkräfte brauchen eine hervorragende Ausbildung. Hierfür müssen Fachschulen und Hochschulen gestärkt und unterstützt werden. Sie brauchen an ihren Arbeitsplätzen Strukturen, die es ihnen ermöglichen, ihr Wissen und Können auch einzusetzen und ihre pädagogischen Werte und Ziele zu realisieren. Und sie brauchen gesellschaftliche Wertschätzung, die sich auch monetär ausdrückt.

Mit dem vorliegenden Buch macht Ilse Wehrmann deutlich, dass sie noch nicht müde geworden ist und dass sie daran glaubt, dass es besser werden kann. Inspirierend und mutmachend lesen sich die konkreten Vorschläge zum Abschluss des Buches. Nicht kleckern, sondern klotzen ist hier die Devise. Nur eine gemeinsame, konzertierte Anstrengung kann die Bildungswende einläuten. Dass einige der Forderungen kontrovers diskutierbar sind und wahrscheinlich heftige Gegenrede hervorrufen werden, spricht nicht gegen, sondern für dieses Buch: Als ein kenntnisreiches Kompendium zum Zustand unseres Kita-Systems und leidenschaftliches Plädoyer für ein Umdenken in der Gesellschaft, hin zu einer Zuwendung zum Kind.

Prof. Dr. Susanne Viernickel ist Professorin für Pädagogik der frühen Kindheit an der Universität Leipzig.

Vorwort von Prof. Dr. mult. Wassilios E. Fthenakis

Der Kita-Kollaps ist kein gewöhnliches Buch. Es folgt nicht der politischen Korrektheit bisheriger Publikationen im Bereich der frühen Bildung. Vielmehr ist es ein Protestbuch über eine anhaltende Bildungsmisere, gegründet auf der langen Erfahrung einer Akteurin, die sich lebenslang für eine bessere Bildung unserer Kleinsten eingesetzt hat.

Man würde diesem Buch allerdings nicht gerecht, würde man es nur als eine Protestschrift betrachten. Denn Ilse Wehrmanns Anliegen ist es, jene in ihrer Verantwortung wachzurütteln, die es bislang versäumt haben, der frühen Bildung jenen Stellenwert im Bildungssystem einzuräumen, den sie längst verdient: Sie ist als das Fundament erfolgreicher Bildungsbiographien, als der Bildungsbereich, in dem Investitionen den höchsten Profit erbringen, als Ort, in dem Kompetenzen gestärkt werden, kurz als die wichtigste Bildungsstufe zu betrachten und als solche auf die politische Agenda zu setzen.

Das Buch erscheint zu einem Zeitpunkt, in dem die darin enthaltenen Forderungen nicht nur den frühpädagogischen Bereich betreffen. Vielmehr gelten sie für das gesamte Bildungssystem. Wir bereiten unsere Kinder nicht auf die Zukunft vor, nicht einmal auf die Gegenwart. Wir wenden immer noch Schablonen der Vergangenheit an und bieten damit Bildung für eine nicht mehr wiederkehrende Vergangenheit. Noch dazu: Jedes Bundesland tut es anders, mit der Konsequenz, dass unserem Land die am höchsten ausgeprägte Bildungsungerechtigkeit im OECD-Vergleich attestiert wird.

Wenn man dieses Buch zum Anlass nimmt, einige Gedanken zur Überwindung der Misere, d. h. zur nunmehr unverzichtbaren Reform des Bildungssystems zu äußern, so wird man nicht umhin können, zumindest fünf Bereiche zu benennen:

- Unser Verständnis von kindlicher Entwicklung und vom frühen Lernen bedarf einer radikalen Neuorientierung: Die Zeit, in der der Selbstbildungsprozess propagiert und zum dominanten Paradigma erklärt wurde, ist unwiderruflich vorbei. Reformierte Bildungssysteme begreifen Entwicklung und kindliches Lernen als einen primär sozialen Prozess, an dem sich das Kind, die Fachkräfte, andere Kinder und nicht zuletzt die Eltern und andere Erwachsene beteiligen. Die Generierung von Wissen und vor allem die Entwicklung von Sinn werden primär sozial prozessiert. Das Prinzip der Interaktion ist grundlegend und bestimmt die Qualität des Lernprozesses. Das Kind eignet sich das sozial konstruierte Wissen an, verarbeitet es, um es in neue Interaktionen und Dialoge einzubringen. Interaktion und Dialog sind Schlüsseldimensionen des veränderten Verständnisses von kindlichem Lernen. Diese theoretische Positionierung sieht sich heute mit Herausforderungen der neuen Technologien konfrontiert. Die Theorien des 20. Jahrhunderts konzentrierten sich auf Interaktionen zwischen Individuen: Eltern und Kind, Lehrer und Kinder usw. Die neuen Technologien spielen eine aktive Rolle und erweitern die Komplexität des Lernprozesses. Seit Mitte des ersten Jahrzehnts des 20. Jahrhunderts wurde mit dem Konnektivismus, mit den Theorien des digitalen Zeitalters und in jüngster Zeit mit den Möglichkeiten der künstlichen Intelligenz ein theoretischer Ansatz für diese neue Herausforderung vorgestellt. Diese theoretische Neuorientierung kann die Grundlage für ein reformiertes Bildungssystem in Deutschland bieten

- Spätestens seit 1996 mit den ersten frühpädagogischen Bildungsplänen auf internationaler Ebene bahnt sich eine Entwicklung an, die zu einem Paradigmenwechsel in der Frühpädagogik führt: Frühe Bildung gewinnt an Bedeutung und sie stellt die Stärkung kindlicher Entwicklung und kindlicher Kompetenzen anstatt der Vermittlung von bloßem Wissen in den Mittelpunkt. Spätestens seit Emile Durkheim, vor hundert Jahren in Frankreich, und Heinrich Roth, Ende der sechziger Jahre in Deutschland, ist der Kompetenzansatz das zentrale Paradigma bei der Konstruktion neuerer Bildungspläne. Unter anderem waren der bayerische und hessische Bildungsplan Vorreiter dieser Entwicklung, in der die Stärkung neuer Kompetenzen vorgestellt und Bildungsprozesse als soziale Konstruktion ausgelegt wurden. Nun sind alle diese Bildungspläne zu einer Zeit entstanden, in der digitale Angebote weitgehend fehlten. Viele davon haben bereits das Alter von zwanzig Jahren erreicht. Bildungspläne müssen spätestens alle zehn Jahre überprüft und weiterentwickelt werden. Diese Aufgabe steht an, und sie kann nicht länger auf sich warten. In diesem Zusammenhang müssen Diskussionen einbezogen werden, die seit geraumer Zeit international stattfinden und die den Bereich der Zukunftskompetenzen betreffen. Zusätzlich werden neuere Handlungsansätze und Apps in die frühpädagogische Praxis eingeführt, wie dies derzeit in manchen Einrichtungen der Fall ist.
- Didaktische Ansätze, wie sie bislang zur Anwendung kamen, sind für eine reformierte Frühpädagogik nicht mehr

geeignet. Wenn Interaktion, Kommunikation, Kooperation und Dialog das pädagogische Handeln bestimmen, wird ein didaktisches Modell benötigt, das diesen Ansprüchen gerecht wird. Hier bedarf es einer Wende, die das Kind von Anfang an in komplexe soziale Interaktionen einbettet, seine Bildung aktiv, aber nicht allein in analogen wie virtuellen Kontexten gestaltet. Der pädagogisch-didaktische Ansatz der Ko-Konstruktion lädt jedes Kind ein, sich an der Konstruktion von Wissen und vor allem an der Entwicklung des Sinns aktiv zu beteiligen und ist damit im Höchstmaß inklusiv. Ko-Konstruktion baut auf der Diversität von Expertisen und kindlichen Beiträgen auf, gestaltet sich als ein symmetrisches Modell und stellt den ersten didaktischen Ansatz dar, der keine passiven Partner kennt. Und wie eine jüngst veröffentlichte Studie bestätigt, wird sie von den Fachkräften präferiert, verglichen mit anderen didaktischen Ansätzen. Studien bestätigen zudem, dass sie die höchste Bildungsqualität sichert.

- Neue Lernräume: Es versteht sich von selbst, dass die Fokussierung auf die Interaktion, die Anwendung der Grundsätze des Dialogs im Lernprozess und allgemein die Anforderungen eines neuen pädagogischen und didaktischen Ansatzes, wie ihn die dialogische Pädagogik bereitstellt, andere Lernräume erfordern. Dieses Thema ist Gegenstand zahlreicher Studien und spezifischer Vorschläge, darunter auch des digitalen Raums, und es wird Konsequenzen für die Gestaltung bestehender wie auch künftiger Einrichtungen haben. Neue Technologien bieten die Möglichkeit, den Lernprozess des Kindes zu erweitern und zu vertiefen, indem auch Lerninhalte und -prozesse zugänglich gemacht werden, die sonst unerreichbar geblieben wären. Multisensorisches Lernen und Lernen mit und von Animationen sind zwei Ansätze unter vielen, die derzeit in der Frühpädagogik zur Anwendung kommen. Um beim Letzteren zu bleiben: Wenn ein Bild mehr als tausend Worte sagt, dann sagt eine Animation mehr als tausend Bilder. Ich deute damit an, dass ein modern organisierter Lernprozess allein mit bisherigen Ansätzen nicht weiterkommt und dass Räume benötigt werden, die diese Ansätze erfolgreich implementieren lassen.

- Die derzeit wichtigste Herausforderung besteht in einer kreativen wie verantworteten Verknüpfung analoger und virtueller Lernangebote. Die Stärkung kindlicher digitaler Kompetenz, als transversale Kompetenz, stellt neben Lesen, Schreiben und Rechnen eine der vier wichtigsten Kompetenzen dar und sie muss früh, spätestens mit dem zweiten Lebensjahr des Kindes, und noch mehr systematisch im Kindergarten, gestärkt werden. Die Abstinenz des Bildungssystems und die bisherige Beschränkung auf die Bereitstellung von Infrastruktur sind bei Weitem nicht ausreichend. Effekte des Einsatzes neuer Technologien sind nur zu sichern, wenn neben einer funktionierenden und gewarteten Infrastruktur, Bildungspläne bereitgestellt werden, die der digitalen Kompetenz den ihr gebührenden Stellenwert einräumen, sie nicht lediglich auf Informatik reduzieren, sondern als eine alle Lernbereiche durchdringende Kompetenz einbetten. Die Professionalisierung der Fachkräfte und gut informierte und kooperierende Eltern tragen dazu bei. Die Zukunft der Bildung ist digital und wir müssen ihre Chancen für unsere Kinder nutzen, sodass sie kritisch und konstruktiv mit den neuen Technologien umgehen können.

Im Zentrum jeder Reform steht das Kind, in seiner Individualität, mit seinen Rechten und Bedürfnissen. Das Bildungssystem hat jedem Kind zu helfen, seine eigene Welt, in der es leben möchte, mitzuentwickeln und mitzuverantworten. Dies alles kann nur erreicht werden, wenn gut professionalisierte Fachkräfte und geeignete Arbeitsbedingungen gesichert und geboten werden. Inwieweit dies mit der Pluralität der Trägerstrukturen für den frühpädagogischen Bereich erreicht wird, bleibt offen. Und wenn der Staat seiner Pflicht nachkommen möchte, jedem Kind faire und gerechte Bildungschancen zu bieten, wird dies ohne eine neue Regulierung des Systems nicht zu erreichen sein.

Mit Blick auf die Professionalisierung der Fachkräfte muss endlich eine Reform eingeleitet werden, die sowohl das Ausbildungsniveau als auch die -qualität fokussiert und Fachkräfte nicht auf eine Bildungsstufe vorbereitet, sondern als Ko-Konstrukteure kindlicher Biografien qualifiziert. Die Fokussierung auf individuelle kindliche Biografien, nicht eine solche auf die jeweilige Bildungsstufe, muss die Richtlinie sein, und es sollten Bildungspläne vorgelegt und implementiert werden, die institutionenübergreifend den individuellen Bildungsverlauf im Auge behalten.

Wenn wir dem Appell Ilse Wehrmanns folgen möchten, dann geht es nicht um kosmetische Operationen. Es geht um eine tiefgreifende Reform des Bildungssystems und um einen neuen Entwurf einer Frühpädagogik, die unsere Kinder auf eine nicht prognostizierbare, von beschleunigtem Wandel gekennzeichnete Welt vorbereitet. Die Perspektive bleibt alternativlos. Die Lektüre des Buches liefert eine fundierte Grundlage für Forderungen dieser Art. Der Verfasserin gebührt unser höchster Dank und unsere Anerkennung dafür, den Mut aufgebracht zu haben, uns alle an diese nicht mehr verantwortbare Misere mit der ihr eigenen Aufdringlichkeit zu erinnern. Und die Verantwortlichen können sich den Luxus der Langsamkeit in Zeiten der Beschleunigung nicht mehr leisten.

Prof. Dr. mult. Wassilios E. Fthenakis war zwischen 1975 und 2005 Direktor des Staatsinstituts für Frühpädagogik in München. Zwischen 1987 und 2002 hatte er eine Professur für Entwicklungspsychologie und Familienforschung an der Universität Augsburg inne und zwischen 2002 und 2012 war er ordentlicher Professor für Entwicklungspsychologie und Anthropologie an der Freien Universität Bozen/Italien. Zwischen 2006 und 2019 war er Präsident (und seit 2019 Ehrenpräsident) des Didacta Verbandes.

Vorwort von Xenia Roth

Wollen Sie, liebe Leserin und lieber Leser, sich auf die Lektüre dieses Buches wirklich einlassen? Hat Sie der Titel gelockt, neugierig gemacht? Ist gar Ihr erster Reflex gewesen: »Ja genau, den gibt's, den Kita-Kollaps?« Oder dachten Sie: »Was soll diese Schwarzmalerei? Ein weiterer Beitrag zum Politik-Bashing«? Oder nagt in Ihnen einfach die Sorge um die Zukunft Ihrer und unser aller Kinder?

Sie sind Vater oder Mutter eines Kindes im Kita-Alter, leben im Westen Deutschlands und sind fortlaufend mit Einschränkungen des Betreuungsangebotes konfrontiert, sofern Sie überhaupt einen Platz gefunden haben? Zur Wahrheit gehört dann auch: Sollte Ihr Kind schon früh einen Platz erlangt haben, dann zählen Sie möglicherweise zu den eher privilegierten Kreisen unserer Gesellschaft, denn Sie finden sich in den Zugangsregelungen zurecht und verfügen gegebenenfalls über Durchsetzungsvermögen und Hartnäckigkeit. Dabei hoffen Sie, dass Ihre Bereitschaft zur Streitbarkeit sich nicht negativ auf das Verhalten des Fachpersonals gegenüber Ihrem Kind auswirken möge.

Oder Sie sind Mitarbeiterin oder Mitarbeiter in einer Kita und verbinden mit dem Griff zum Buch die Frage: »Mal sehen, ob hier mal jemand wirklich eine Ahnung von der Praxis hat?« Sie haben vielleicht die Hoffnung, dass Sie in Ihrem herausfordernden Alltag nicht alleine sind und jemand mit der Kraft des Wortes auch für Sie die Stimme erhebt?

Oder Sie sind fachpolitisch tätig. Wenn Sie diese Arbeit schon länger als 20 Jahre machen, dann erhoffen Sie sich vielleicht Zuspruch und Mut, dass Ihr Einsatz doch hier und da zu Verbesserungen beigetragen hat. Vielleicht setzen Sie auch auf die im Inhaltsverzeichnis lockenden »Hoffnungsschimmer«, von denen

Sie sich neue Kraft, Zuversicht und die Stärkung Ihrer Ausdauer versprechen.

Ilse Wehrmann hat mich um ein Vorwort gebeten. Und ich stelle mir die Frage: Warum ich? Auch stelle ich mir die Frage: Will ich mich darauf wirklich einlassen? Doch allein schon, dass ich mir diese Frage stelle, zeigt den Wert dieser Veröffentlichung. Wegducken gilt nicht. Hinhören und hinschauen, wie es um die Erziehung, Bildung und Betreuung unserer Kinder und damit um unsere Zukunft bestellt ist, das ist der Mahnruf des Buches. »Interessiert Euch!« ist der Zuruf an alle, die davon überzeugt sind, dass die Zukunft unseren Kindern gehört und wir eine Verantwortung für das Erbe haben, das wir ihnen weitergeben.

Interesse zeigen, das ist der Aufruf an uns Leserinnen und Leser. Interesse zeigen, und zwar in einem Sinne, wie es der Bedeutung und Herkunft dieses Wortes eigen ist: Sein lateinischer Ursprung weist uns den Weg. Es geht um ein »dabei sein«, um »Anteil nehmen« und ein »dazwischen« sein. Es geht also darum, sich nicht zu entziehen, sondern sich zu befassen, sich eine Meinung zu bilden, auch wenn sich diese mit den Perspektiven des anderen, in unserem Fall mit den Perspektiven Ilse Wehrmanns, nicht zwingend decken muss, man sich »dazwischen« fühlt, man sich »einmischen« oder »mitmischen« möchte. Interesse setzt sich aus den lateinischen Wörtern »inter = zwischen« und »esse = sein« zusammen. So ist die Bedeutung des Wortes »Interesse« beeinflusst von der lateinischen Form »interest«, also »es ist ein Unterschied« und »es ist wichtig«. Und darum geht es: Es macht einen »Unterschied«, ob jemand die Stimme für viele erhebt oder sich niedergeschlagen mit den Gegebenheiten abfindet. Und: Es ist wichtig. Es ist wichtig, Interesse zu zeigen. Wer will dies leugnen, wenn es um die Zukunft seiner und unser aller Kinder geht?

Wir alle kennen das Motto: Love it, change it or leave it. In unserem Fall fällt »leave it« als Wahlmöglichkeit aus, solange wir eine Verantwortung für die Zukunft unserer Kinder auch bei uns selbst sehen. Bleiben »love it« oder »change it«. Im Fall der Lektüre des Buches, das Sie nun in Händen halten, fallen »love it« und »change it« zusammen. Das eine geht nicht ohne das andere. Ilse Wehrmann geht uns Leserinnen und Lesern voran: Man spürt ihre Liebe und Verbundenheit zu Kindern und für all diejenigen, die sich im System der Kindertagesbetreuung für ein gutes Aufwachsen von Kindern einsetzen. Und es ist diese ihre Verbundenheit, die den »Change«, die Veränderung, fordert. Damit will sie uns anstecken. Aber es gilt auch umgekehrt. Die Kraft, die notwendige Veränderung einzufordern, immer und immer wieder, nicht müde zu werden, diese Kraft findet ihre Quelle in dieser Verbundenheit, in ihrer Liebe zu den Kindern, im Sinn und Ziel, sich für die Zukunft eines jeden Kindes einzusetzen. Das zeigt uns Ilse Wehrmann mit Herz, Sinn und Verstand. Interessieren wir uns also.

Was Ilse Wehrmann vorlegt, ist keine wissenschaftliche Studie. Sie berichtet von ihren Erfahrungen und Beobachtungen, schreibt aus ihrer subjektiven Wahrnehmung und greift zugleich die Wahrnehmung einer ungezählten Vielheit auf, was die Menge der zitierten Quellen belegt.

Ilse Wehrmann adressiert vielfach die Politik. Hätte sie dann nicht auch Briefe schreiben können, an den Bundeskanzler, Ministerinnen und Minister, Senatorinnen und Senatoren, Abgeordnete im Bundesparlament oder in Landesparlamenten? Aber wer ist die Politik? Sind es wirklich »die da oben«? Da hilft ein Blick auf die Wurzeln der Demokratie. Im alten Griechenland hießen die Stadtstaaten »polis«. Das waren Städte, in denen sich die Bürger selber verwalteten. Gemäß dem Wortsinn des griechischen »ta politika«, »das, was die Stadt angeht«, war »Politik« eben genau das: die Angelegenheit des Bürgers in der Polis. Das ist das bleibende Vermächtnis der griechischen Demokratie, wenngleich aus heutiger Perspektive darauf hinzuweisen ist, dass Frauen, Sklaven und Fremdarbeiter nicht als Bürger im politischen Sinne des Wortes galten und deshalb von der Beteiligung ausgeschlossen blieben. Eben aus dieser Selbstverwaltung der Bürger leitet sich das Wort »Politik« ab. Polis – das sind nicht »die da oben«, das sind wir alle. Ilse Wehrmann spricht uns alle an. Wir alle tragen Verantwortung, wenn es um die Zukunft unserer Kinder geht.

Als Referentin für Grundsatzfragen der Kindertagesbetreuung bei der Landesregierung Rheinland-Pfalz begegnen mir viele der in diesem Buch zusammengetragenen Botschaften. Wen wundert's. Nicht selten sind diese Botschaften für mich ein nach Aufmerksamkeit heischendes Politik-Bashing. In der Konsequenz kommt kein Diskurs zustande. Vielleicht fehlt auf beiden Seiten dann das Interesse im oben beschriebenen Sinne. Bei anderen Eingaben spüre ich das Herzblut und die Sorge, ein großes Interesse, den eigenen leidvollen Erfahrungen in einem vielfach von Überforderung betroffenen oder bedrohten System die Hoffnung auf eine Veränderung entgegenzusetzen. Es sind viele einzelne Stimmen. Noch in den Anfängen steckt der mutige Schritt von Fachkräften und Eltern, sich ehrenamtlich zu organisieren. So setzen sich Fachkräfteverbände und gewählte Elternvertretungen für die je eigenen und gemeinsam für die geteilten Interessen ein, erheben die Stimme für eine gute Erziehung, Bildung und Betreuung der ihnen in unterschiedlichen Rollen anvertrauten Kinder. Ilse Wehrmann bündelt die Vielfalt der Perspektiven, fasst zusammen, rüttelt auf und lädt ein, sich ihrem und den Weckrufen anderer anzuschließen. Das macht dieses Buch so anders, macht einen Unterschied zu den vielfach von Frust und Aggression dominierten Eingaben, die mich in meinem Berufsalltag erreichen.

Es ist ein umfassender und ernüchternder Befund, den Ilse Wehrmann hier in einer Zusammenschau von Beobachtungen und Erfahrungen konstatiert. Doch es folgt der »Hoffnungsschimmer«, der Aufruf, nicht stehen zu bleiben. Ob es gleich ein Masterplan ist? Too much? Es geht um die Symbolkraft. Ich halte es für richtig, groß zu denken; klein denken, heißt, sich klein machen. Denn es geht um Großes, nämlich die Kleinsten unserer Gesellschaft. Und diese Kleinsten interessieren sich nachweislich mit großem Interesse – und zwar im oben beschriebenen Sinne – für die großen Themen unserer Welt. Sie haben eine Idee davon, dass es bei der Klimakrise um nichts weniger als die Rettung unseres Planeten geht. Wollen wir sie da nicht mit viel Selbstvertrauen, das in guten Beziehungen wachsen kann, stärken und rüsten? Ilse Wehrmann zeigt Perspektiven auf.

Die umfang- und facettenreiche Beschreibung der Kita-Wirklichkeit ist bei Ilse Wehrmann keine theoretische Analyse. Die Autorin schöpft ganz wesentlich aus ihren eigenen Erfahrungen. Ilse Wehrmann kennt das System Kita – und zwar seit Jahrzehnten aus unterschiedlichen Rollen, immer von Engagement und dem Willen für eine professionelle Weiterentwicklung der Fachpraxis angetrieben. Lange Jahre war sie als Verantwortliche in einem großen Trägerverbund tätig, war fachpolitische Vertreterin. Als große Netzwerkerin ist sie mit Praxis, Forschung und Wissenschaft verbunden. Kontakte in die Politik und die Administration hat sie auf allen Ebenen. Als Selbstständige unterstützt sie seit Jahren Firmen bei dem Aufbau eigener Kitas und begleitet die Bauten von Kitas – wir erinnern uns: Der Raum als dritter Erzieher, der Kindern Sicherheit und Bildungsgelegenheiten bieten und zugleich das Personal unterstützen und entlasten kann. Ilse Wehrmann kennt die Interessen der Wirtschaft. Die in diesem Buch gesammelten Beobachtungen und Erfahrungen sind also aus ihrer subjektiven Perspektive festgehalten und gründen in ihrem profunden Wissen und großen Erfahrungsschatz, der sich in Deutschland so schnell kein weiteres Mal finden lassen dürfte.

Wenn Sie sich, liebe Leserin und lieber Leser, auf die Lektüre einlassen, dann geht es Ihnen vielleicht wie mir, dass Sie nicht alle Erfahrungen oder aber auch Ideen und Gedanken zur Verhinderung oder Überwindung eines Kita-Kollaps teilen können. Bei mir zum Beispiel erhebt sich Widerspruch, wenn es um die Einschätzung des föderalen Systems geht. Ich würde dabei gerne in die Diskussion einbringen, dass ich die Chance sehe und in meinem Berufsalltag erfahre, dass die Vielfalt der Länderperspektiven eine Bereicherung ist. Getreu dem Motto: Konkurrenz belebt das Geschäft. Den dem föderalen System innewohnenden Wettbewerb sollte man nicht unterschätzen. Alle Länder sind beispielhaft in der Kindertagesbetreuung – nur eben bei unterschiedlichen Qualitätsaspekten. Ich teile wiederum die sich daraus ergebende Konsequenz: Wie kann das jeweils Gute in die Fläche gehen und eine bessere Vergleichbarkeit der Bedingungen des Aufwachsens in unserem Land hergestellt werden? Aber, und so verstehe ich Ilse Wehrmann in diesem Buch, genau darum geht es: sich einzubringen, sich auseinanderzusetzen, dann aber nicht zerreden, sondern ins verantwortliche Handeln kommen.

Ich kenne meinen Reflex, wie wichtig es ist, auch die Fortschritte aufzuzeigen, die es durchaus gegeben hat; sie finden sich – weniger laut – auch in diesem Buch. Meist gingen fachliche und inhaltliche Impulse für die Frühe Bildung von Krisen aus. So die Bildungsreform in den 60er- und 70er-Jahren des letzten Jahrhunderts nach dem Sputnik-Schock oder die Bildungsdebatte in den Nullerjahren nach dem PISA-Schock. Ich weiß aber leider auch, dass viele Zitate zur Situation der Kita-Praxis aus diesen Jahren unverändert die heutige Situation wiedergeben.

Eine Veränderung ist unübersehbar, auch wenn sie längst in ihrer Konsequenz noch nicht wahrgenommen oder für wahr genommen wird: Das Kita-System ist mengenmäßig ein Gigant geworden. Die Dynamik sucht ihresgleichen. Durch den Ausbau an Plätzen und Betreuungszeiten in Kitas sind in der Kinder- und Jugendhilfe inzwischen deutlich mehr Personen beschäftigt als in der Automobilindustrie. Doch scheint es unverändert so zu sein, dass des Deutschen liebstes Kind das Auto bleibt. So werden soziale Leistungen zwar als Beitrag zur Sicherstellung einer funktionierenden Wirtschaft betrachtet, aber wenig darauf geschaut, was für die Sicherstellung funktionierender sozialer Leistungen erforderlich ist. Kindertagesbetreuung darf nicht verzweckt und auf die Zulieferung der Fachkräfte von morgen reduziert werden. Noch dürfen in der Aufgaben-Trias der Kindertagesbetreuung die Aufträge zur Erziehung und Bildung dem Betreuungsauftrag nachgeordnet werden, nur damit Mütter und Väter gleichermaßen als Arbeitskräfte zur Verfügung stehen. Kindertagesbetreuung folgt einer eigenen Logik. Sie ist ein komplexes Beziehungsgeschehen. Beziehungsangebote, wie sie dem anspruchsvollen Auftrag der Kindertagesbetreuung zugrunde liegen, lassen sich nicht automatisieren, ihnen ist das Unvorhersehbare immanent. Sie kosten Zeit und zwar von Menschen. Von Menschen, die für diese Arbeit qualifiziert und motiviert sind. Ein gutes Heranwachsen unserer Kinder ist ein gesellschaftlicher Wohlstand und ein Wachstum, das sich einer direkten kapitalistischen Verwertbarkeit entzieht. Dabei ist dieses Wachstum zugleich unser einziges und eigentliches Kapital. Apropos Kapital:

Wenn ein politischer Wille da ist – dann folgt das Geld. Entsprechend gilt es nicht, Geld zu fordern, sondern das »Interesse« zu wecken für die Ziele und die Notwendigkeit, als Gesellschaft in die Erziehung, Bildung und Betreuung der Kinder zu investieren.

Ich hoffe, liebe Leserin und lieber Leser, Ilse Wehrmann weckt Ihr Interesse.

Xenia Roth ist Psychologin und Theologin und leitet das Referat »Grundsatzfragen der Kindertagesbetreuung« im Ministerium für Bildung der Landesregierung Rheinland-Pfalz.

Vorwort von Ayla Çelik

Wer die frühkindliche Bildung vernachlässigt, verspielt die Chancengleichheit – die Grundvoraussetzung für eine gleichberechtigte gesellschaftliche Teilhabe und ein selbstbestimmtes Leben. Als Gesellschaft müssen wir für unsere Kinder und deren Zukunft einstehen. Es ist daher zwingend, dass die Politik ihrer Fürsorgepflicht nachkommt und die notwendigen Ressourcen zur Verfügung stellt, damit Kinder – unabhängig von der Postleitzahl und der Finanzkraft der Eltern – ihrer Teilhabechancen nicht beraubt werden. Jede Investition in Bildung ist eine Investition in die Zukunft unserer Gesellschaft, in die Demokratie und in die Zukunft der Kinder und Jugendlichen.

Das Buch »Kita-Kollaps« sollte Pflichtlektüre für all diejenigen sein, die auf das Bildungssystem, seine Ressourcen und Hindernisse Einfluss haben. Das politische Hin und Her der letzten Jahrzehnte war weder zielorientiert noch bedarfsorientiert. Ilse Wehrmann legt hier einen Leitfaden vor, der durchaus die Grundlage für ein Konzept für die nächsten 20 Jahre bietet.

Die Fakten und wissenschaftlichen Erkenntnisse aus den letzten 20 Jahren sind derart zwingend dargestellt, dass wohl niemand ernsthaft daran zweifelt, wie notwendig ein Systemwechsel ist. Tatsächlich erscheint das Desinteresse der Politik als größtes Hindernis, so dass kontraproduktive Kräfte jeden nebensächlichen Grund aufgreifen, um die Rechte der Kinder auf Bildung und Chancengleichheit zu beschneiden. So wenig vorrausschauende Vernunft lässt uns keine andere Wahl, als die Rechte der Kinder eindeutig im Grundgesetz zu verankern und das Projekt Bildung zur Chefsache zu machen.

Wenn Deutschland nicht zum Schlusslicht hinter vergleichbaren Ländern verkommen soll, müssen wir sofort beginnen, die

Weichen zu stellen und unmissverständliche Vorgaben umzusetzen, ähnlich wie in der Energiepolitik.

Die überbordende Bürokratie muss jetzt vereinfacht werden, so dass Bildungsinstitutionen Ressourcen selbst gezielt einsetzten dürfen. Gesetze, die wie potemkinsche Dörfer Rechte vorgaukeln, diese aber nicht erfüllen, sind unerträglich und ein zynischer Betrug an den Familien.

Optimale Bedingungen für unser Bildungssystem müssen absolute Priorität bekommen und dürfen nicht vom Wohlwollen weniger einsichtiger Politiker oder Sachbearbeiter abhängen. Die Industrie macht es aus lauter Not vor, das heißt: Es geht, wenn man will.

Kitas und Schulen brauchen mehr Autonomie, mehr Geld und weniger Vorgaben und Regeln, die mit immens hohem Aufwand verbunden sind. Ilse Wehrmann zeigt in prägnanter Form die Probleme und Lösungsmöglichkeiten auf, die nicht weiter leichtfertig auf die lange Bank geschoben werden sollten.

Ayla Çelik ist Landesvorsitzende der GEW in Nordrhein-Westfalen.

Vorwort der Bundeselternvertretung für Kinder in Kindertageseinrichtung und Kindertagespflege (BEVKi)

»Das Kita-System steht vor dem Kollaps!« Diese Warnung von rund 150 Wissenschaftler:innen kann ergänzt werden durch: »Familien stehen vor dem Kollaps!«

Reduzierung der Betreuungszeit, Gruppenschließungen, kein Platz in der Ganztagsbetreuung für Grundschulkinder, Erhöhung der Verpflegungskosten – kein Tag vergeht momentan, ohne dass Familien in Deutschland in Not geraten.

Ilse Wehrmann zeigt in ihrem Buch sehr eindringlich auf, wie sich die derzeitige Situation in Deutschland für Kinder, Eltern und auch für die Fachkräfte in Kindertageseinrichtungen darstellt, welche Probleme auftreten und warum es notwendig ist, dass sich der Bund konstant, verlässlich und ausreichend finanziell am System der frühkindlichen Bildung, Betreuung und Erziehung (FBBE) beteiligt.

Kinder sind die Zukunft unserer Gesellschaft – so wird es jedenfalls oft formuliert. Und nicht nur die Eltern sollten dies wissen und ihr Bestmögliches tun, um die Zukunft der Gesellschaft gut zu versorgen, zu erziehen und zu bilden. Sie benötigen die Unterstützung aller – und aufgrund des Generationenvertrages sollte sich jeder Bürger und jede Bürgerin in Deutschland bewusst sein, dass alle in Zukunft auf unsere Kinder angewiesen sind. Bildung, Betreuung und Erziehung müssen daher als gesamtgesellschaftliche Verantwortung gesehen werden. Unterstützende Systeme wie die Kinder- und Jugendhilfe und damit auch die Tageseinrichtungen für Kinder und die Kindertagespflege müssen qualitativ hochwertig, multiprofessionell, inklusiv und gebührenfrei für alle Kinder zugänglich sein.

Nur so kann es uns gelingen, sowohl den Rechten der Kinder gerecht zu werden als auch ein attraktives Arbeitsfeld für viele Menschen zu gestalten – nur so können wir dem Fachkräftemangel im sozialen Bereich langfristig entgehen.

Im vorliegenden Buch wird immer wieder erklärt, warum es wichtig ist, den gesamtgesellschaftlichen Blick auf Kinder, auf Familien und auf die Bildungs- und Chancengerechtigkeit aller zu richten. Ilse Wehrmann zeigt, warum gerade die frühkindliche Bildung, Betreuung und Erziehung einen elementaren und wichtigen Part in der Unterstützung der Familien spielen.

Momentan ruhen viele Hoffnungen auf der Kindergrundsicherung und einem Qualitätsentwicklungsgesetz mit bundesweiten (Mindest)qualitätsstandards. Es ist zwingend notwendig, beide Vorhaben finanziell ausreichend zu gestalten und mit allen betroffenen Akteuren weiterhin die Ausgestaltung vorzunehmen. Damit es jedoch nicht nur ein Qualitätsentwicklungsgesetz, sondern auch ein Teilhabegesetz wird, muss zwingend auch die Gebührenfreiheit mitgedacht und -geplant werden. Es ist nicht zu akzeptieren, dass Qualität und Gebührenfreiheit immer noch gegeneinander ausgespielt werden oder Eltern dazu gezwungen werden, sich zwischen Qualität und Gebührenfreiheit zu entscheiden. Beides sind wichtige Faktoren im Bereich der FBBE.

»Penetranz schafft Akzeptanz« – diesen Leitsatz gab uns die damalige Bundesfamilienministerin Franziska Giffey auf dem Bundeselternkongress der BEVKi 2018 in Kiel mit auf den Weg.

Penetranz aller Akteure der frühkindlichen Bildung – in einer wirklich gelebten Erziehungspartnerschaft können Eltern, Kinder, Fachkräfte und Kita-Leitungen mit vereinten Kräften viel mehr bewegen.

Ilse Wehrmann zeigt uns dafür viele Maßnahmen auf, die helfen können, das System der FBBE zu stabilisieren und auf solide

Füße zu stellen. Wir sollten uns gemeinsam dafür einsetzen, dass möglichst viel davon umgesetzt wird – zum Wohle unserer Kinder – zum Wohle der Zukunft unserer Gesellschaft!

Die Bundeselternvertretung für Kinder in Kindertageseinrichtung und Kindertagespflege (BEVKi) vertritt die Interessen von Kindern und Eltern gegenüber Politik, Verwaltung und anderen Partnern und Institutionen.

Einleitung

»Das Kita-System steht vor dem Kollaps!« Eindeutiger kann die Warnung von 150 Wissenschaftlerinnen und Wissenschaftlern an die Politik kaum sein. Der Grund für diesen Mahnruf im September 2022: Das System der frühkindlichen Bildung, Betreuung und Erziehung (FBBE) stoße an seine Belastungsgrenzen, sodass die pädagogischen Fachkräfte kaum mehr in der Lage seien, ihren Job zum Wohle der Kinder auszuüben (nifbe 2022).

Das kommt einem politischen Offenbarungseid gleich: Die Industrienation Deutschland »kriegt es nicht gebacken«, eine funktionierende Kindertagesbetreuung zum Wohle der Kinder und ihrer Entwicklung zu gewährleisten. Wohlgemerkt: Wir reden hier über den Elementarbereich (die erste Stufe des deutschen Bildungssystems, das heißt, für Kinder im noch nicht schulfähigen Alter) eines Landes, dessen einziger nennenswerter Rohstoff Wissen ist. Know-how also, mit dem es bisher als Wirtschaftsstandort im globalen Wettbewerb punkten konnte. Und die Basis für dieses Wissen wird den Kindern sozusagen »in die Wiege gelegt«. Denn Bildung beginnt nicht erst mit Eintritt in die Schule, sondern eben »von Anfang an«, also von klein(st) auf. Eigentlich eine Binsenweisheit.

Man könnte meinen, dass Deutschland mit seinen Kindern im Vorschulalter traditionell auf Kriegsfuß steht. Tatsache ist, dass die Qualität der Kindertagesbetreuung seit Jahrzehnten ein kontrovers geführtes Dauerthema ist, leider immer getragen von dem Credo, dass es gerade besser um sie bestellt sein könnte. Daran hat sich bis heute nicht viel geändert, außer, dass der Trend nach unten zeigt: Denn die Zustände im Elementarbereich werden bisweilen als dramatisch schlecht angeprangert, gipfelnd in der obigen Warnung vor einem Zusammenbruch des gesamten Kita-Systems – und damit des Bildungsstandorts Deutschland.

Ähnliche Warnungen sind mittlerweile auch aus der Breite der Gesellschaft zu vernehmen, wo sich zunehmend Unmut über die Zustände ausbreitet und Betroffene beginnen »aufzumucken«. In Brandenburg beispielsweise haben sich Eltern, Erzieher:innen sowie Träger zu einem Aktionsbündnis »Kita-Kollaps« zusammengeschlossen und im Mai 2023 einen Aktionstag durchgeführt, um auf die prekäre Lage der dortigen Kitas aufmerksam zu machen: schlechte Bedarfsplanung, fehlende Betreuungsplätze, marode Infrastruktur, unattraktive Ausbildung und Fachkräftemangel (Köpsell 2023). Als Folge davon gibt es beispielsweise Gruppen von teils 20 Kindern, was zum »Verschleiß« der Fachkräfte führe, oder es würden Eltern gebeten, ihre Kinder bereits mittags abzuholen oder gleich zu Hause zu betreuen (Kramer 2023).

Alternativ ein Blick nach München: Dort fehlen Tausende Kita-Plätze (genaue Angaben will die Stadt angesichts des laufenden Vergabeverfahrens nicht machen) und es fehlt massiv Personal. (2021 war jede zehnte Stelle in Münchner Kitas unbesetzt, ein bis heute nicht gelöstes Problem.) Die Folge: Jede vierte Betreuungseinrichtung kann nicht so viele Kinder aufnehmen, wie sie Plätze hat (Thieme 2023). Angesichts der angespannten Situation warnt der Caritasverband der Erzdiözese München und Freising vor einem »Kollaps der Kinderbetreuung«. In vielen Kitas sei Mangelverwaltung an der Tagesordnung und das Personal arbeite an der Belastungsgrenze. Die Folge: eine Zunahme von Krankheits- und Burn-out-Fällen und eine Zunahme der Personalfluktuation (Aldenhoff 2023).

In Ostwestfalen wiederum stehen Bielefelder Eltern von Kita-Kindern am Rande der Verzweiflung, weil in den Kitas Betreuungszeiten reduziert werden, überall Fachkräfte fehlen und sich mittlerweile Träger fragen, wie sie in Zukunft überhaupt noch weitermachen sollen. Der Zorn der Eltern richtet sich gegen die Landesregierung. Aus diesem Grunde haben sie eine Onlinepetition »Die Kita-Landschaft kollabiert – deswegen fordern wir Bielefelder Eltern die Landesregierung auf, jetzt sofort die Rahmenbedingungen für eine familien- und kindgerechte Kita-Landschaft zu schaffen« gestartet. Bereits nach wenigen Tagen waren über 2.000 Unterschriften zusammengekommen (Rolfes 2023).

Anhand solcher Beispiele wird die desaströse Situation der Kindertagesbetreuung in Deutschland deutlich. Befindet sich das Kita-System tatsächlich kurz vor dem Kollaps – oder ist es in Teilen bereits mittendrin? Und wenn ja: Was ist da schiefgelaufen? Warum sind die jahre- und jahrzehntelangen Bemühungen der zuständigen Akteure aus Politik, Wissenschaft und Trägerverbänden, die Kindertagesbetreuung durch neue Gesetze, Modellprojekte, Initiativen für die an sie gestellten Anforderungen und Herausforderungen zu rüsten, ins Leere gelaufen?

In diesem Buch wird diesen Fragen auf den Grund gegangen. Zunächst wird der Stellenwert von Kindern, ihren Eltern und den pädagogischen Fachkräften in unserer Gesellschaft und der Umgang mit ihnen kritisch unter die Lupe genommen.

Das zweite Kapitel stellt neue Herausforderungen und ihre Ursachen vor, mit denen die Kindertagesbetreuung konfrontiert wird, insbesondere der Fachkräfteschwund, die Zunahme an Flüchtlings- und Migrantenkindern sowie die zunehmende Kluft zwischen den Bildungschancen von Kindern unterschiedlicher sozialer und ethnischer Herkunft.

Das dritte Kapitel beschreibt die wichtigsten Unterschiede der Kita-Systeme in der damaligen DDR und der Bundesrepublik Deutschland und die Entwicklung der Kindertagesbetreuung nach der deutschen Wiedervereinigung.

Anschließend wird im dritten Kapitel herausgearbeitet, was in dieser Zeit schliefgelaufen und mitverantwortlich für die derzeitige Misere im Elementarbereich ist.

Damit soll es genug sein mit schlechten Nachrichten und Fehleranalysen. Das letzte Kapitel offenbart einen optimistischen Blick in die Zukunft, indem es Reformmaßnahmen vorstellt, die aus der gegenwärtigen Krise des Kita-Systems führen können.

1. Der Kita-Kollaps – Horrorvision oder schon Wirklichkeit?

Das Schlagwort »Kita-Kollaps« ist immer häufiger im Zusammenhang mit (früh)kindlicher Bildung zu vernehmen, insbesondere verwenden es diejenigen, die in diesem System arbeiten – Erzieher:innen, Lehrer:innen und deren Berufs- beziehungsweise Interessenverbände. Was bewegt sie dazu, vor dem »Zusammenbruch« zu warnen? Dieses Kapitel beschreibt die wichtigsten Gründe für die gegenwärtige Misere, die sich bereits seit Jahrzehnten angebahnt hat. Es benennt sowohl die systemimmanenten als auch die gesellschaftlich bedingten Gründe.

Qualitätsverlust

Beim Ausbau der Kindertagespflege im Zuge der Einführung des Rechtsanspruchs auf Tagesbetreuung für Kinder ab dem ersten Lebensjahr im Jahr 2013 blieb und bleibt die Qualität auf der Strecke. Dieser Umstand wirkt bis heute in die Arbeit der pädagogischen Fachkräfte hinein – wobei nach wie vor versucht wird, an der Stellschraube »Qualität« zu drehen, um andernorts Abhilfe zu schaffen.

So sahen sich beispielsweise Kita-Fachkräfte in Niedersachsen veranlasst, vor einer Verwässerung der Qualitätsvorgaben in ihren Einrichtungen zu warnen. Der Niedersächsische Städtetag hatte gefordert, wegen des Personalmangels Kita-Vorgaben zu lockern, etwa indem Vertretungskräfte ohne fachliche Qualifikation mehr Einsatzmöglichkeiten als Krankheitsvertretung erhalten (Zeit online 2023a). Die Lockerung der fachlichen Anforderungen scheint beispielsweise in Berlin in Mode gekommen zu sein: Dort kann nach dem Motto »Masse statt Klasse« rund ein Drittel des Personals in Kindertagesstätten keine Ausbildung zum bzw. zur Erzieher:in vorweisen (Michler 2020b).

Aufgrund der angespannten Personallage klagen Fachkräfte zunehmend darüber, die Bildung und Entwicklung der Kinder fachlich nicht angemessen begleiten und die Kinder häufig nur noch »verwahren« zu können. Die Folge: zunehmender Frust der Fachkräfte und Anstieg ihrer Fehltage aufgrund psychischer Erkrankungen. Schlimmer noch: Ein von ver.di im Jahr 2021 durchgeführter Personalcheck von fast 20.000 Kita-Beschäftigten ergab, dass fast 25 Prozent der Fachkräfte über einen Berufswechsel nachdachten (ver.di 2023).

> »Sie sagen, [...] sie können die Kinder nicht mehr pädagogisch betreuen, es ist eigentlich nur noch ein Verwahren«
>
> *(Bäckermeister und siebenfacher Opa)*

Wir verwalten Kinder

> *»Der Raum ist nach den beiden pädagogischen Mitarbeiterinnen bzw. Mitarbeitern einer Kita-Gruppe der dritte Erzieher.«*
> (Dr. Christa Preissing)

Verwaltung und Bürokratie sind untrennbar miteinander verbunden, auch im Kita-Bereich. Und beide treiben bisweilen sonderbare Blüten. Aktuell muss ich erleben, dass sich alle von mir in Bremen betreuten Kita-Bauten aufgrund bürokratischer Hürden über Monate, bisweilen über Jahre verzögern, aus einleuchtenden Gründen: Hier fehlen einige Quadratmeter, dort lebt eine seltene Fledermausart und wieder anderswo müssten ein paar Bäume gefällt werden. Selbstverständlich begleitet von gutmeinenden, engagierten Dauerempörten, die sich schützend vor alles stellen, was ihnen schützenswert erscheint – nur nicht das Wohl der Kinder. Diese stehen weiterhin auf der Straße und warten auf die Einlösung ihres Rechtsanspruches auf Bildung und Betreuung. Dies verdeutlicht auf eklatante Weise das Desinteresse unserer Gesellschaft gegenüber Kindern. Damit machen wir uns – wie zum Beispiel auch zuzeiten von Corona – unseren Kindern gegenüber schuldig.

Unabhängig von solchen Auswüchsen ist der Kita-Bereich insgesamt derart überreguliert, dass in der Kindertagesbetreuung kaum Ermessensspielräume für selbstständiges Handeln nach gesundem Menschenverstand vorhanden sind. Entsprechend fehlt es an Mut zu eigenen Entscheidungen. Frühkindliche Bildung hin oder her: Es ist politisch durchaus gewollt, die Dinge unaufgeregt laufen zu lassen. Und dies entspricht auch einer eigenen Logik: Im Kern interessiert sich die Politik nicht wirklich für Kinder und deren Belange. Kein Wunder, ist sie doch in der Regel auf kurzfristige Erfolge mit Blick spätestens auf die nächsten Wahlen ausgelegt. Sie setzt auf Entscheidungen in Legislaturperioden und Ressorts. Bildung hingegen – insbesondere im Elementarbereich – ist auf langfristige Ergebnisse ausgelegt und nicht auf Effekthascherei.

Zielgruppe Kinder? Von wegen!

Folgerichtig sind Kinder aus politischer Sicht keine Zielgruppe, weil es noch lange dauert, bis sie wählen gehen. Und eine Lobby haben sie ohnehin nicht. So bleibt bei nüchterner Betrachtung die Feststellung, dass die Spaltung der Gesellschaft schon in der Krippe und im Kindergarten beginnt. Die Bürgerinnen und Bürger nehmen dies klaglos hin, weil sie sich dieses Umstands nicht bewusst sind. Auch nicht, dass bestenfalls eine Klientelpolitik mit Blick auf kommende Wahlerfolge betrieben wird. In diesem Sinne sind beispielsweise Kindergelderhöhungen zu verstehen. Sie machen kurzfristig etwas her und halten die Wählergruppe Eltern bei Laune. Langfristig wären aber ein Bildungssoli oder ein Sondervermögen Bildung erforderlich, um die Weichen für die frühkindliche Bildung wirksam zu stellen. Das, was uns als »Bildungspolitik« verkauft wird, hat meines Erachtens mit auf die Zukunft hin ausgerichteter Bildungspolitik nichts gemein.

> »Mir dürfte im Moment kein Politiker begegnen.«
>
> *(Mutter aus Bremen)*

Diese Feststellung gilt für nahezu alle die Kindertagesbetreuung betreffenden Bereiche. Greifen wir einmal das Beispiel »Ausbau der Betreuungsstruktur« in einer größeren norddeutschen Kommune heraus. Die Ausgangslage ist trist wie fast überall: Es fehlen circa 5.000 Kita-Plätze, der Mangel an Räumen steht dem Mangel an Personal in nichts nach, die Nachfrage nach Kita-Plätzen ist höher denn je. Erfreulicherweise sind die Rahmenbedingungen für den Ausbau positiv: Es gibt private Investoren in der Stadt, die Kitas und Schulen bauen wollen. Es existiert ein gut verknüpftes Netzwerk aus Investoren, Trägern, Handwerkern und Behörden, das von allen Akteuren akzeptiert wird, mit kurzen und schnellen Kommunikations- und Entscheidungswegen. Die vorhandenen Träger wollen wachsen und sind bereit, neue Einrichtungen zu übernehmen. Das Projekt findet in der Bevölkerung große Zustimmung. Ist also alles in Butter?

Viele Köche ...

Keineswegs! Die Kommunikation mit der Baubehörde und den Genehmigungsbehörden gestaltet sich schwerfällig, die Genehmigungsverfahren sind zu lang. Weil die Zuständigkeiten und

Verantwortlichkeiten nicht immer eindeutig sind, kommt es zu Kommunikationslücken und damit zu Verzögerungen. Die für den Kita-Ausbau erforderlichen Bedingungen, die von den Trägern erfüllt werden müssen, sind nicht transparent. Das verursacht hohe Hürden für den Betrieb einer Kita. Hinzu kommt, dass sich der Spruch bewahrheitet, wonach viele Köche den Brei verderben. So müssen zum Beispiel für die Akzeptanz und Einbindung im Quartier Ortsbeiräte, Quartiersmanagement und andere möglichst früh in die Planung miteinbezogen werden.

Bei Bauvorhaben sind die Träger öffentlicher Belange (TöB) in die Planung miteinzubeziehen, als da unter anderem wären: die Senatorin für Klimaschutz, Umwelt, Mobilität, Stadtentwicklung und Wohnungsbau (SKUMS) Stadtplanung, gegebenenfalls Gestaltungsbeirat; die SKUMS Stadtplanung/Bauordnung für B-Plan-Änderung; die SKUMS Bauordnung Vorbereitung für Bauanträge/Nutzungsänderungsanträge; die SKUMS Grünordnung/Naturschutz (gegebenenfalls sind Baumkataster, Fauna- und Floragutachten zu erstellen); Amt für Straßen und Verkehr (ASV – Bring- und Abholsituation, übergeordnete verkehrliche Situation); Feuerwehr (vorbeugender baulicher Brandschutz); Kampfmittelräumdienst; Altlasten; Landesarchäologie; Landesbehindertenbeauftragte; Gesundheitsamt; Unfallkasse; Landesveterinäramt; Landesjugendamt; Fachdienst für Arbeitsschutz/Zentrum für Gesunde Arbeit. – Um nur einige zu nennen!

Paragrafenreiter ohne Ende

Sie alle reden bei der Planung mit, ohne ihr Plazet geht nichts. Werfen wir mal einen Blick in die Amtsstube, die prüft, ob der Bauantrag die räumlichen Anforderungen erfüllt. Dem bzw. der zuständigen Sachbearbeiter:in gibt das Gesetz zur Förderung von Kindern in Kindertageseinrichtungen und in Kindertagespflege

(Kindertagesförderungsgesetz – KiTaG) wertvolle Hinweise, worauf alles zu achten ist. Zum Beispiel in §23 des schleswig-holsteinischen KiTaG:

§23

Räumliche Anforderungen

(1) Die pädagogisch nutzbare Fläche pro Kind muss mindestens 3,5 m² in Krippengruppen und integrativen Gruppen, 3,0 m² in Hortgruppen sowie 2,5 m² in Kindergartengruppen betragen (Mindestraumbedarf). In altersgemischten Gruppen muss die pädagogisch nutzbare Fläche mindestens 3,5 m² für Kinder, die das dritte Lebensjahr noch nicht vollendet haben, und 2,5 m² für ältere Kinder betragen. Zur pädagogisch nutzbaren Fläche zählen der Gruppenraum und sonstige Innenräume, soweit diese konzeptionell regelmäßig pädagogisch genutzt werden. Werden sonstige Innenräume von mehreren gleichzeitig anwesenden Gruppen genutzt, sind diese anteilig den Gruppen zuzurechnen. Kindertageseinrichtungen, die bei Inkrafttreten des Gesetzes bereits betrieben werden, dürfen den Mindestraumbedarf um bis zu zehn Prozent unterschreiten; die Unterschreitung ist dem örtlichen Träger zu melden. Die Vorgaben dieses Absatzes gelten nicht für Naturgruppen. (…)«

(Der Ministerpräsident des Landes Schleswig-Holstein – Staatskanzlei 2023)

Wohlgemerkt, hier ist nur der erste Absatz des §23 KiTaG SH wiedergegeben, es folgen noch vier weitere. Nach deren Maßgabe wird alles sorgfältig geprüft – und das kann dauern. Die anderen aufgeführten behördlichen Akteure, die ein Mitspracherecht haben, prüfen ebenfalls fleißig. Das kann sich ziehen, bis dann auch die letzte Behörde ihre Zustimmung erteilt hat! Es kommt auch schon mal vor, dass ein Vorgang in der Amtsstube erst mal liegen bleibt – oder nicht wieder auftaucht. Ich habe erlebt, dass sich Baumaßnahmen über Jahre verzögert haben, bis endlich mit der Umsetzung begonnen werden konnte. Ein trauriges Geduldspiel – ausgetragen auf dem Rücken der Kinder, die draußen dringend auf einen Kita-Platz warten! Es kann passieren, dass eine ganze Vorschulkindgeneration aus solchen Gründen keine Kita von innen sieht. In Kenntnis solcher Umstände mutet es gar nicht so verwunderlich an, dass der Berliner Flughafen erst mit mehrjähriger Verzögerung fertiggestellt wurde. Im Gegenteil: Angesichts solcher Begleitumstände verwundert es fast schon, dass es beim Berliner Flughafen nicht noch länger mit der Fertigstellung gedauert hat.

Viel Krampf um nichts

Das Paradoxe ist, dass der Effekt der Verordnungsverliebtheit unserer Behörden recht bescheiden ausfällt. Fast jede Kita, die ich weltweit auf einer Exkursion im Auftrag der Robert Bosch Stiftung besuchte, wäre bei unseren Sicherheitsauflagen am gleichen Tag geschlossen worden. Wir sind verliebt in Sicherheitsauflagen, die festlegen, ob alle Steckdosen den richtigen Abstand haben oder ob die Garderoben breit genug oder die Toilettentrennwände hoch genug sind – aber kein Mensch interessiert sich dafür, was in den Kitas an pädagogischer Arbeit gemacht wird, oder kommt auf die Idee, diese auch mal zu kontrollieren.

Ich wünsche mir, dass das, was in den Kitas an pädagogischer Arbeit geleistet wird, gesehen und auch mal überprüft wird, zum Beispiel die Umsetzung der Bildungspläne auch im Sinne von Wertschätzung der Kinder. Vertrauen ist gut, Kontrolle ist manchmal besser. Aber nicht im Sinne von Misstrauen den Fachkräften gegenüber, sondern im Sinne von deren Unterstützung und Beratung, wenn Verbesserungsbedarf festgestellt werden sollte. Deshalb brauchen wir unabhängige Qualitätsinstitute zur Beratung und Qualifizierung des Personals, wie es in anderen Ländern schon lange selbstverständlich ist.

Es geht mir dabei ebenso um die Haltung und die Empathie den Kindern gegenüber. Das war für mich auch der Anlass, mit Professorin Gabriele Haug-Schnabel, Dr. Joachim Bensel und mehreren anderen Wissenschaftlern das Messinstrument »Promik – Professionalität messen« für Kitas zu entwickeln. Mit diesem können wir in einem ersten Schritt die aktuelle pädagogische Qualität in Kindertageseinrichtungen praxisorientiert einschätzen und in einem zweiten Schritt Leitung, Team und Träger dabei begleiten, diese Qualität weiterzuentwickeln und fachlich zu fundieren (FVM 2019).

Aber zurück zur behördlichen Realität: Wer nun glaubt, mit den Verordnungen der Behörden wäre das Ende der Fahnenstange der Unzumutbarkeiten unseren Kindern gegenüber erreicht – weit gefehlt. Ich musste miterleben, wie nach einem mehrjährigen Baubewilligungsverfahren, als endlich alle Behörden ihr Plazet gegeben hatten, dem Investor plötzlich einfiel, man könne die geplante Kita doch durch Wohnungen ersetzen. Erst nach langen und quälenden Diskussionen konnte er überredet werden, diese Idee wieder fallen zu lassen.

Aber die Bürokratie in Deutschland treibt noch seltsamere Blüten. Der Hamburger Senat beispielsweise beweist, wie man den dringend erforderlichen Kita-Ausbau elegant ausbremsen kann: Seit dem 15. Februar 2023 müssen in der Hansestadt Kindergärten ohne ausreichendes Außengelände künftig eine Sondererlaubnis für die Nutzung eines Spielplatzes in der Nähe vorweisen. Dafür zahlen sie eine monatliche Gebühr von bis zu 25 Euro pro Kind. Verbrochen hat die entsprechende neue

»Fachanweisung« das Amt für Naturschutz und Grünplanung der Hamburger Umweltbehörde unter Berufung auf eine Entscheidung des Oberlandesgerichts (OLG), wonach die Nutzung eines Spielplatzes einer Sondererlaubnis des jeweiligen Bezirks bedarf. Bisher genügte es, wenn eine Kita auf Spielplätze in der Nähe verweisen konnte. Künftig müssen Häuser, die keine sechs Quadratmeter Außenfläche pro Kind haben, diese Sondernutzung beim Bezirksamt beantragen (Kutter 2023).

Selbst für Amtsschimmel zum Wiehern

Aber das ist noch nicht alles: Darüber hinaus sollen sich betroffene Kitas auf einen Spielplatz festlegen und sogar zum Schutz vor Verunreinigung ein Hygienekonzept vorlegen, wenn der Platz weiter als 300 Meter entfernt ist. Und – »Ordnung muss sein« – sie dürfen nicht mehr als die Hälfte eines Platzes für ihre Kinder benötigen. Und jetzt kommt's: Darüber, welche Kitas wo spielen, wird ein Kataster erstellt. – So werden neue Bürokratiemonster erschaffen! Es ist überflüssig zu erwähnen, dass die Kitas keinen Rechtsanspruch auf die Spielplatznutzung haben. Da wiehert doch der Amtsschimmel vor Lachen – wenn's nicht so ein Trauerspiel wäre.

Es ist selbstredend, dass mit der Sondererlaubnis die Eröffnung neuer Kitas im städtischen Verdichtungsraum deutlich erschwert wird. Der Geschäftsführer des Trägers KMK Kinderzimmer, Daniel Grimm, bestätigt, allein sein Träger könnte in den nächsten zwei Jahren in Hamburg circa 1.000 weitere Kita-Plätze schaffen, wenn das Genehmigungsverfahren gerade in Hinblick auf Außengelände und die Nutzung von Spielplätzen nicht so kompliziert wäre (a.a.O.). Nebenbei bemerkt: In Hamburg fehlen 2023 rund 3.700 Kita-Plätze (NDR 2022a). Was sich wie ein Schildbürgerstreich liest, ist gelebte deutsche Wirklichkeit.

Diese habe auch ich ungeschminkt erleben müssen: Ich habe von einem Investor für ein vollständig geplantes und bewilligtes Kita-Projekt auf einem Bauernhof eine Absage bekommen; und auch der Ortsbeirat hat dagegen gestimmt, weil die Anwohner sich möglicherweise durch die Hol- und Bringsituation gestört fühlen könnten. Der Investor, der gleichzeitig gegenüber der geplanten Kita Einfamilienhäuser bauen wollte, befürchtete, diese wegen Kinderlärms nicht verkaufen zu können.

Was soll man dazu sagen? Wieder 90 Kinder ohne Platz, aber Rentenbeiträge sollen sie später für die Anwohner zahlen – so gelingt kein Generationenvertrag! Kinder sind in unserer Gesellschaft eben einfach nicht wichtig. Und sie haben keine Lobby. Wir leben in einer Wellness-Gesellschaft von Ich-AGs, die nur ihre Interessen im Blick haben, und fahren unser Land mit unseren ständig neuen Auflagen an die Wand. Es ist mittlerweile so gut wie unmöglich, Investoren bei Laune zu halten oder sie überhaupt noch für Kita-Projekte zu gewinnen. Die traditionellen Kita-Träger wie auch die kirchlichen ziehen sich zurück, beziehungsweise schaffen keine neuen Plätze.

Hindernislauf zur Betriebserlaubnis

Hinzu kommt, dass die deutsche Richtlinienflut nicht gerade dazu motiviert, neue Plätze zu schaffen. Bei uns gibt es für alles Richtlinien, natürlich auch für Neu- oder Umbau von Kitas. Und das Ganze mal 16, weil jedes Bundesland – wie sollte es auch anders sein – seine eigenen Richtlinien hat. Diese müssen alle bereits bei der Planung beachtet werden, denn es geht ja schließlich um die Sicherheit und Gesundheit der anvertrauten Kinder. Ganz wichtig für die Planung sind: geeignete Räumlichkeiten, ein angemessen großes Außengelände und die Betriebserlaubnis. Ohne die geht gar nichts. Bei bereits vorhandenen

Räumlichkeiten sind bei der Beantragung der Betriebserlaubnis auch die bereits vorhandenen Bau- und Lagepläne des Gebäudes einzureichen.

Ansprechpartner bei der Planung einer Einrichtung ist das örtlich zuständige Jugendamt, das im Rahmen der Jugendhilfeplanung auch den Bedarf im Bereich der Kindertagesbetreuung und die Anzahl der erforderlichen Plätze feststellt. Sind diese Dinge abgestimmt, muss natürlich auch die Finanzierung der Einrichtung geklärt werden. Als Nächstes prüft dann das LVR-Landesjugendamt die geeigneten Räume, das Konzept und das erforderliche Personal. Die vorzuhaltenden Rahmenbedingungen unterscheiden sich je nach Betreuungsart. Für Kindertageseinrichtungen beispielsweise gibt das Gesetz zur frühen Förderung und Bildung von Kindern (KiBiz) die Rahmenbedingungen vor. Darin sind auch die Bildungsarbeit der Kitas, die Qualifikation der Mitarbeiter und der Personalschlüssel geregelt (LVR 2023).

Geregelt ist so ziemlich alles, von der Größe der Räume, der Lage der Kita über Kriterien für barrierefreies Bauen, ökologische Standards, Hygiene bis hin zu Vorgaben, welche Räume benötigt werden, welche Materialien beim Kita-Bau verboten bzw. die richtigen sind. Um nur einige zu nennen (architektur-welt.de 2021). Geregelt ist natürlich auch die Fläche zum Spielen und Toben: immerhin durchschnittlich drei Quadratmeter pro Kind! Die Wissenschaft sagt, das sei zu wenig. Sie empfiehlt für die Kindertagesbetreuung eine Raumgröße von sechs Quadratmetern pro Kind für den Innenbereich und 15 Quadratmetern für die Außenfläche. Andererseits sind die Raumkapazitäten in den Ballungsräumen so begrenzt, dass es in den Innenstädten oftmals gar nicht möglich ist, größere Räume zur Verfügung zu stellen (Amend 2017).

Wenn dazu noch das zähe Ringen mit den unzähligen Behörden und das teilweise endlose Warten auf deren Genehmigungen kommen: Wer will unter diesen Bedingungen schon die vielen fehlenden Kita-Plätze bauen? Ich habe manchmal den Eindruck, dass die zähe Bürokratie im Genehmigungsverfahren politisch gewollt ist, um Betriebskosten zu sparen und auf später zu verlagern. Wenn es wirklich um die Kinder und ihre Bildungs- und Entwicklungschancen ginge, müsste doch schneller gehandelt werden. So wie es mit dem Bau der LNG-Energieterminals vorbildlich gelungen ist, wo zum Beispiel das Terminal in Stade bereits Ende 2023 an den Start gehen soll. Es klappt doch, wenn ein Thema zur Chefsache erklärt wird.

Kinder – hinten anstellen!

Ich werde mich niemals damit abfinden, dass die Realisierung einer Kita Jahre dauert und neuerdings auch noch der Kauf von Spielmaterial, Möbel und Spielgeräten öffentlich ausgeschrieben werden muss. Bislang war das mit Pauschalen für das Inventar nicht notwendig. Ausschreibungen kosten mehr Geld und vor allem mehr Zeit und Bürokratie. Dafür wurde die bisher bewährte Zuteilung von festen Budgets, in deren Rahmen eingekauft werden konnte, abgeschafft. Mittlerweile kommt es vor, dass sich Dienstleister, die wiederholt um Angebote mit anschließender Absage angefragt wurden, weigern, diese zu erstellen, weil sie durchschaut haben, dass Anfragen bestimmter »Interessenten« lediglich der Vergleichspreiseinholung dienen ohne die ernsthafte Absicht einer Auftragsvergabe.

Solche Beispiele führen den Stellenwert, den Kinder in unserer Gesellschaft haben, wieder einmal deutlich vor Augen: Wenn es darauf ankommt, müssen sie sich hinten anstellen. Andere Interessen gehen vor. Die Kinder – unsere Zukunft – »schauen in die

Röhre«. Man muss es einfach mal klar sagen: Wir lassen Kinder im Regen stehen und verstecken uns hinter bürokratischen Regularien und Auflagen! Wir versündigen uns an der kommenden Generation!

Nach 53 Jahren Frühpädagogik in Deutschland tut es mir einfach weh zu sehen, wie wenig wir auf die Belange von Kindern eingehen und sie berücksichtigen. Kinder brauchen andere Kinder und auch andere Erwachsene, Oma und Opa, Freunde, Nachbarn, eigentlich ein ganzes Dorf. Ich selbst hatte so eine Kindheit auf dem Bauernhof, und durch Flüchtlinge, die bei uns nach dem Krieg wohnten, konnte ich auch früh andere Mentalitäten und Bräuche ein bisschen kennenlernen. Entscheidungen wurden nicht lange ausdiskutiert, sondern mit praktischer Vernunft getroffen.

Weil Kinder unsere einzige reale Beziehung in die Zukunft sind, gehören sie an die erste Stelle der Gesellschaft, so sagte es Olof Palme. Vielleicht ist das mein Lebensmotto geworden. Deshalb leide ich daran, dass wir nicht bereit sind, Entscheidungen zum Wohl der Kinder zu treffen, im Gegenteil: dass wir uns hinter bürokratischen Auflagen verstecken, um Entscheidungen aus dem Weg zu gehen und uns vor der Verantwortung zu drücken.

Mein Karrierepush war im Nachhinein betrachtet, dass ich einst als Kita-Leiterin eine Black & Decker-Bohrmaschine gekauft habe, um die Garderobenhaken höher anzubringen, weil die Kinder sich daran immer die Köpfe verletzt haben. Diese Entscheidung hat mir eine Abmahnung und Kündigungsandrohung eingebracht. Obwohl diese dann wieder zurückgenommen wurde, war ich trotzdem richtig stolz, sie kassiert zu haben. Und sie hat mir nicht geschadet, im Gegenteil: Kurz darauf wurde ich zur Leitung der evangelischen Tageseinrichtungen für Kinder in Bremen befördert. Zu meinen ersten Amtshandlungen gehörte, die Kita-Leitungen mit mehr Handlungsspielraum auszustatten.

Aufgrund dieses Erlebnisses und meiner späteren Erfahrungen als Vorgesetzte trete ich leidenschaftlich dafür ein, Kita-Leitungen mit mehr Vollmachten für den Sachhaushalt auszustatten. Sie wissen, was zu tun ist, und entscheiden mit dem berühmten gesunden Menschenverstand. Das war auch damals meine Einstellung: Wenn wieder ein Kind weinend mit einer Beule zu mir kommt, weil es mit dem Kopf gegen die Garderobe gedonnert ist, wird halt eine Bohrmaschine besorgt, werden ein paar neue Löcher gebohrt und das Ding höher gehängt. Da muss ich nicht erst den »kurzen« oder – den gab es damals auch schon – den »langen Dienstweg« bemühen. Genauso sind unsere Kita-Leitungen nicht auf Entscheidungen ihrer Vorgesetzten angewiesen, um im Kita-Alltag klarzukommen. Pädagogik und Geld hängen genauso zusammen wie Autonomie und Verantwortung. Kita-Leitungen führen ein mittleres Unternehmen, was das Personal und den Haushalt betrifft – und natürlich den Kundenkreis von Kindern und Eltern.

Entscheidungsprozesse in Kitas sind nichts – verglichen mit denen in unserer Bürokratie, die sich inzwischen teils über Jahre hinziehen. Dieser Umstand ist für mich unerträglich! Wir warten manchmal Jahre auf ein Überwegungsrecht oder auf die Realisierung eines bereits genehmigten (!) Spielplatzes, weil zum Beispiel die Ausschreibungen so lange dauern oder ein jahrelanger Rechtsstreit wegen ein paar Fledermäusen darüber entscheidet, ob eine Kita entstehen darf oder nicht. Oder: Wir haben in Deutschland 16 Bundesländer mit unterschiedlichen Raumstandards und Anforderungen an das Außengelände für Kitas. – Ist das nicht schizophren? Ist es nicht möglich, in diesem Bereich bundesweit einheitliche Standards einzuführen? Zumal sich interessanterweise nach den Bewilligungen niemand in den zuständigen Erteilungsbehörden mehr dafür interessiert, was mit den Kindern dort geschieht. Wo also bleibt die Bereitschaft zur Übernahme von Verantwortung?

Wir müssen endlich den Mut aufbringen, mit Leidenschaft für die Interessen von Kindern einzutreten. Sie werden es uns danken. Alle Päadgoginnen und Pädagogen müssten mutiger sein und zum Beispiel für die Kinderrechte auf die Straße gehen. Manchmal denke ich, dass dies die einzige Möglichkeit ist, auf die Situation in den Kitas und Schulen sowie auf die Anliegen von Kindern aufmerksam zu machen.

Wir lassen Eltern allein

> *»Was Kitas brauchen, ist die Möglichkeit, genügend gut ausgebildetes Personal anzustellen, damit man intensiv, nicht mit zu vielen Kindern auf einmal und auch mit den Eltern gut zusammenarbeiten kann.«*
>
> (Birgit Mathes, Professorin Universität Bremen)

Es ist unstrittig, dass die kindliche Entwicklung und Bildung am stärksten durch die Familie geprägt und beeinflusst wird. Gleichzeitig zeigt die Praxis, dass Eltern in Erziehungsfragen immer mehr um Unterstützung und Beratung bitten. Dies hat vor allem zwei Gründe: die zunehmende Verunsicherung der Eltern durch gesellschaftliche Veränderungen sowie neue Arbeits- und Lebensbedingungen.

Die gesellschaftlichen Veränderungen bleiben nicht ohne Folgen für das Leben von Familien. Sie führen vor allem zu:

- innerfamiliären Risiken wie Beziehungsproblemen zwischen Eltern und Kindern, dem Risiko, dass Kinder vernachlässigt werden, ohne Vater bzw. Mutter aufwachsen oder eine mediatisierte Kindheit erleben;
- gesellschaftlichen Risiken, zum Beispiel zu sozialem Abstieg, erhöhtem Leistungsdruck oder einseitiger Förderung von ohnehin Bevorteilten;
- moralischen Orientierungsproblemen wie zerfallende mitmenschliche Bindungen, zunehmende soziale Blindheit oder Gewaltbereitschaft;
- erzieherischen Unsicherheiten als Folge von verschwimmenden normativen Werten und der daraus resultierenden Orientierungslosigkeit.

In welchem Maße sind Kindertageseinrichtungen in der Lage, Eltern bei der Wahrnehmung ihrer erzieherischen Aufgaben in ausreichendem Maße zu unterstützen? Welche Voraussetzungen benötigen sie, um diese Aufgabe erfüllen zu können? Immerhin: Sie gelten als eine hervorragende Anlaufstelle zur Beratung und Unterstützung der Eltern in Erziehungsfragen. Aber werden sie dieser Aufgabe in der Praxis auch gerecht?

Die Verantwortung für die Erziehung der Kinder liegt vorrangig bei den Eltern. Das ist verfassungsrechtlich festgeschrieben. Die Kindertageseinrichtungen erfüllen »lediglich« einen Bildungs- und Erziehungsauftrag, den ihnen die Eltern übertragen haben. Dies zu unterscheiden, ist deshalb wichtig, weil das Verhältnis zwischen Kindertageseinrichtungen und Familien aufgrund unterschiedlicher Erwartungen und Ansprüche teilweise unklar und ambivalent ist – bisweilen auch problematisch sein kann. Denn neben der Familie prägt eben auch die Kindertageseinrichtung die kindliche Entwicklung. Deshalb sollten beide Seiten alles Erforderliche tun, um diese Entwicklung optimal zu fördern. Dafür bietet sich eine Erziehungs- und Bildungspartnerschaft von Eltern und Fachkräften an – mit besonderer Einbindung der Väter.

Was Eltern wünschen

Wenden wir uns der Frage zu, was sich Eltern von Kinderbetreuungseinrichtungen wünschen. Die Erwartungen der Mütter und Väter orientieren sich primär an ihrer Erwerbssituation, insbesondere an der der Mütter. Deren Erwerbsquote ist im Zeitraum von 2004 bis 2019 von 61 Prozent auf knapp 75 Prozent gestiegen (destatis 2021). Dies ist wohl unter anderem dem Aspekt geschuldet, dass ein einziges Familieneinkommen heutzutage häufig nicht mehr ausreicht, um eine Familie zu finanzieren.

> »Mein Mann ist arbeiten bis abends. Die Oma hilft aus.«
>
> »Ich muss meine 80-jährigen Schwiegereltern mit einbinden.«
>
> »Ich muss zu meinem Arbeitgeber gehen und sagen: ›Ich kann heute nicht kommen.‹«
>
> *(Betroffene Eltern)*

Ein weiterer Faktor: Mit Blick auf die steigenden Anforderungen an die Flexibilität der Beschäftigten in Unternehmen sind immer mehr Eltern von variierenden Arbeitszeiten betroffen. Traditionelle Halbtagstätigkeiten am Vormittag werden zunehmend abgelöst durch über die Wochentage ungleichmäßig verteilte Arbeit, oft auch zu unterschiedlichen Tageszeiten. Entsprechend steigt die Nachfrage der Eltern nach flexiblen Betreuungsmöglichkeiten, zum Beispiel für einzelne Wochentage.

Das gegenwärtige frühkindliche Bildungs- und Betreuungsangebot kommt den neuen Anforderungen – vor allem denen von berufstätigen Eltern – nur unzureichend entgegen. Bei Überlegungen zur Vereinbarkeit von Familie und Beruf bewegen wir uns eher im Luxusbereich theoretischer Ausführungen. Angesichts der eklatanten Unterversorgung mit Kita-Plätzen und der gravierenden Personalnot in den Einrichtungen sieht die Praxis so aus, dass Eltern froh sein können, wenn sie überhaupt einen Kita-Platz für ihr Kind ergattern, und wenn ja, die Einrichtung auch regelmäßig geöffnet hat und nicht immer wegen Krankheit oder anderer Unbill vorübergehend schließen muss.

Was zeichnet Eltern in Deutschland heutzutage aus? Nun, die Familienformen und Wege in die Elternschaft sind vielfältiger geworden. So wird zum Beispiel jedes dritte Kind außerhalb der Ehe geboren, jede dritte Ehe wird geschieden, der Anteil von Alleinerziehenden und Stieffamilien steigt, biologische und soziale Elternschaft fallen zunehmend auseinander, der Anteil gleichgeschlechtlicher Ehen steigt. Es gibt viele Unterschiede zum klassischen Elternbild von Vater und Mutter.

Aber Familien unterscheiden sich durch weitere unterschiedliche Kontexte: Es gibt Familien mit geringem Einkommen, solche mit Migrationshintergrund, Eltern mit kranken oder behinderten Kindern oder Familienangehörigen, gemeinsame Elternschaft nach einer Trennung oder Stief- und Patchworkfamilien, um nur einige zu nennen. Hinzu kommen zum Beispiel noch Adoptions-, Pflege- oder Reproduktionsfamilien.

Eltern in vielfältigen Zeiten

Eltern haben es heute nicht einfach: Die Erziehung ist anspruchsvoller geworden und neue Leitbilder setzen Eltern unter Druck. Diejenigen mit geringem Einkommen können ihre Kinder häufig nicht in gewünschtem Maße fördern, die soziale Schere bei den Ausgaben für Kinder wächst, beim Umgang mit digitalen Medien sind Eltern weitgehend auf sich allein gestellt. Je nach Lebenssituation sehen sich Eltern unterschiedlichen Herausforderungen gegenüber und haben unterschiedliche Bedürfnisse, auch in Bezug auf die Beratung in schwierigen Situationen (BMFSFJ 2021).

Meiner Erfahrung nach suchen Eltern Beratung nicht nur zu Erziehungsthemen, sondern zunehmend auch bei Fragen im familiären Kontext. Mit der steigenden Zahl von Patchwork-, Ein-Generationen- oder Ein-Kind-Familien nimmt die Unsicherheit zu: Eltern sind häufig ratlos, fühlen sich alleingelassen oder überfordert. Häusliche Gewalt, Vernachlässigung und Misshandlung nehmen zu. Die Coronakrise hat diesen Trend zusätzlich verstärkt.

Zwar fällt die Förderung der elterlichen Erziehungs- und Bildungskompetenz offiziell in den Aufgabenbereich der Familienbildung, doch aufgrund der steigenden Anforderungen an Familien und ihre immer unterschiedlicheren sozioökonomischen und multikulturellen Lebensbedingungen und Lebensformen hat sich dieses Thema in den vergangenen Jahren zunehmend in die Kitas verlagert.

Man könnte meinen, dass Kindertageseinrichtungen optimale Voraussetzungen für diese Aufgabe mitbringen. Haben sie doch als einzige Einrichtung der Jugendhilfe einen direkten Kontakt zu nahezu allen Eltern von Kindern zwischen drei und sechs Jahren. Aufgrund dieser Ausnahmestellung in der Familienbildung müssten sie bestens dafür geeignet sein, qualitativ hochwertige Formen der Familien- und Elternbildung anzubieten, um die elterliche Erziehungskompetenz zu stärken.

Ob das Fachpersonal aber bei seinem derzeitigen Ausbildungsstand für diese Aufgabe überhaupt qualifiziert ist, ist angesichts des zunehmenden Beratungsbedarfs bei den Familien allerdings fraglich. Hinzu kommt, dass die Mehrzahl der Kitas aufgrund des Personalmangels sowieso schon »an der Kante« arbeitet und selbst bei ausreichender Qualifikation der Fachkräfte oft schlichtweg keine Zeit hat, komplexere Beratungsleistungen zu erbringen.

Kennzeichnend für die Elternschaft in Deutschland sind die beträchtlichen sozialen Unterschiede, die sich in den letzten Jahren weiter verstärkt haben. Gerade Kinder sozial schwacher Familien sollten in Kitas gefördert werden, um ihnen einen besseren Start in eine gute Bildungsbiografie zu ermöglichen. Das gestaltet sich bislang schwierig, weil vor allem diese Kinder die geringsten Chancen haben, einen Kita-Platz zu bekommen.

Private Anbieter als Alternative

Eine Alternative zur »herkömmlichen« Kindertagesbetreuung sind private Anbieter flexibler Betreuungsalternativen in schwierigen Situationen. Sie bieten zum Beispiel Notbetreuungen in ihren Back-up-Einrichtungen und im Privathaushalt an. Auf diese Weise können beispielsweise Arbeitgeber ihre Beschäftigten entlasten, deren Leistungsfähigkeit fördern und Fehlzeiten reduzieren – sofern sie einen entsprechenden Vertrag mit dem Dienstleister schließen. Mit einem solchen Angebot können Arbeitgeber ihre Beschäftigten schnell und unkompliziert bei Betreuungsengpässen unterstützen (pme familienservice 2023). Natürlich ist das nur ein Tropfen auf den heißen Stein und bei Weitem keine Alternative, um das eklatante Angebotsdefizit an Kita-Plätzen auch nur abzumildern.

Hinzu kommt, dass solche Angebote nur für erwerbstätige Eltern, das heißt ressourcenstärkere Eltern infrage kommen, die tendenziell mehr in die Bildung, Betreuung und Erziehung ihrer Kinder investieren. Dem gegenüber stehen ressourcenärmere Eltern, vor allem Alleinerziehende und Migrant:innen, die ihre Kinder oft nicht in gewünschtem Maße fördern können. Solche sozialen Ungleichheiten befördern den Wettlauf um gute Betreuung und Erziehung und höhere Bildungsabschlüsse. Fatal für Deutschland ist, dass die ungleichen Voraussetzungen der Eltern sich direkt auf die Bildungschancen der Kinder auswirken.

Was aber kann getan werden, um Eltern angesichts der exemplarisch beschriebenen Herausforderungen, denen sie heute gegenüberstehen, unter die Arme zu greifen? Wissenschaftler:innen empfahlen im Rahmen einer Onlineveranstaltung auf dem 17. Deutschen Kinder- und Jugendhilfetag (DJHT) im Mai 2021 insbesondere folgende Maßnahmen, um Eltern zu entlasten und Bildungsgerechtigkeit zu stärken:

- Ausbau von Ganztagsangeboten und Stärkung der Qualität und Verbindlichkeit (z. B. teilzeitgebundene Ganztagsschulen)
- Einsatz multiprofessioneller Teams an Schulen (Ausbau der Sozialarbeit, Einbindung von Gesundheitsfachkräften und Mentoren)
- systematische Umsetzung von Erziehungs- und Bildungspartnerschaften
- interkulturelle Öffnung der Bildungsinstitutionen.

Die Zusammenarbeit mit den Eltern könne erleichtert werden durch das Vorhalten von Zeitkontingenten in diesem Bereich (insbesondere für Lehrkräfte an Schulen), durch systematische Qualifizierung des pädagogischen Personals in der Familienbildung und durch den Einsatz von Elternbegleitern als Brückenbauer.

Erweiterte Familienbildung

Die Wissenschaftler:innen empfahlen zudem, die bisherige Familienbildung zu erweitern, zum Beispiel durch:

- Lotsen (z. B. Stadtteilmütter) für eine bessere Erreichbarkeit und Einbindung von Familien mit Migrationshintergrund, insbesondere in Formaten wie »offenen Treffs«

- Familiengutscheine nach der Geburt eines Kindes für Familienbildungsangebote (z. B. analog zu einigen Bezirken in Berlin oder dem Landesprogramm »STÄRKE« in Baden-Württemberg)
- themenspezifische Elternansprache, zum Beispiel die Ausweitung des Bundesprogramms »Elternchance ist Kinderchance« für Kitas auf die Schule im Bereich Bildungsförderung.

Zudem sollten die frühen Hilfen als ein zentraler Eckpfeiler der Versorgungssysteme von Familien mit Kindern unter drei Jahren ausgebaut werden, insbesondere, um das sogenannte Präventionsdilemma, das heißt die schwierige Erreichbarkeit vor allem von besonders förderbedürftigen Familien, zu bekämpfen. Dafür empfiehlt man zum Beispiel, die aufsuchenden Hilfen auszubauen und diese stärker auf Familien in den unterschiedlichen Bedarfslagen zu fokussieren (Walper, Müller und Baykara-Krumme 2021).

Wir vergehen uns durch Unterlassung an unseren Kindern

>*Wenn wir etwas erreichen wollen im Bildungsbereich, dann ist das nicht zum Nulltarif möglich.*«
>   (Bremens Bürgermeister Andreas Bovenschulte)

Betreuungskrise in den Kitas, Bildungsnotstand in den Schulen – allenthalben Hiobsbotschaften in der Kindertagespflege. Und neuerdings das Gerangel um die Kindergrundsicherung: Die Politik hat die Jüngsten offenbar aus dem Blick verloren.

Oder hatte sie diese noch nie so richtig auf dem Schirm? War Deutschland jemals ein kinderfreundliches Land? Und wenn ja, wann hat es aufgehört, ein solches zu sein? Etwa während der Coronapandemie, als rot-weiße Absperrbänder den Zugang zu Spielplätzen verwehrten? Oder war es, als Kletterbäume zersägt wurden, damit sich Kinder auf der Suche nach alternativen Spielmöglichkeiten in der – virenarmen! – Natur nicht zu nahe kamen? Oder zum Beispiel, als Kitas geschlossen blieben, während Zigarettenläden und Autohäuser längst wieder öffnen durften (Bund 2023)?

Oder geht es vielmehr noch weiter zurück? Etwa in die Zeit, als eine Familienministerin Kinder zielgenau mit Geld unterstützen wollte? Ihre Idee gefiel dem damaligen Finanzminister so gut, dass er ein Effizienzregister aller familienpolitischen Leistungen versprach. Fast zweihundert kamen zusammen. Die Ministerin ist mittlerweile Chefin der EU-Kommission, der Minister längst in Rente und das Ergebnis der Prüfung der familienpolitischen Leistungen ist bis heute ein großes Geheimnis: Weder die CDU-Politikerin Ursula von der Leyen noch der Sozialdemokrat Peer Steinbrück werden gerne an ihr damaliges »Ein Herz für Kinder«-Projekt erinnert.

Dieser politische Slapstick liegt immerhin 15 Jahre zurück – aber, oh Schreck: Er setzt sich bis heute fort! Denn das Gezerre um die Kindergrundsicherung, das sich Bundesfamilienministerin Lisa Paus (Grüne) und Finanzminister Christian Lindner (FDP) zurzeit liefern, erinnert an diese »alten Zeiten«. Wie damals 2008 sind auch heute, 2023, die Kinder die Leidtragenden dieses Streits. Manche der Kinder von damals sind heute selbst Eltern und bekommen unmissverständlich vor Augen geführt: Es ist egal, wer Deutschland regiert, die Belange der Kinder stehen bei den Politikern hinten an (Barthelme 2023).

Bleibt abzuwarten, ob und wie dieser Streit um die Einführung einer Kindergrundsicherung diesmal ausgeht. Bundesfamilienministerin Lisa Paus gibt sich optimistisch und hofft auf einen baldigen Durchbruch und »dass noch vor der parlamentarischen Sommerpause eine Einigung gelingen könnte«, so eine Sprecherin ihres Ministeriums. Die Kindergrundsicherung solle nach dem Willen der Ampel-Koalition Leistungen für Kinder wie Kindergeld, Regelsatz für Kinder im Bürgergeld, Kinderzuschlag und Leistungen aus dem sogenannten Bildungs- und Teilhabepaket zusammenführen. Nach 15-jährigem politischem Gezerre wäre dies zumindest eine Fußnote wert.

Kinderrechte ins Grundgesetz!

Das ist wieder ein Beispiel dafür, dass die Interessen der Kinder und Jugendlichen in Deutschland noch immer eine Nebenrolle spielen, ganz zu schweigen von ihrer aktiven Beteiligung an den politischen Prozessen und Verwaltungsentscheidungen. Dies würde sich ändern, wenn Kinderrechte explizit im Grundgesetz stünden. Dann würden sie bei Entscheidungen von Gerichten und Verwaltungen konsequenter umgesetzt werden, auch könnte der Staat stärker in die Pflicht genommen werden, kindgerechte Lebensverhältnisse zu schaffen.

Aber was konkret hätten Kinder davon, wenn ihre Rechte im Grundgesetz verankert würden? Nun, Kinder können ihre Rechte an vielen Stellen nicht selbst einfordern, sie haben auch keine Lobby oder etwa eine eigene Interessenvertretung analog beispielsweise zum Wehrbeauftragten, ganz zu schweigen ein Verbandsklagerecht, wie es etwa in Umweltbelangen der Fall ist. Sie sind darauf angewiesen, dass die Entscheidungsträger aller drei Staatsgewalten ihre Rechte mitberücksichtigen (DKHW 2023). Rechtsgutachten allerdings belegen, dass es bei dieser Mitberücksichtigung eklatante Umsetzungsdefizite gäbe (Hofmann und Donath 2017; Wapler 2017).

Erstmalig war die Verankerung der Kinderrechte im Grundgesetz im Koalitionsvertrag von CDU/CSU und SPD aus dem Jahr 2018 vorgesehen. Dafür war eine Zweidrittel-Mehrheit im Bundestag und im Bundesrat erforderlich. 2021 brachte die Bundesregierung einen entsprechenden Gesetzesentwurf zur Aufnahme der Kinderrechte ins Grundgesetz ein. Im Juni 2021 scheiterte die von der Großen Koalition vereinbarte Verankerung von Kinderrechten im Grundgesetz für jene Legislaturperiode. Die neue Bundesregierung aus SPD, Bündnis 90/Die Grünen und FDP will die Kinderrechte laut Koalitionsvertrag ins Grundgesetz aufnehmen und sich dabei maßgeblich an den Vorgaben der UN-Kinderrechtskonvention orientieren.

Das Deutsche Kinderhilfswerk setzt sich gemeinsam mit vielen Partnerorganisationen dafür ein, dass der neue Formulierungsvorschlag dem Anspruch der UN-Kinderrechtskonvention wirklich gerecht wird: »Das Kindeswohl muss ein vorrangig zu berücksichtigender Gesichtspunkt sein, wenn auch nicht immer Vorrang haben.« Am 31. Mai 2023, dem Tag des Grundgesetzes, appellierte das Deutsche Kinderhilfswerk erneut an Bund und Länder, die Kinderrechte im Grundgesetz zu verankern: »Mit der Aufnahme der Kinderrechte ins Grundgesetz im Sinne der UN-Kinderrechtskonvention besteht die große Chance, langfristig eine tragfähige Grundlage für ein kinder- und familienfreundlicheres Land zu schaffen« (DKHW 2023). Es bleibt abzuwarten, ob uns auch bei dieser wichtigen Weichenstellung zum Wohle unserer Kinder ein fünfzehnjähriger politischer Eiertanz bevorsteht oder ob die Verantwortlichen es diesmal schaffen, einmal »Nägel mit Köpfen zu machen«.

Und was ist mit den Schwächsten?

Aber was nützen alle Rechte, wenn sie nicht eingehalten werden? Am 28. Mai 2023, dem Weltspieltag, der unter dem Motto »Schluss mit der Einfalt – es lebe die Vielfalt« stand, wurden die Lobeshymnen auf das Wohl unserer Kinder getrübt durch den Hinweis, dass 80 Prozent der Spielplätze in Deutschland Kinder mit Behinderung ausschließen. Spielmöglichkeiten für alle gilt in Deutschland auch heute nur bedingt. Denn nur jeder fünfte Spielplatz ist zumindest teilweise barrierefrei oder verfügt über inklusive Spielgeräte, die auch behinderten Kindern das Recht auf Teilhabe ermöglichen. Am schlechtesten schneiden Brandenburg und Schleswig-Holstein ab, so das Ergebnis einer Studie der Aktion Mensch zum Weltspieltag, die in Zusammenarbeit mit dem Forschungsinstitut für Inklusion durch Bewegung und Sport (FIBS) entstanden ist (Aktion Mensch und FIBS 2023).

Spielplätze in Deutschland stehen mehr für gesellschaftliche Ausgrenzung als für Inklusion von Anfang an. Besonders dramatisch: die Situation bei der Beschaffenheit der Böden. Nur etwa ein Prozent der Spielplätze hat barrierefreie Flächen aus stoßdämpfendem Gummi oder Korkmischungen, die restlichen Spielplätze haben Sand, Kies oder Hackschnitzel. Kinder mit Gehhilfen oder Rollstuhl, mit Mobilitätseinschränkung sowie Sehbehinderte kommen gar nicht an die Spielgeräte ran. Es gibt zwar DIN-Normen mit Richtlinien für den Bau von inklusiven und barrierefreien Spielplätzen – sie sind aber nicht verbindlich, sondern ihre Anwendung ist freiwillig. Wie würde ich mir das für die unzähligen Richtlinien wünschen, die für den Ausbau oder Neubau von Kitas gelten – doch die sind zwingend, ausnahmslos und auf den Zentimeter genau. Andernfalls gibt es keine Betriebserlaubnis.

Anders zum Beispiel in den USA: Dort müssen qua Gesetz alle seit 2012 errichteten Spielplätze barrierefrei ausgestaltet sein.

Etwa beim Zugang oder bei der Gestaltung der Geräte, die beispielsweise durch Rampen oder verschiedene Griffhöhen und -stärken für Kinder mit und ohne Behinderung gleichermaßen konzipiert sind (ErzieherIn.de 2023a).

Die Inklusion liegt mir besonders am Herzen, weil sie seit Anfang der 1990er-Jahre in Bremen eine Erfolgsgeschichte hatte. Innerhalb von zehn Jahren war es gelungen, alle Bremer Kitas so behindertengerecht zu gestalten und mit Fachpersonal auszustatten, dass sie die Kinder aller Sondereinrichtungen aufnehmen konnten. Am Ende gab es in Bremen keine Sondereinrichtung für behinderte Kinder mehr. Die Ergebnisse waren überwältigend. Am meisten beeindruckte, wie selbstverständlich die Kinder mit den Behinderungen ihrer Spielkameraden umgingen. Bremen war bundesweiter Vorreiter in Sachen inklusive Kitas. Die Erfolgsgeschichte endete allerdings jäh, als der Senat vor knapp 20 Jahren die Fördergelder für dieses Projekt kappte. Heute hat Bremen wieder Schwerpunkteinrichtungen für behinderte Kinder. Es ist ein Trauerspiel. Umso mehr unterstütze ich die Anregungen der Arbeitsgemeinschaft für Kinder- und Jugendhilfe zur Gestaltung der Inklusion in der Kinder- und Jugendarbeit (AGJ).

Kindheit in Krisenzeiten

Kinder und Jugendliche werden in einer so noch nicht dagewesenen Intensität mit Krisen konfrontiert. Die Coronapandemie war weltweit ein gravierender Einschnitt in unser Leben, und vorhandene Probleme und Ungleichheiten wurden zum Beispiel durch den Zuzug von Kriegsflüchtlingen oder Asylsuchenden teilweise massiv verschärft. Der Krieg in der Ukraine ist eine weitere Zäsur, die die Menschen zutiefst erschüttert und verunsichert. Die Auswirkungen des Klimawandels, der Natur- und Umweltschäden, des Artensterbens werden immer spürbarer. Allenthalben Katastrophenmeldungen. Damit nicht genug: Themen wie Energiekrise, Inflation oder Wirtschaftskrise heben zusätzlich nicht die Stimmung.

Was für eine Welt bieten wir der nachwachsenden Generation? Kinder erleben eine Welt, die immer brüchiger, düsterer und bedrohlicher erscheint. Sie bekommen mit, dass es selbst ihren Eltern immer schwerer fällt, zuversichtlich in die Zukunft zu schauen. Was macht das mit den Kindern und Jugendlichen? Und was heißt es, in einer solchen Zeit jung zu sein?

Zunächst einmal ist da psychischer Stress. Die Coronakrise beispielsweise hat Spuren hinterlassen, die bei vielen lange nachwirken. Der Anteil psychisch belasteter Kinder ist während der Pandemie gegenüber der Zeit davor von circa 20 Prozent auf rund 30 Prozent gestiegen (Ravens-Sieberer et al. 2022).

Zum ersten Mal ist jetzt auch erwiesen, was viele Fachleute vermutet hatten: Die junge Generation fühlt sich nicht nur durch die Folgen der Coronapandemie, sondern auch durch die Klimakrise, den Ukrainekrieg und die hohe Inflation stärker belastet als die mittlere und ältere Generation. Am meisten beunruhigt sie die Inflation, gefolgt vom Ukrainekrieg, dem Klimawandel und einer möglichen Wirtschaftskrise. Aber auch die Angst vor einer Spaltung der Gesellschaft und einem Zusammenbruch des Rentensystems treibt junge Menschen um. Dieses Sorgenranking ähnelt erstaunlich dem der mittleren und älteren Bevölkerungsgruppen, abgesehen vom Klima, das die Älteren weniger belastet. Die Älteren haben dafür mehr Angst vor Altersarmut (Schnetzer, Hampel und Hurrelmann 2023).

Aufwachsen in Krisenzeiten

UNICEF-Schirmherrin Elke Büdenbender ging im diesjährigen Neujahrsgespräch im Schloss Bellevue zum Thema »Aufwachsen in Krisenzeiten« auf die Sorgen und Nöte von Kindern und Jugendlichen ein. Tatsächlich seien viele von ihnen durch die Vielzahl der Krisen verunsichert und fragten sich, was diese für ihren zukünftigen Lebensweg bedeuten würden: »Werde ich eine gute Ausbildung finden? Werde ich genug verdienen, um eine Familie gründen zu können? Werde ich noch die Möglichkeit haben, unbeschwert die Welt zu entdecken?« Sich vor solchen Fragen der jungen Generation zu drücken und wegzuschauen, sei der falsche Weg. Mit solchen Reaktionen verstärkten Erwachsene bei den Mädchen und Jungen eher das Gefühl, mit ihren Befürchtungen allein, ungesehen und unverstanden zu sein, so Büdenbender. Das könne dazu führen, dass manch junger Mensch aus dieser Situation keinen Ausweg finde. Um für die Zukunft gewappnet zu sein, sei vielmehr Unterstützung in Form von Hinsehen, Hilfe und Prävention sowie Beteiligung besonders wichtig, in dreierlei Hinsicht: Erstens sollten sich Kinder und Jugendliche, die Hilfe bei psychischen Problemen suchen, niemals schämen müssen und darauf vertrauen können, dass sie mit ihren Sorgen ernst genommen werden und Unterstützung erwarten können. Zweitens müssten Politik und Gesellschaft die Bedeutung einer stabilen mentalen Gesundheit für das Wohlbefinden und die Entwicklung von Kindern und Jugendlichen verstehen. Ebenso die Notwendigkeit von zusätzlichen kompetenten, niedrigschwelligen Beratungs- und Hilfsangeboten zur Stärkung der Prävention. Und drittens müssten Kinder und junge Menschen stärker gefragt werden, wie es ihnen geht, was ihnen Sorge bereitet, was sie sich wünschen und brauchen. Gespräche könnten viel bewirken, auch wenn sie für Erwachsene bisweilen unbequem sind oder Fragen nicht sofort beantwortet werden können. Aber auch darüber könne man offen und ehrlich mit Kindern reden. Sie wisse aus vielen Gesprächen mit jungen Menschen in Deutschland, wie klar Kinder und Jugendliche die Probleme der Gegenwart sehen (Der Bundespräsident 2023).

Wir lassen Fachkräfte allein

Immer mehr Kita-Leitungen und Erzieher:innen fühlen sich allein im Regen stehen gelassen. Wo man sich umhört, gibt es allenthalben schlechte Nachrichten, zum Beispiel in Baden-Württemberg. Dort haben 2022 über 1.600 Kitas in mehr als der Hälfte der Zeit in aufsichtspflichtrelevanter Personalunterdeckung gearbeitet, doppelt so viele wie noch 2021. Hier konnte der Betrieb an mehr als jedem zweiten Tag nur unter Gefährdung der Sicherheit der zu betreuenden Kinder aufrechterhalten

> »Man ist überfordert, man kommt nicht zu Pausen, die Fortbildungstage werden zum Teil nicht mehr genehmigt, manche Erzieher werden aus dem Urlaub zurückgeholt, weil's Personal fehlt, und dann sind irgendwann die Nerven einfach blank.«
>
> *(Kita-Leiterin)*

werden. Kein Wunder, dass jede/r vierte Kita-Mitarbeiter:in als Konsequenz des Personalmangels gekündigt hat (Verband Bildung und Erziehung Baden-Württemberg 2023).

Man muss den Hut ziehen vor all denjenigen, die angesichts solcher Bedingungen nicht resignieren und weiterhin ihr Bestes tun, um den ihnen anvertrauten Kindern so gut es eben geht pädagogische Qualität angedeihen zu lassen, und den Kita-Leitungen, die sich unbeirrt tagtäglich diesen Herausforderungen stellen. Ihr Engagement genießt durchaus Anerkennung, wie die jüngste Studie des Deutschen Kita-Leitungskongresses (DKLK) bestätigt (FLEET Education Events GmbH et al. 2023): Eine große Mehrheit von über 85 Prozent der Kita-Leitungen fühlt sich durch die Eltern, die Mitarbeitenden und die Kinder wertgeschätzt. »Dies zeugt von einem außerordentlich hohen Zusammenhalt in den Kitas. Und es zeigt, dass der Beruf und gerade die Arbeit mit Kindern eine sehr erfüllende Seite haben«, konstatierte der VBE-Landesvorsitzende Gerhard Brand, und fügte hinzu: »Es ist nicht der Beruf an sich, der vielen Kita-Leitungen zu schaffen macht. Es sind die immer schlechteren Rahmenbedingungen und die fehlende Unterstützung der politisch Verantwortlichen« (Verband Bildung und Erziehung Baden-Württemberg 2023).

Diese sollten bei solchen Statements genau hinhören, denn die von den Kita-Leitungen wahrgenommene Wertschätzung durch die Politik befindet sich im freien Fall. Letztes Jahr fühlte sich immerhin noch knapp die Hälfte (45 Prozent) von ihnen durch die Kommunalpolitik gewürdigt. Dieses Jahr sind es nur noch 36 Prozent. Durch die Landespolitik beziehungsweise Bundespolitik fühlten sich letztes Jahr jeweils 23 beziehungsweise 20 Prozent der Kita-Leitungen wertgeschätzt. Dieses Jahr sind es nur noch 15 beziehungsweise 12 Prozent. Das muss man sich einmal vorstellen: Nur jede zehnte Kita-Leitung hat das Gefühl, dass ihre Arbeit von den Landes- und Bundespolitikern anerkannt wird. »Dies sind die schlechtesten Werte, die wir bisher gemessen haben. Für das so wichtige Thema der Fachkräftegewinnung und -bindung ist dies mehr als nur ein Warnsignal«, erklärte Gerhard Brand hierzu (Verband Bildung und Erziehung Baden Würtemmberg 2023).

Diese Kita-Leitungen liegen mit ihrer Einschätzung leider gar nicht so falsch. Ich habe mir kürzlich im Internet eine Übertragung einer Sitzung des Ausschusses für Familie, Senioren, Frauen und Jugend unter anderem zum Thema »Fachkräftemangel in den Kitas« angesehen. Gut, ich gebe zu, Ausschusssitzungen sind – ich kenne sie selbst zur Genüge – stimmungsmäßig nicht gerade der Brüller. Aber man kann zumindest erwarten, dass die anwesenden Volksvertretungen wenigstens so tun, als seien sie an dem Geschehen um sie herum interessiert. Dann unverhofft ein Kameraschwenk, und ich dachte, ich sehe nicht recht: Da saß eine teilnehmende Person seelenruhig direkt neben der Rednerin an exponiertem Platz am Tisch, demonstrierte aufreizend aktives Desinteresse an dem Vortrag ihrer Sitznachbarin und daddelte mit gelangweiltem Gesichtsausdruck permanent auf ihrem Handy herum (bundestag.de 2023, ab Minute 28:22). Wenn diese Volksvertretung sich als Mitglied eines Ausschusses für Kindertageseinrichtungen nicht einmal für die Worte ihrer Tischnachbarin zum Thema Kindertageseinrichtungen interessiert, wie soll man von ihr erwarten, dass sie sich für die Belange von mit Personalnot kämpfenden Kitas interessiert – und die dort Arbeitenden womöglich auch noch wertschätzt? Ich sehe mich wieder einmal bestätigt: Unsere Kinder interessieren unsere Politiker einfach nicht!

Wir sind gleichgültig

Haben Kinder in unserer Gesellschaft wirklich den Stellenwert, der ihnen als zukünftigen Gestaltern unseres Landes zukommt? Mein Eindruck ist eher: nein! Viele andere Belange stehen in der Prioritätenliste oben, erst unter »ferner liefen« wird unseren Kindern Beachtung geschenkt. Ein jüngstes Vorkommnis aus der Praxis verdeutlicht dies exemplarisch:

Eine große Kita in Norddeutschland wartet seit Jahren auf die Realisierung ihres Spielplatzes, der Bestandteil für die vor bereits vier (!) Jahren erfolgte Erteilung der Baugenehmigung war. Der zunächst genutzte öffentliche Ausweichspielplatz musste aufgrund einer Rattenplage geschlossen werden. Der geplante Spielplatz konnte nicht gebaut werden, weil die Errichtung eines zusätzlichen Radweges auf dem geplanten Spielplatzgelände als wichtiger erachtet wurde. Der bewilligte Spielplatz hängt immer noch in der Warteschleife, die Kinder haben immer noch keinen Platz zum Spielen im Freien. Trotz neuer Ausschreibungen und wiederholter erfolgloser Intervention der örtlichen Handelskammer kommt es zu keiner Realisierung. Die Handelskammer war in diesem Fall besonders engagiert, weil deren Wirtschaftsjunioren die Initiatoren für die Einrichtung dieser Kita waren, also durchaus bekannte Lobbyisten in der Kommune und der Region. Nichtsdestotrotz gestaltet sich die Realisierung der Kita als jahrelanger Kampf mit Behördensumpf und Partikularinteressen. Da drängt sich die Frage auf: Was tut die Gesellschaft wirklich für ihre Kinder?

An einer anderen Stelle warten Familien seit Jahren auf eine Kita, die seinerzeit zusammen mit einer Seniorenwohnanlage geplant wurde. Die Seniorenwohnanlage ist bereits seit Jahren in Betrieb, für die Kita aber musste wegen eines Überwegungsrechts auf ihrem eigenen Grundstück(!) der Bebauungsplan geändert werden. Eigentlich kein großes Problem, nur: Die erforderliche Baugenehmigung ist bis heute nicht erteilt, obwohl die Dringlichkeit des Themas bis ins Rathaus bekannt ist. Die Folge: Mittlerweile warten drei Kindergartenjahrgänge auf einen Kita-Platz. Ich frage mich: Warum kriegen die verantwortlichen Akteure es nicht auf die Reihe, sich an einem runden Tisch zusammenzusetzen, um das Problem im Interesse der Kinder zu lösen? Für mich gibt es dafür nur eine schlüssige Antwort: Weil die Kinder offenbar nicht wirklich wichtig sind!

In Nordrhein-Westfalen gab es für solche Fälle mal eine Taskforce-Gruppe, um schnelle Entscheidungen herbeizuführen. Die Betonung liegt leider auf »gab«.

Wir verwalten uns zulasten unserer Kinder und ihrer Bildungschancen! Dabei liegt die Lösung für solche Fälle klar auf der Hand: Was spricht dagegen, dass die für die Umsetzung verantwortlichen Akteure einmal in der Woche oder von mir aus auch alle zwei Wochen – zumindest in regelmäßigem Turnus – mit allen am Bau beteiligen Behörden die Kita-Projekte besprechen, Hemmnisse und Schwierigkeiten identifizieren und Lösungen für die rasche Umsetzung auf den Weg bringen? Diese Vorgehensweise ist im Projektmanagement in Unternehmen gelebte und tagtägliche Praxis.

Unternehmen mit Drive

Ab 2007 hatte ich die Möglichkeit, den Aufbau von 14 betrieblichen Kitas für die Daimler AG (heute Mercedes-Benz Group) an allen Standorten in Deutschland fachlich zu begleiten. Zielvorgabe bei den ersten drei Projekten war: Realisierung in fünf Monaten – einschließlich Aufnahme der Kinder. Das Ergebnis: Ziel erreicht! Seitdem habe ich die Einrichtung von rund 30 betrieblichen Kitas in Unternehmen begleitet. Aktuell ein DAX-Unternehmen in Süddeutschland. Auch bei den aktuell geplanten Einrichtungen – das ist jetzt schon abzusehen – wird die Zielmarke vom Vorstandsbeschluss bis zur Kita-Eröffnung innerhalb von acht Monaten erreicht werden. Mithilfe einer Taskforce-Gruppe konnten Genehmigungsverfahren mit den zuständigen Behörden schnell abgeschlossen werden. Einmal im Monat wurden die Bauvorhaben besprochen, anstatt anderthalb Jahre auf ihre Genehmigung zu warten (Bergediek 2023).

Es kommt mir wie aus der Zeit gefallen vor, wenn ich mir diese Herangehensweise an Projekte vor Augen führe und mit dem zähen Ringen bei Neu- oder Ausbauprojekten von Einrichtungen mit öffentlicher und freier Trägerschaft vergleiche. Was ist nur mit unserem Land passiert? Warum geht nichts mehr voran? Vor allem, wenn Behörden und Verwaltungen ihre Finger mit im Spiel haben?

Unterschiedliche Menschenbilder

Meiner Erfahrung nach hat dieser Unterschied viel mit der Herangehensweise und dem dahinterstehenden Menschenbild zu tun. In den Unternehmen ist die Einrichtung betrieblicher Kitas Chefsache. Seinerzeit hat es sich Dieter Zetzsche in seiner Funktion als Vorstandsvorsitzender der Daimler AG nicht nehmen lassen, die alle vier Wochen stattfindenden Projektmeetings selbst zu leiten. Er ging voran und die gesamte Mannschaft folgte ihm. So oder ähnlich erlebte ich es auch bei anderen Unternehmen, auch dem jetzigen. Aufgefallen sind mir dabei vor allem Unterschiede im Umgang mit den Menschen. In den von mir begleiteten Unternehmen habe ich erlebt, dass die Führungskräfte ihre Mitarbeiter wertschätzen und sie entsprechend behandeln, nämlich als Human Resource, als wertvolle Ressource, die mit ihrem Know-how und ihrer Erfahrung gehalten werden muss.

Kein Vergleich zur anderen Seite, den Behörden: Hier musste ich zu oft erleben, dass Mitarbeiter von ihren Vorgesetzten eher als »Kostenfaktoren« angesehen werden – mit entsprechender Geringschätzung. Dieser Umgang zieht sich durch alle Instanzen und Bereiche. Niemand fühlt sich wirklich zuständig, schiebt den »Schwarzen Peter« den anderen zu und duckt sich eher weg, wenn es mal ungemütlich wird. Und es gibt niemanden, der Verantwortung übernimmt, geschweige denn die Reform der (früh) kindlichen Bildung zur Chefsache macht und die anderen mitzieht. Im Grunde genommen ist der Bundeskanzler derjenige, der angesichts der dramatischen Situation im Bildungssystem das Heft in die Hand nehmen und die verantwortlichen Ressorts in die Pflicht nehmen müsste.

Immerhin hat Olaf Scholz Mitte Juni 2023 den Potsdamer Kindergarten »Springfrosch« besucht und unter Beweis gestellt, dass er auch mal Spaß beim Spielen und Forschen haben kann.

Mit rund 40 Kindern machte er kleine Experimente rund um das Thema Weltall. Am Schluss erhielt jeder kleine Forscher ein von ihm eigenhändig unterschriebenes Forscherdiplom (Welt 2023b).

Die Sache mit der Chefsache

»Bildung ist kein Gedöns, sondern muss Chefsache sein.«
(Nicole Diekmann, ZDF-Korrespondentin)

Der Anfang wäre gemacht, wenn der Bundeskanzler über diesen Termin in Sachen Eigen-PR mit schönen Bildern und mit großem bundesweitem medialem Echo hinaus die Reform der (frühkindlichen) Bildung zur Chefsache erklären und von seiner Richtlinienkompetenz Gebrauch machen würde, um dieses Land endlich für die Zukunft flott zu machen. Die Kinder würden sich darüber noch mehr freuen als über ein Forscherdiplom, das sie sicherlich in Ehren halten werden.

Apropos Chefsache: Ich danke allen Wirtschaftsunternehmen und den CEOs, mit denen ich zusammengearbeitet habe, dass sie den Aufbau der betrieblichen Kinderbetreuung ausnahmslos zur Chefsache gemacht haben. Sicherlich nicht aus Selbstlosigkeit, sondern um Mitarbeiter zu binden und neue zu gewinnen. Bemerkenswert war, dass die Akteure immer schnell und zielstrebig gehandelt haben. Und spätestens acht Monate nach der Baugenehmigung waren die Kitas betriebsbereit. Angesichts dieser Erfahrung werde ich manchmal gefragt, wie ich die zähen Verwaltungsstrukturen aushalte? – Und die sind mit der Coronapandemie noch zäher geworden. – Ich bin mir sicher, dass Bundeskanzler Olaf Scholz das auch hinbekommen würde. Es klappte ja zum Beispiel auch, als er die Laufzeit der verbliebenen

Atomkraftwerke in Deutschland im Oktober 2022 zur Chefsache machte, ein Machtwort sprach und diese bis spätestens April des Jahres 2023 verlängerte. Es geht doch!

Ich kann als Pädagogin meinen Ruhestand nicht genießen, wenn ich sehe, wie viele Kinder ohne ersichtlichen Grund ohne Kita-Platz bleiben. Sie werden alleingelassen und von Anfang an in ihrer Bildungsbiografie beschnitten. Dass es auch anders geht, zeigen die obigen Beispiele. Aber nicht mit den vorherrschenden Strukturen und der Gleichgültigkeit, mit der wir unseren Kindern begegnen. Und dem Desinteresse seitens der politischen Verantwortlichen.

Deshalb bleibe ich unbequem und versuche, mit engagierten Investoren und Betreibern nach Lösungen zu suchen. Ich hoffe, auch mit diesem Buch, das ich als Plädoyer für Kinderrechte verstehe, weitere Lobbyisten als Unterstützer für unsere Kinder zu gewinnen. Sie werden es uns danken. Letztlich auch wir uns selber: Denn unsere Zukunft fängt an – bei unseren Kindern und ihrer Bildung.

2. Auch das noch! – Neue Heraus-forderungen

> *»Wir brauchen unbedingt mehr Geld in die Bildung. Wir brauchen eine konzertierte Aktion in der Lehrkräftebildung für das gesamte Bundesgebiet. Die Problemstellung, wenn ich mit Eltern spreche, auch außerhalb des Landes Rheinland-Pfalz, sind alle gleich: Wir haben zu wenig Lehrer, wir haben zu wenig Erzieher.«*
>
> (Markus Sänger, ARGE-SEB)

Als wären die beschriebenen Ursachen für den drohenden »Kita-Kollaps« nicht genug, wurde Deutschland in den vergangenen Jahren mit neuen Herausforderungen mit direkten Auswirkungen auf das Kita- und Schulsystem konfrontiert. Dieses Kapitel beschreibt die Folgen des Erzieher- und Lehrermangels, des Zuzugs von Kriegs-flüchtlingen insbesondere in den vergangenen Jahren und der dramatisch voranschreitenden Bildungsungleichheit in Deutschland.

Fachkräfteschwund in Kitas

> *»Insgesamt ist die demografische Entwicklung so, dass sehr starke Jahrgänge in den Ruhestand gehen und es unglaublich schwierig ist, die zu ersetzen.«*
>
> (Staatssekretär Kultusministerium Baden-Württemberg)

In fast jeder zweiten Kindertageseinrichtung in Deutschland können aufgrund des Fachkräftemangels nicht alle Betreuungsplätze vergeben werden. Damit ist der Personalmangel ursächlich dafür, dass eine stärkere Belegung der Einrichtungen und eine Verbesserung der Betreuungsquote ausgebremst werden. Und das bei weiterhin steigendem Bedarf an Betreuungsplätzen, vor allem in den westlichen Bundesländern.

Fakt ist: Der Fachkräftemangel im Elementarbereich hat sich in den vergangenen Jahren dramatisch erhöht – mit starkem Trend nach oben. Schätzungen zufolge werden bis zum Jahr 2025 knapp 180.000 ausgebildete pädagogische Fachkräfte in den Kindertageseinrichtungen fehlen, vor allem in Westdeutschland (Forschungsverbund DJI/TU Dortmund 2020; Bertelsmann-Stiftung 2021a).

Wie wirkt sich der Fachkräftemangel in der Praxis aus? Fatal! Betrachten wir beispielsweise Niedersachsen, wo die Personalsituation in Kindertageseinrichtungen als dramatisch bezeichnet wird, weil nach Angaben des Niedersächsischen Städtetags mittlerweile fast alle Kommunen vom Fachkräftemangel betroffen sind. Bereits jetzt müssen Gruppen zeitweise oder dauerhaft schließen, gleichzeitig wird die Schere zwischen den Bedürfnissen von Kindern und Familien und dem Betreuungsangebot zusehends größer.

> »Und Schwimmen fällt aus, was mir auch sehr viel Spaß macht. Bei uns in der Gruppe waren gar keine Erzieher oder nur eine, und dann mussten wir in die ›Hasengruppe‹ gehen – zwei Mal.«
>
> *(Kita-Kind, 5 Jahre)*

Und Licht am Ende des Tunnels ist nicht in Sicht: Studien zufolge gibt es kaum noch Bewerbungen auf offene Stellen. Rund 75 Prozent der von der Diakonie in Niedersachsen befragten Kitas klagen über unbesetzte Stellen. Mehr als die Hälfte der Einrichtungen mussten deshalb tageweise Gruppen schließen oder Randzeiten verkürzen. Diese Bedingungen haben nicht nur Folgen für die betreuten Kinder, sondern belasten auch die Fachkräfte: Viele denken über einen Berufswechsel nach, Neu- oder Quereinsteiger:innen werden von solch einem Arbeitsumfeld abgeschreckt (Stephan 2023).

Die Coronakrise hat die ohnehin schon angespannte Lage für die Erzieher:innen zusätzlich verschärft: Der Anteil der psychisch belasteten Kinder stieg von circa 20 auf rund 30 Prozent (Ravens-Sieberer et al. 2022), und Spannungen in Familien inklusive häuslicher Gewalt mit negativen Auswirkungen auf die Kinder selbst im Kita-Alltag nahmen zu (Steinert und Ebert 2021). Mit Folgen für die pädagogischen Fachkräfte, die sich aufgrund hoher psychischer Belastungen wegen Burn-out oder Depressionen immer häufiger krankmeldeten (Barmer 2021; Trauernicht, Besser und Anders 2022).

Die Coronakrise als Sündenbock hinzustellen, wäre jedoch zu einfach. Schon vor der Krise war das Kita-System erschöpft und die Lage alarmierend. Hauptursache Nummer eins: die angespannte Personalsituation. Schon vorher fehlte es an zusätzlichem Personal, schon vorher arbeiteten die Erzieher:innen oft nur noch im Notfallmodus, schon vorher wurde versucht, Personalmangel mit für die Kita nicht ausgebildeten Hilfskräften zu kompensieren (Diakonie in Niedersachsen 2022).

Und es ist nicht erst seit gestern bekannt, dass die Baby-Boomer-Generation eines Tages in den verdienten Ruhestand gehen wird. Nun aber ist es so weit: Die Verrentungswelle beginnt, sie rollt auch auf die Kitas zu. In den kommenden Jahren wird ein beträchtlicher Teil des west- und vor allem des ostdeutschen Personals altersbedingt aus dem Erwerbsleben ausscheiden und muss durch Neueinstellungen ersetzt werden (DJI 2021). Die Politik hat schlichtweg

> »Viele der Mitarbeitenden haben das Gefühl, dass Kitas sich immer mehr zu ›Aufbewahrungsorten‹ zurückentwickeln und die frühkindliche Bildung in den Hintergrund tritt.«
>
> *(Hans-Joachim Lenke, Diakonie Niedersachsen)*

seit Jahrzehnten versäumt, »die Kita-Standards der Realität anzupassen, die durch Ganztagsbetreuung ab dem ersten Lebensjahr und gewachsene Bildungsansprüche gekennzeichnet ist« (a.a.O.). So wundert es nicht, dass Fachkräfte im sozialen Bereich vorne und hinten fehlen, obwohl sich deren Anzahl seit 2006 verdoppelt hat.

Gründe für den Personalmangel

Mit ein Grund dafür ist das 2013 in Kraft getretene Recht auf einen Kita-Platz. Seitdem hat die Zahl der Kinder, die in Deutschland in einer Kindertagesstätte betreut werden, erheblich zugenommen. Aber die Kitas wurden sehenden Auges in die Krise laufen gelassen: »Durch den Anspruch auf einen Kita-Platz und den Ausbau von Krippen haben wir schon vor Jahren den heutigen Fachkräftemangel kommen sehen. Und natürlich fragen wir uns, wieso die Politik so lange nichts dagegen unternommen hat«, erklärt eine Kita-Mitarbeiterin aus Niedersachsen ihr Unverständnis (Holdmann 2019).

> »Unabhängig, dass [die Unattraktivität des Erzieherberufs] natürlich am Gehalt liegt. Und das sieht man auch daran, dass Männer sehr wenig in den Einrichtungen arbeiten, denn von diesem Gehalt ist es schwer möglich, Familien zu ernähren.«
>
> *(Kita-Leiterin)*

Ein weiterer Grund für den Personalmangel: Der Erzieherberuf ist schlicht und einfach unattraktiv. Die Hauptursachen sind erstens, dass die schulische Ausbildung nicht vergütet wird und zweitens später der Verdienst schlecht ist. In Niedersachsen beispielsweise dauert die Ausbildung insgesamt vier Jahre, in manchen Bundesländern sogar fünf. Wer kann sich eine so lange unbezahlte Ausbildung leisten? Wer trotzdem seine Ausbildung zur pädagogischen Fachkraft geschafft hat, sieht sich mit dem Problem konfrontiert: Bezahlt wird schlecht, häufig nicht einmal nach Tarif, und Leistungszulagen sind eher die Ausnahme (a.a.O.).

Hinzu kommt das schlechte Image: Trotz ihrer extrem wichtigen Arbeit, die pädagogische Fachkräfte als Experten für Bildung, Erziehung und Betreuung in der ersten Stufe des Bildungssystems leisten, haftet ihnen in Teilen der Gesellschaft immer noch das Bild der »Kindergartentante« an. Eine überkommene Assoziation angesichts der in den letzten Jahren gestiegenen Ansprüche an diesen Beruf.

> »Viele sehen uns immer noch als Basteltante mit Kaffeebecher in der Hand.«
>
> *(Pädagogin)*

Und dann wäre noch die Frage, ob man sich bei dieser Berufswahl für einen Weg mit Zukunft oder einen mit Endstation entscheidet. Nach wie vor sind die beruflichen Auf- und Einstiegsmöglichkeiten, die Weiterqualifikations- und Fortbildungswege, aber auch die Durchlässigkeit, das heißt die Wechselmöglichkeiten zum Beispiel in den Schuldienst, nicht transparent und letztlich unattraktiv.

Berufliche Perspektiven wie diese tragen – wen wundert's – zu der allgemein beklagten Personalmisere bei: Fast 95 Prozent der im Rahmen einer 2023 erstellten Studie des Deutschen Kita-Leitungskongresses befragten Kita-Leitungen gaben an, dass sich der Personalmangel in den vergangenen zwölf Monaten verschärft habe und es schwieriger geworden sei, passendes Personal zu gewinnen. Vermehrt werde Personal eingestellt, das vor Jahren wegen mangelnder Eignung gar nicht infrage gekommen wäre. Fakt ist:

- In neun von zehn Einrichtungen mussten in den letzten 12 Monaten pädagogische Angebote entfallen.
- In fast allen Einrichtungen führt die hohe Arbeitsbelastung der pädagogischen Fachkräfte zu steigenden Fehlzeiten und Krankschreibungen.

- In acht von zehn Einrichtungen sind die Mitarbeiterinnen und Mitarbeiter aufgrund des Personalmangels unzufrieden mit der pädagogischen Arbeit.
- In rund jeder vierten Einrichtung haben Mitarbeiterinnen und Mitarbeiter als Konsequenz des Personalmangels in den letzten zwölf Monaten gekündigt.
- In zwei von drei Einrichtungen für Kinder unter drei Jahren (U3-Bereich) entspricht die Fachkraft-Kind-Relation nicht der wissenschaftlichen Empfehlung (U3-Bereich: 1:3, Ü3-Bereich: 1:7,5). Für Kinder ab drei Jahren (Ü3-Bereich) ist dies bei mehr als jeder vierten Einrichtung der Fall. Insgesamt hat sich in beiden Bereichen die Situation gegenüber 2022 nochmals verschlechtert (FLEET Education Events GmbH et al. 2023).

Festzustellen ist: Es herrscht Alarmstufe Rot! Hochgerechnet haben etwa 10.000 Kitas 2023 in Deutschland in mehr als der Hälfte der Zeit mit zu wenig aufsichtspflichtrelevantem Personal gearbeitet. Das sind zweieinhalbmal so viele wie noch 2021 und 1.000 mehr als 2022. Mit anderen Worten und noch einmal: »Diese Kitas konnten den Betrieb im Durchschnitt an mehr als jedem zweiten Tag nur unter Gefährdung der Sicherheit der zu betreuenden Kinder aufrechterhalten« (Verband Bildung und Erziehung 2023).

Ein Beispiel für die Auswirkungen dieses eklatanten Personalmangels in der Praxis ist die Stadt München, wo in den 450 städtischen Kitas 377 Erzieher:innen fehlen und elf Prozent der Stellen unbesetzt sind. Zudem fehlen 141 Kita-Pfleger:innen, was knapp acht Prozent der Stellen entspricht. »Personalmangel ist für alle Träger in München und auch im Umland ein Problem«, sagte ein Sprecher des Referats für Bildung und Sport (Aldenhoff 2023).

Licht am Ende des Tunnels sei nicht zu erwarten, im Gegenteil: Wenn der Rechtsanspruch für die Ganztagsbetreuung 2026 in Kraft tritt, werde noch mehr Personal benötigt.

Nur nicht aufgeben!

Unter diesen Bedingungen sei derzeit die wichtigste Aufgabe der Kita-Leitungen, den Betrieb aufrechtzuerhalten, betont Gabriele Stark-Angermeier, Vorständin des Diözesan-Caritasverbands. Wenn zum Beispiel eine Küchenhilfe ausfalle, dann müsse die Kita-Leiterin auch noch das Geschirr spülen. Nicht minder wichtig sei aber, dass Kita-Leitungen für die Beschäftigten da seien und diese auch vor Überlastung schützen. Andernfalls könnten überbordende Überlastungen am Ende sogar gefährlich für die Kinder werden (a.a.O.).

Solche Bedingungen wirken sich auf die Arbeit der Erzieher:innen im Kita-Alltag aus. Auch in Baden-Württemberg, wo sich die Situation in Kitas immer weiter verschlechtert, wie eine im Mai 2023 veröffentlichte Umfrage belegt (Verband KiTa-Fachkräfte Baden-Württemberg 2023). Obwohl der Verband der Kita-Fachkräfte BaWü schon seit Langem auf die mitunter desaströsen Zustände im System Kita hinweist, gehe die Schere zwischen Wunsch und Wirklichkeit immer weiter auseinander, schildert Anja Halder, Vorstandsmitglied des Verbands: »Unsere Mitglieder berichten uns von innerer Zerrissenheit zwischen pädagogischem Anspruch und Bildungsarbeit auf der einen und Betreuung um jeden Preis auf der anderen Seite.« Schon lange sei klar, dass die Ansprüche und Anforderungen nicht mehr erfüllt werden können (a.a.O.).

Der aktuellen Umfrage zufolge gaben 94 Prozent (!) der Kita-Leitungen an, dass ihnen nicht einmal die personelle Mindestbesetzung zur Erfüllung des rechtlichen Rahmens zur Verfügung stehe. »Dies hat zur Folge, dass die Aufsichtspflicht oft nicht erfüllt werden kann. Uns stellt sich hier die Frage, warum dies hingenommen wird? Wo ist das Verantwortungsbewusstsein und die Fürsorge unseren Kindern und den pädagogischen Fachkräften gegenüber?«, fragt Anja Braekow, ebenfalls Vorstandsmitglied. Immer mehr Kindertageseinrichtungen müssten ihre Öffnungszeiten wegen Personalmangel kürzen, um ihrer Aufsichtspflicht gerecht werden zu können. Unter diesen Umständen könne die pädagogisch wertvolle Arbeit am Kind nicht mehr erfüllt werden, und anstatt die Gruppengröße zu minimieren, um Kinder entwicklungsgerecht zu begleiten, solle die Gruppengröße erhöht werden. »Das ist in unseren Augen keine Lösung. Frühkindliche Bildung kann so nicht stattfinden und die Kinder erfahren keine angemessene Entwicklungsbegleitung«, so Anja Braekow (a.a.O.).

Die aktuelle Misere kommt nicht aus heiterem Himmel. Bereits 2004 haben Experten einen bevorstehenden Fachkräftemangel prophezeit. Jetzt, fast 20 Jahre später, beginnt die Politik das Ausmaß des Mangels zu erkennen – und hat auch gleich eine Lösung parat: den Betreuungsschlüssel absenken und die Gruppengrößen erhöhen. Eine wohldurchdachte Strategie zum Wohl unserer Kinder? Solche Ad-hoc-Lösungen sind mit ein Grund, warum sich viele Erzieher:innen von ihrem Beruf anwenden: »Nicht das Fehlen des Fachkräfte-Nachwuchses ist das Problem, sondern diese im Berufsfeld zu halten. Dafür müssen dringend attraktive Arbeits- und Rahmenbedingungen geschaffen werden. Davon sind wir aktuell weit entfernt. Wir müssen endlich wieder über Qualität statt Quantität sprechen«, resümiert Anja Halder (a.a.O.).

Ärger, wohin man schaut

Allerorten Frust und Ärger. Blicken wir mal nach Bayern: Auch dort fehlen zu Beginn des Kita-Jahres 2022/2023 Erzieher:innen, kürzen Kitas Öffnungszeiten oder müssen Gruppen schließen. Deshalb regte das bayerische Sozialministerium in einem Schreiben an Kommunen und Kita-Träger an, die sogenannte Experimentierklausel des Kinderbildungs- und Betreuungsgesetzes auszunutzen. Demnach könnten mit größeren Gruppen in Großtagespflegeeinrichtungen und Mini-Kitas sowie mit neuen, an Kitas angegliederten Gruppen schnell Plätze geschaffen werden. In neuen »Einstiegsgruppen« etwa könne »auch die Oma betreuen oder jemand, der den Job gerne macht«, so Sozialministerin Ulrike Scharf. Weil die Gruppe an einer Kita angesiedelt ist, sei auch der fachliche Anspruch gewährleistet. Dieser bis August 2024 befristete Modellversuch soll Kommunen wie Trägern Luft verschaffen, um Fachkräfte zu finden. Da der Bedarf neu erfasst wird, konnte die Sozialministerin nicht sagen, wie viele Erzieher:innen und Kinderpfleger:innen fehlen. Einer Prognose der Bertelsmann Stiftung zufolge werden bis 2030 circa 45.600 zusätzliche Fachkräfte benötigt (Günther 2022). Bei diesem wohlmeinenden Rat der Sozialministerin fällt mir spontan ein, ob sie sich im Ernstfall auch von einer Oma oder jemandem, der gerne mal mit einem Skalpell »herumschnibbelt«, operieren lassen oder nicht doch lieber auf die Dienste einer dafür qualifizierten medizinischen Fachkraft zurückgreifen würde.

Dieser Vorschlag der Sozialministerin kam nicht gut an. Die Reaktionen auf Scharfs Pläne reichten von »Wahnsinn« bis »richtig sauer«. Kirchliche Träger zum Beispiel bezweifelten, ob mit solchen Experimenten dem Fachkräftemangel beizukommen sei. Besonders kritisiert wurde der Fokus auf die Quantität der

Plätze zulasten der Bildungsqualität. Hilfreicher wäre der Hinweis, »dass man das Gesetz ausschöpfen soll, und richtig Geld ins System muss und Hirnschmalz«, monierte der Sprecher des Netzwerkes der Gemeinsamen Elternbeiräte in Bayern (a.a.O.).

Die bayerische Arbeiterwohlfahrt forderte mit Blick auf die Umsetzung des Rechtsanspruchs auf Ganztagsbetreuung für Grundschüler ab 2026 eine Fachkräfteoffensive. Dafür brauche es mehr Aus- und Weiterbildungsplätze sowie kostenlose Weiterqualifizierung (a.a.O.).

Lehrermangel an Schulen

Die seit Jahren grassierenden Missstände in den Kitas greifen auch auf die Schulen über. Auch hier wird bundesweit der Lehrermangel beklagt. In Bremen beispielsweise gab es an jeder dritten Grundschule schlicht keine Lehrer:innen, die Musik studiert hatten. Um diesem Missstand gegenzusteuern, wird versucht, mehr Musiklehrer:innen etwa über Quereinstiegsprogramme für Musiker und Musikpädagogen zu gewinnen, die dann nur das Fach Musik unterrichten. Lehrer:innen, die derzeit Musik fachfremd unterrichten, sollen die Möglichkeit erhalten, sich über Weiterbildung für das Fach zu qualifizieren. Zudem wird derzeit die Zulassung im Lehramtsstudium für Musik erleichtert (Sundermann 2023a).

> »Wir brauchen unbedingt mehr Geld in die Bildung. Wir brauchen eine konzertierte Aktion in der Lehrkräftebildung für das gesamte Bundesgebiet. Die Problemstellung[en], wenn ich mit Eltern spreche, auch außerhalb des Landes Rheinland-Pfalz, sind alle gleich: Wir haben zu wenig Lehrer, wir haben zu wenig Erzieher.«
>
> *(Markus Sänger, ARGE-SEB)*

Bleiben wir in Bremen. Da hier nicht nur Musiklehrer:innen fehlen, kassiert das Bremer Schulamt auch die Teilautonomie der

Schulen bei der Anwerbung neuen Personals ein. Schon zum Schuljahr 2023/2024 soll die Besetzung vakanter Planstellen zentral durch das Schulamt gemanagt werden. Damit will man sicherstellen, dass bisher stark unterversorgte Schulen kurzfristig besser ausgestattet werden. Die Ansage der Behörde kam bei den Schulleiter:innen der Grund- und weiterführenden Schulen nicht gut an. Denn damit hatte sich eine gewisse Teilautonomie, die sie bei der Anwerbung neuer Lehrkräfte genossen haben, erledigt (Theiner 2023).

Oder ein Beispiel aus Hannover, das offenbart, wie die deutsche Regelungsflut unkomplizierte Maßnahmen gegen den Lehrer:innenmangel im Keim erstickt. Dort gibt jemand erfolgreich Mathekurse für Student:innen an einer niedersächsischen Universität. An einer niedersächsischen Schule jedoch darf dieser jemand keinen Mathematikunterricht geben, denn ohne entsprechendes Lehramtsstudium kann er nicht Lehrer werden, verbeamtet schon gar nicht. »Wir haben immer wieder Menschen, die einen Lehrauftrag an Universitäten haben, der aber nicht als Studienleistung anerkannt wird. Sie müssen dann das nachstudieren, was sie längst schon unterrichten«, beklagt Niedersachsens Kultusministerin Julia Willie Hamburg (Mlodoch 2023). Das mutet genauso seltsam an, wie wenn einem Leistungsschwimmer untersagt wird, einen Ertrinkenden aus dem See zu retten, weil er kein DLRG-Zertifikat für Rettungsschwimmer nachweisen kann. – Aber Ordnung muss sein?

Wenn sich schon eine Kultusministerin ob solcher Umstände die Haare rauft, wie sieht es dann an der »Front« aus? In den Schulen mit maroden Gebäuden, fehlenden Lehrkräften, mit Schüler:innen mit Problemen in Deutsch und Mathematik, wo sich die Lehrer:innen tagtäglich mit zu großen Klassen, Unterrichtsausfällen, mit dem Einspringen für erkrankte Kolleg:innen, aber auch mit wenig Zeit für die eigentlichen Aufgaben, dafür mit vielen Verwaltungsaufgaben, bei schlechter Ausstattung, verbunden mit steigenden Erwartungen von Eltern und Politikern usw. herumschlagen müssen? – Nicht gut. Zumal sich die Zustände an deutschen Schulen mittlerweile herumgesprochen haben. Es gibt immer weniger Schulabgänger, die Lehrer:in werden möchten, gleichzeitig steigt die Zahl der Geburten seit 2011 wieder und damit die Zahl der Schüler, die unterrichtet werden müssen. Einen großen Anteil an der Misere haben die Bundesländer – sprich die Bildungspolitiker –, die schlichtweg zu spät auf den demografischen Wandel reagiert haben. Da nützt es wenig, wenn jetzt wieder mehr Studienplätze für angehende Lehrkräfte geschaffen werden, wenn sich immer weniger junge Menschen für den Lehrerberuf entscheiden (Volkert 2023a).

Das Ende vom Traumberuf

Woran liegt es, dass dieser relativ gut bezahlte Beruf nicht beliebter ist? »Der Beamtenstatus zieht nicht mehr so wie früher«, erklärte Heinz-Peter Meidinger, Präsident des Deutschen Lehrerverbands (a.a.O.). Ganz im Gegenteil: Viele Referendar:innen schreckt ein Leben im Beamtenverhältnis mittlerweile ab, weil es sich wie ein Korsett anfühlt. Viele Referendar:innen hören aus diesem Grunde sogar ganz auf. Auf diese Weise gehen ausgebildete Lehrkräfte dem Schulsystem verloren, bevor sie überhaupt richtig im Beruf angefangen haben (Bohlmann 2023). Erschwerend kommt hinzu, dass es inzwischen auch woanders sichere Arbeitsplätze gibt und vielen jungen Menschen Flexibilität und Aufstiegschancen inzwischen wichtiger sind. Sie sehen keine Notwendigkeit mehr, ihr ganzes Leben in einem Job zu verbringen (Volkert 2023a).

Erschwerend kommt hinzu, dass von den Lehramtsstudent:innen schätzungsweise 30 bis 40 Prozent ihr Studium abbrechen oder das Fach wechseln. Aus welchen Gründen, ist nicht erfasst, aber sicher ist: Sobald sie an eine Schule kommen, bekommen sie den Notstand zu spüren. Wenn ihnen dann nicht erfahrene Lehrkräfte zur Seite stehen, sind viele als Anfänger mit dem »Praxisschock« überfordert (a.a.O.).

Aber auch an den etablierten Lehrern nagt der Frust. Nicht nur, weil die Arbeitsbelastung ständig steigt. Für Ärger sorgten beispielsweise die Empfehlungen der Ständigen Wissenschaftlichen Kommission (SWK), Lehrer:innen mehr und länger arbeiten zu lassen, um den Personalmangel in den Griff zu bekommen. In Bayern und Sachsen-Anhalt etwa muss schon je nach Alter des/der Lehrer:in und Schulart übergangsweise eine Stunde mehr pro Woche unterrichtet werden. Sollte die Kultusministerkonferenz diesen Empfehlungen nicht folgen, möchte er nicht mehr Teil des Systems sein, erklärte ein Lehrer: »Wer es dann noch in der Schule aushält, der wird verheizt« (a.a.O.).

Eine junge Lehrerin an einer Münchner Mittelschule, nennen wir sie Alexandra, ist seit fünf Jahren im bayerischen Schuldienst. Mit ihren Nerven und ihrer Kraft ist sie bereits am Limit. Wie viele ihrer Kollegen. Sie sorgt sich nicht nur um ihre Kolleg:innen, sondern besonders auch um ihre Schüler:innen. Dass sie ihnen nicht mehr gerecht werden kann, ist für die junge Lehrerin das Schlimmste. »Es ist ganz klar: Wir haben viel zu wenig Kolleginnen und Kollegen. Das geht nicht spurlos an uns vorbei. Das führt dazu, dass Kollegen aufgrund der Überbelastung nach einem Jahr zusammenbrechen und dann auch noch ausfallen«, sagte sie (Bohlmann 2023).

Andere Lehrer:innen sind sauer darüber, dass die Probleme an den Schulen offenbar nicht ernst genommen werden. Eine junge Lehrerin sagt: »Aktuell bin ich einfach sehr frustriert, wie das Kultusministerium die aktuelle Situation fast schon wegredet.« Ihr Kollege berichtet, dass die Noten zum großen Teil erfunden seien: »Zwar werden Proben geschrieben und bewertet, aber wenn wir das realistisch machen würden, müssten so viele Schüler wiederholen, dass die unteren Klassen explodieren« (a.a.O.).

Ausgestiegener Quereinsteiger

Frust allenthalben, nicht nur bei den »richtigen« Lehrer:innen. Auch die mittlerweile begehrten Quereinsteiger:innen sind teilweise schon nach kurzer Zeit desillusioniert und gefrustet. Wie zum Beispiel der Diplom-Wirtschaftsingenieur, nennen wir ihn Max, der nach über einem Jahrzehnt seine Stelle im Qualitätsmanagement verließ, um seine Praxiserfahrung an Jugendliche weiterzugeben. Gleich mehrere Bundesländer warben um ihn, er entschied sich für eine staatliche Schule in Weimar. Dort unterrichtete er seit August 2022 26 Stunden pro Woche Wirtschaft, Recht und Mathematik für 2.300 Euro netto im Monat.

Mit den Schüler:innen und Kolleg:innen sei er gut ausgekommen, so Max, aber die Arbeit mit der Schulleitung und dem Schulamt sei von Angst, Respektlosigkeit und mangelnder Wertschätzung geprägt gewesen. »Der Umgangston ist aggressiv. Manchmal kam ich mir vor wie im Stasi-Verhör«, so Max (Schumann 2023). Nicht nur er sei frustriert gewesen, mindestens ein weiterer Kollege habe einen Versetzungsantrag gestellt. Die Schulerfahrungen von Max sind alles andere als ein Einzelfall. Im Thüringer Lehrerverband heißt es hierzu: »Die versprochene Willkommenskultur für Seiteneinsteiger existiert nicht. Viele werden einfach vor die Klasse gestellt und zum Scheitern verurteilt« (a.a.O.).

In Thüringen ist jede/r vierte Lehrer:in Quereinsteiger:in bzw. Seiteneinsteiger:in, vor fünf Jahren waren es noch vier Prozent; in Sachsen-Anhalt erfolgte im Jahr 2021 fast jede zweite Einstellung an Schulen mit Personen, die keine formale Ausbildung für das Lehramt besaßen. Und wie viele halten durch? Laut Bildungsministerium ist von den 2022 und 2023 eingestellten 726 Seiteneinsteiger:innen jede/r Zehnte schon wieder weg (a.a.O.). Der Einsatz von Quereinsteiger:innen ist regional sehr unterschiedlich. Während inzwischen in einigen Bundesländern mehr als jede vierte Neueinstellung mit Quereinsteiger:innen erfolgt, werden sie in anderen Bundesländern, denen noch genügend ausgebildete Lehrkräfte zur Verfügung stehen, nur in Ausnahmefällen berücksichtigt: Es wird erwartet, dass sich das Problem in den kommenden Jahren weiter verschärfen und auch auf Bundesländer ausweiten wird, die aktuell noch nicht betroffen sind (statista 2023e).

Aber auch bei den Schulleitungen scheint die Schmerzgrenze erreicht zu sein: Einer Studie zufolge will jede fünfte Schulleitung raus aus ihrem Job, sobald sich eine bessere Möglichkeit bietet (Tulowski et al. 2022). Angesichts von 50-Stunden-Wochen, Verzicht auf Pausen und der Erfordernis, auch in der Freizeit für Schüler, Eltern und Lehrkräfte erreichbar zu sein, wundert das nicht (Der Spiegel 2023c).

Die Zunahme von Flüchtlings- und Migrantenkindern

Für Menschen in Notsituationen ist Deutschland immer ein sicherer Hafen gewesen, doch seit den Kriegsgeschehen beginnend auf dem Balkan und im Irak Anfang der 1990er-Jahre, später in

Afghanistan und dann insbesondere in Syrien seit 2015 und in der Ukraine seit 2022 stieg der Zustrom schutzsuchender Menschen jeweils sehr stark an.

Die historische Entwicklung der Zahl der Asylanträge in Deutschland seit 1990 zeigt zwei große Spitzen: Der erste Höhepunkt Anfang der 1990er-Jahre hängt mit den Kriegen in den ehemals jugoslawischen Staaten zusammen. Damals kamen mehr als 291.000 Flüchtlinge nach Deutschland, zwischen 1991 und 1993 fielen fast 30 Prozent aller gestellten Asylanträge auf diese Personengruppe. Ab Mitte der 1990er-Jahre verringerten sich die Asylanträge in Deutschland erheblich, der niedrigste Wert wurde im Jahr 2007 mit rund 19.000 Anträgen verzeichnet. Seit 2013 stieg die Zahl der Anträge deutlich und erreichte 2016 mit knapp 746.000 Asylanträgen einen neuen Höchstwert. Seitdem verringerte sich die Zahl der Asylanträge erneut deutlich (BiB 2020). Eine neue Rekordmarke an Flüchtlingen wurde 2022 nach dem russischen Angriff auf die Ukraine erreicht: Rund 1,1 Millionen Ukrainer flohen vor dem Krieg nach Deutschland und sind damit hierzulande die zweitgrößte ausländische Bevölkerungsgruppe. Der Anteil der Bevölkerung mit ukrainischer Staatsangehörigkeit ist hierzulande von 138.000 Menschen im Januar 2022 auf 1,03 Millionen im Oktober 2022 angewachsen (ZDF 2023b).

> »Ziel ist es, die Kinder möglichst früh in die Kita zu bekommen, spätestens jedoch im Jahr vor der Einschulung.«
>
> *(Sprecherin der Bremer Bildungssenatorin)*

Mit den steigenden Flüchtlingszahlen strömen auch Zehntausende Kinder in unsere Kitas und Schulen, was diese vor große Herausforderungen stellt. Sie müssen sich in der Kommunikation und der pädagogischen Interaktion auf Kinder und Eltern einstellen, die die deutsche Sprache nicht beherrschen, aus völlig anderen Kulturkreisen kommen und häufig psychisch belastet oder sogar traumatisiert sind.

Das stellt die Erzieher:innen vor neue Herausforderungen: Wie verständigt man sich ohne eine gemeinsame Sprache? Wie geht man mit den eventuellen Kriegs- und Fluchterfahrungen der Kinder um? Ist dafür im lauten, stressigen Kita-Alltag genug Zeit und Raum? Als hilfreich haben sich Übersetzungs-Apps erwiesen, um sich zumindest über das Nötigste zu verständigen. Was nicht immer klappt, trotz des Übersetzungsprogramms. Die Verständigung braucht vor allem eins:

> »Sie sprechen kaum Deutsch, haben meist auch keine Kita besucht. Das macht es besonders schwer, die Kinder zu beschulen.«
>
> *(Barbara Mächtle, Schulleiterin)*

Zeit. Gleichzeitig muss der/die Erzieher:in aber auch die anderen Kinder in der Gruppe im Auge behalten, er/sie muss zum Beispiel bei Streit der Kinder untereinander schlichten. Das funktioniert nur, wenn die Kita personell ganz gut aufgestellt ist und jede Gruppe von mindestens drei Erzieher:innen betreut wird. Wird eine/r krank, gibt es ein Problem (Kopp 2022). Solch eine Kita ist keine Ausnahme, viele Kitas betreuen Flüchtlingskinder.

Die Gewerkschaft Erziehung und Wissenschaft (GEW) befürchtet, dass viele Kitas die zusätzliche Belastung durch Flüchtlingskinder nicht werden kompensieren können. Nach zwei Jahren im Pandemie-Krisenmodus sei die Erschöpfung und Belastung der Kolleg:innen groß. Mit dem gegenwärtig in der frühkindlichen Bildung vorhandenen Personal wird man diese Herausforderung nicht meistern können. Um den Betrieb weiter zu gewährleisten, müssten Bund, Länder und Kommunen in die frühkindliche Bildung und auch in die kommunale Infrastruktur investieren (a.a.O.).

Kritisch wird es aber auch, wenn die Kapazität an Kita-Plätzen nicht mehr ausreicht, um alle Kinder aufzunehmen. So wie zum

Beispiel in Tübingen. Dort hat Tübingens Bürgermeister Boris Palmer vorgeschlagen, ukrainische Flüchtlingskinder in Spielgruppen statt in Kitas unterzubringen. Zwar hätten Kinder von Flüchtlingen das gleiche Recht auf einen Kita-Platz wie alle anderen, aber da könne man Abstriche machen. Flüchtlinge, die neu in Tübingen ankämen, benötigten nicht dasselbe Betreuungsangebot wie beispielsweise eine alleinerziehende berufstätige Mutter. Palmer sagte weiter: »Mir ist klar, dass mir so ein Vorschlag den Vorwurf der Diskriminierung einbringen würde, aber er entlastet die Kitas.« Nicht die Flüchtlinge seien das Problem, aber irgendwo müsse man kürzen (News4teachers 2023b).

Die Schulen stehen vor ähnlichen Herausforderungen. Die Politik darf die Erzieher:innen und Lehrer:innen in dieser Situation nicht »im Regen stehen lassen«, sondern muss Maßnahmen ergreifen, um sie zu entlasten.

Voranschreitende Bildungsungleichheit

> *»Wenn Eltern arm sind, weil sie zum Beispiel auf Sozialleistungen angewiesen sind, wenn ihre Arbeitsmarktchancen schlecht, ihre Löhne sehr gering sind oder sie aufgrund von gesundheitlichen, sprachlichen oder anderen Problemen nicht arbeiten können, bedeutet das automatisch auch Armut für ihre Kinder.«*
>
> (Kathrin Moosdorf, Geschäftsführerin des Kinderschutzbundes Bremen)

Den Zusammenhang zwischen Bildung und Chancengleichheit bringt der Bildungsforscher und Soziologe Aladin El-Mafaalani auf den Punkt: Seiner Meinung nach werde mit Bildung kein einziges der großen gesellschaftlichen Probleme gelöst, weder die vielen offenen Fragen der Digitalisierung, der fortschreitende Klimawandel oder der Umgang mit der globalen Migration. Selbst wenn sich die gesellschaftliche Stimmung weiter aufheizen sollte oder Problemlagen sich in bestimmten Stadtteilen weiter konzentrierten, würde eine Ausweitung und Aufwertung von Bildungsinstitutionen nichts bringen. – Worauf kommt es also an? »Es geht um eine Verringerung von Chancenungleichheit, um die Erweiterung von Erfahrungshorizonten und Zukunftsperspektiven für alle Kinder und um die Vorbereitung der nächsten Generationen auf die unbekannten Herausforderungen einer zunehmend komplexer werdenden Gesellschaft. Nur darum geht es. Nicht mehr und nicht weniger.« Soweit Aladin El-Mafaalani (2020).

Folgt man seiner Auffassung, und die ist nicht von der Hand zu weisen, dann ist es mit der Erweiterung von Erfahrungshorizonten und Zukunftsperspektiven für die nächste Generation und um deren Vorbereitung auf die unbekannten – aber auch die bereits bekannten! – Herausforderungen unserer Gesellschaft offenbar nicht gerade gut bestellt:

Bundesweit fehlen derzeit rund 100.000 Erzieher:innen an Kitas, der Lehrermangel zählt mittlerweile circa 12.000 fehlende Lehrkräfte. Schätzungen zufolge könnten in sieben Jahren bis zu 60.000 Lehrerstellen fehlen (Aswald und Kolbe 2023). Welches Zeugnis wird dann wohl dem Bildungsstandort Deutschland ausgestellt, wenn schon jetzt – unter den im Vergleich dazu noch harmlos anmutenden aktuellen Bedingungen – viele Kinder die Grundschule abschließen, ohne richtig lesen und schreiben zu können? Erschwerend kommt hinzu: Die Zahl der in Armut aufwachsenden Kinder bleibt konstant hoch, ein Rückgang des Zuzugs von Migrantenkindern mit schlechten oder nicht vorhandenen Deutschkenntnissen in Kitas und Schulen ist nicht abzusehen.

Als wenn das nicht schon dramatisch genug wäre, baut sich in Deutschland eine ganz andere Front auf: In kaum einem anderen europäischen Land hängen die Bildungsbiografien von Kindern derart stark von der sozialen und ethnischen Herkunft ihrer Familien und damit letztlich auch von ihrem Wohnort ab wie bei uns. Und das von Anfang an – also bereits im Kinderkrippen- und Kindergartenalter. Mit gravierenden Folgen für die anschließende Schulzeit bis hin zur beruflichen Ausbildung.

Schlechte Karten

Denn Jugendliche, die die Schule ohne einen allgemeinbildenden Schulabschluss verlassen, haben große Schwierigkeiten, einen Arbeits- oder Ausbildungsplatz zu finden. Im Abgangsjahr 2020 beendeten rund 45.100 Schüler (6 Prozent!) ihre Schullaufbahn ohne einen Hauptschulabschluss. Bei der Bevölkerung mit eigener Migrationserfahrung, also bei den Personen, die selbst zugewandert sind, lag der Anteil ohne allgemeinbildenden Schulabschluss im Jahr 2019 bei 15,1 Prozent. Bei der in Deutschland geborenen Bevölkerung mit Migrationshintergrund lag der Anteil bei lediglich 3,9 Prozent – also bei knapp einem Viertel des Anteils der eingewanderten Gruppe (bpb 2022). Dieser eklatante Unterschied ist damit zu erklären, dass unser Schulsystem offenbar mit der Integration von Kindern mit eigenem Migrationshintergrund seit Jahren restlos überfordert ist.

> »Fehlende Plätze in den Kitas mindern das Erwerbspotenzial von Eltern. [...] Gute (frühkindliche) Bildung ist die Grundlage für unseren Wohlstand. Die Situation in Kitas und Schulen verbessert sich nur, wenn Kinder wieder zu dem werden, was sie sein sollten: das höchste Gut einer Gesellschaft. Auch wenn sie es nicht mit Wählerstimmen danken können.«
>
> *(Bund 2023a)*

Hinzu kommt, dass viele Kinder aus ärmeren Familien trotz bester Voraussetzungen häufig keine weiterführenden Schulen besuchen können. Nehmen wir zum Beispiel einen Viertklässler, nennen wir ihn Dejan. Er geht in die vierte Klasse einer Grundschule im Münchner Brennpunktviertel Hasenbergl. Die Noten des Elfjährigen können sich sehen lassen: überwiegend Einser und Zweier. Er möchte aufs Gymnasium gehen, das Abitur machen und später mal Ingenieur oder Architekt werden. Dejan weiß noch nicht, dass sich seine Mutter vor Kurzem in Absprache mit seiner Lehrerin gegen das Gymnasium entschieden hat. Er soll erst einmal auf die Realschule gehen. Der Grund: Die Mutter kann ihm nicht immer die Förderung und Aufmerksamkeit geben, die er im Gymnasium brauchen würde. Hinzu kommt, dass sie als Alleinerziehende mit vier Kindern privat schon genug familiäre Probleme hat und zudem das Geld knapp ist, weil sie vom Vater der Kinder keine Unterstützung bekommt. Deshalb ist sie der Meinung, Dejan könnte später auch über den zweiten Bildungsweg sein Abitur machen (Wahnschaffe 2023).

Dejan ist kein Einzelfall, Zehntausenden Kindern geht es ähnlich. Nicht alle schaffen es dann, ihren Traumberuf über den zweiten Bildungsweg zu erreichen. Das kommt die Volkswirtschaft teuer zu stehen. Denn die Forschung zeigt ganz klar, dass bessere Kompetenzen in der arbeitenden Bevölkerung in der Regel mit einem höheren Gesamteinkommen der Volkswirtschaft einhergehen. Mit anderen Worten: Wenn zu wenig gerade in die Bildung benachteiligter Kinder investiert wird, droht uns ein erheblicher Wohlstandsverlust (a.a.O.).

Dejan gehört zu den Kindern, die bereits früh genaue Vorstellungen von ihrem Beruf haben. Er ist keine Ausnahme, denn Studien zufolge befassen sich Kinder schon sehr früh mit Berufen und entwickeln Berufswünsche. Kinder zwischen drei und fünf

Jahren äußern bereits Berufswünsche, die sie als Teil der Erwachsenenwelt wahrnehmen. So beginnt die erste Berufsorientierung bereits in der frühen Kindheit und damit deutlich vor Schuleintritt. Im frühen Grundschulalter beginnen Kinder, mögliche berufliche Optionen einzugrenzen, und überlegen, welche Berufe für sie doch nicht infrage kommen. Dejans Traumberufe jedenfalls sind Ingenieur oder Architekt. Aufgrund seiner sozialen Herkunft wird er einen von beiden bestenfalls über den zweiten Bildungsweg erreichen (Anders et al. 2022).

Die Berufsorientierung erfolgt demnach in den ersten sechs Lebensjahren und in den Grundschuljahren, die in der menschlichen Entwicklungsbiografie erwiesenermaßen als die lernintensivsten und entwicklungsreichsten Jahre gelten. In diesen Jahren sind die Lernprozesse eines Kindes unlösbar verbunden mit der Plastizität des Gehirns, seiner Veränderbarkeit und Formbarkeit; es wird der Grundstein für lebenslanges Lernen gelegt. Je solider und breiter die Basis an Wissen und Können aus jener Zeit ist, desto leichter und erfolgreicher lernt das Kind danach (Fthenakis 2015). Das unterstreicht noch einmal die Bedeutung der frühkindlichen Bildung und die Tatsache, wie wichtig die pädagogische Arbeit in den Kitas für die Bildungschancen der Kinder ist. Dort wird das Fundament erfolgreicher Bildungsbiografien gegossen (Fthenakis o.J.). Werden in der frühen Kindheit die Weichen falsch gestellt, setzen sich die Defizite über die Schule bis hin zur späteren Berufslaufbahn fort.

Was wir jetzt an unseren Kindern und ihrer Bildung sparen, zahlen wir mehrfach gesellschaftlich und finanziell drauf. Aber das betrifft dann andere Politiker, nicht die heutigen. Die jetzigen denken in Legislaturperioden und Ressorts und keiner der Verantwortlichen wird für Versäumnisse zur Rechenschaft gezogen. Es bleibt bei den individuellen Schicksalen.

Brennpunktkitas auf sich gestellt

Brennpunktkitas sind auf sich gestellt, in Kindergärten ist die Lage nicht viel anders. Unabhängig von der Pandemie fehlt es besonders für Kitas in benachteiligten Sozialräumen an gezielter Unterstützung, das geht aus dem Kita-Bericht 2022 des Paritätischen Gesamtverbands hervor. Ulrich Schneider, Hauptgeschäftsführer des Paritätischen Gesamtverbands, fordert gezielte Unterstützung und kritisiert, dass gerade dort, wo viele Kinder in Armut aufwachsen oder auf besondere Unterstützung angewiesen sind, die Kitas auch über schlechtere Ausstattung klagen. Erschwerend kommt hinzu, dass die Betreuungsplätze nicht ausreichen, vor allem in den Großstädten, und der Personalmangel eine stärkere Belegung und Verbesserung der Betreuungsquote bremst

> »Gerade dort, wo viele Kinder in Armut aufwachsen oder auf besondere Unterstützung angewiesen sind, klagen auch die Kitas über schlechtere Ausstattung.«
>
> *(Ulrich Schneider, Paritätischer Gesamtverband)*

(Der Paritätische Gesamtverband 2022). Weitere Defizite gibt es vor allem bei der Sprachförderung und bei der Finanzierung, die bei etwa einem Drittel der Einrichtungen nicht ausreicht, um die Kinder mit einer ausgewogenen Ernährung zu versorgen. Für Ulrich Schneider ist es »ein Armutszeugnis, wenn es uns in diesem reichen Land nicht gelingt, jedem Kind eine gesunde Mahlzeit, bestmögliche Förderung in der individuellen Entwicklung und eine möglichst unbeschwerte Kindheit zu ermöglichen« (ZDF 2022). Was wie eine bedauernswerte Ausnahmeerscheinung anmutet, ist in vielen sozialen Brennpunkten mittlerweile leider die Regel.

Die Koordinatorin für ein Kinder- und Familienzentrum in Bremen, in dem Kinder bis zum sechsten Lebensjahr betreut werden, bestätigt, wie wichtig Unterstützung wäre, und dass die Probleme bereits beim Frühstück anfangen: »Wir haben lange

Probleme damit gehabt, dass viele unserer Kinder sehr ungesundes Essen oder gar kein Frühstück mitgebracht haben.« Deshalb sei die Einrichtung dazu übergegangen, ein kostenloses Frühstücksbüfett anzubieten. Die Familien seien dankbar für diese Entlastung, die Nachfrage falle entsprechend groß aus.

Seit die Lebensmittelpreise gestiegen sind, hört der Kinderschutzbund in seinen Beratungen regelmäßig davon, dass Kinder Hunger haben. Erschreckend sei dabei die soziale Spaltung zwischen den einzelnen Stadtteilen. In einem Stadtteil leben laut Armutsbericht etwa 60 Prozent der Kinder unter 15 Jahren von SGB-II-Leistungen, in einem anderen sind es dagegen nur etwas mehr als ein Prozent. »In einigen Stadtteilen hat sich die Armut regelrecht verfestigt«, sagt Kathrin Moosdorf, Geschäftsführerin des Kinderschutzbundes Bremen (Hermann 2023).

Als wenn es nicht schon traurig genug wäre: Viele Kinder aus armen Familien kommen gar nicht in den Genuss, in der Kita zu frühstücken. Denn je nach Region sind die Chancen auf einen Kita-Platz extrem unterschiedlich verteilt. So trifft zum Beispiel vor allem im Nordwesten Deutschlands ein verhältnismäßig geringes Angebot an Krippenbetreuung auf eine relativ große Kinderarmut. Das frühkindliche Bildungssystem ist dort kaum in der Lage, den betroffenen Kindern angemessene Förderung und gleiche Teilhabechancen an Bildung zu bieten (Bertelsmann Stiftung 2022b).

Kein Land in Sicht

Und Besserung scheint für diese Kinder nicht in Sicht, einmal vom knappen Angebot an Kita-Plätzen abgesehen. Denn sozial benachteiligte Kinder haben deutlich geringere Chancen auf einen Betreuungsplatz in einer Kita als Kinder aus besser gestellten Familien. Daran hat sich auch zehn Jahre nach Einführung des Rechtsanspruchs auf einen Kita-Platz nach dem vollendeten ersten Lebensjahr wenig geändert. So hatte im Jahr 2020 nur etwa jedes vierte armutsgefährdete Kind (23 Prozent) unter drei Jahren einen Platz in einer Kita, während es bei Familien aus nicht prekären Verhältnissen doppelt so viele waren (46 Prozent). Gleichzeitig ist die Betreuungslücke bei Kita-Plätzen in ärmeren Familien viel größer – sie beträgt rund 17 Prozent, bei reicheren Familien ist nur etwa jeder zehnte Betreuungswunsch nicht erfüllt. Ähnlich verhält es sich bei Familien mit Migrationshintergrund. Unter allen Kindern, die zu Hause hauptsächlich Deutsch reden, besuchen 38 Prozent eine Kita, aus Familien hingegen, die zu Hause kein Deutsch sprechen, sind es nur 24 Prozent. Ein alarmierendes Missverhältnis, wenn man bedenkt, dass gerade diese Kinder von einem frühen Kita-Besuch besonders profitieren würden, um schnell Deutsch zu lernen (BIB 2023). Und das, obwohl Familien, die zu Hause kein Deutsch sprechen, genauso häufig einen Wunsch nach einem Kita-Platz äußern wie andere Familien.

Eigentlich dürfte es das gar nicht geben, angesichts des vor zehn Jahren in Kraft getretenen Rechtsanspruchs auf einen Kita-Platz für Kinder unter drei Jahren. Angesichts der beschriebenen Sachlage aber drängt sich die Frage auf,

> »Diese Nachrichten zeigen, dass unser Land nicht in der Lage ist zu verstehen, wie wichtig die ersten Jahre sind, und es erweist sich als unfähig, endlich der Frühpädagogik den Stellenwert einzuräumen, den sie längst verdient. Es ist sehr traurig, wenn man auf gerichtlichem Wege ein Recht des Kindes einfordern muss.«
>
> *(Expertenmeinung zur frühkindlichen Entwicklung)*

ob der »Bildungsort Kita«, von dem Bundesfamilienministerin Lisa Paus schwärmt, seinen Namen verdient, wenn nur etwa jedes vierte armutsgefährdete Kind unter drei Jahren überhaupt einen Kita-Platz hat? Der Rechtsanspruch sollte nicht nur eine bessere Vereinbarkeit von Familie und Beruf bringen, sondern mehr Gerechtigkeit, versprach die Politik damals. Vor allem Kinder aus sozial benachteiligten Familien sollten von frühkindlicher Bildung profitieren, indem sie besser auf die Schule vorbereitet werden oder, wenn zu Hause kein Deutsch gesprochen wird, die Sprache lernen. Das sollte ihre späteren Chancen erhöhen in einem Land, in dem Bildungserfolg noch immer stark vom Elternhaus abhängt (Bund 2023b). Die voranstehend gestellte Frage kann jeder für sich beantworten.

Rechtsanspruch hin oder her – Fakt ist: Ob Kinder einen Betreuungsplatz in einer Kita bekommen, hängt in Deutschland stark vom Elternhaus ab. Kinder aus bildungsferneren Familien, aus armutsgefährdeten Verhältnissen oder aus Haushalten, in denen kein Deutsch gesprochen wird, haben nachweislich deutlich geringere Chancen auf einen Betreuungsplatz – trotz vielfach geäußertem Bedarf (BiB 2023).

Respekt ist keine Einbahnstraße

Nicht unerwähnt bleiben sollte aber auch der Hinweis, dass Integration bisweilen auch ihr hässliches Gesicht zeigt, das kaum mit kultureller Diversität hinreichend erklärt werden kann. Etwa dann, wenn Migrantenkinder deutsche Kitas aufmischen. Das war lange Zeit ein Tabuthema, aber jetzt packte eine Erzieherin aus, was in ihrer Einrichtung, in der 80 Prozent der Kinder einen Migrationshintergrund haben oder Flüchtlingskinder sind, so abgeht. Sie möchte anonym bleiben, die Einrichtung nicht genannt werden – weil »die Kolleginnen Angst haben, richtig Angst«. Keine von ihnen wollte etwas sagen, weil sie Repressalien befürchten.

»Viele Kinder sind belastet durch Kriegs- und Fluchterfahrungen, ob sie aus Syrien kommen, aus Afghanistan, dem Irak oder dem Iran«, erzählte die Informantin. »Die Kinder werden zu uns in die Einrichtung geschickt, ohne dass sie auch nur ein Wort

Deutsch können. Ihre Eltern sprechen auch kein Deutsch«, so die Erzieherin weiter. Das ist zum Teil auch bei Migrantenkindern so, die schon in der zweiten Generation hier leben. Fast zwangsläufig komme es zu Auseinandersetzungen und Aggressionen. »Da wird getreten, geschlagen, gebissen. Sie nehmen anderen Kindern die Spielsachen weg, manchmal wandern die Sachen auch in den eigenen Rucksack und werden mit aller Kraft verteidigt.«

Auch das Verhalten einiger Eltern mit Migrationshintergrund bringe sie zur Verzweiflung. Es sei schon zu unschönen Szenen zwischen Eltern mit Migrationshintergrund und Eltern, die aus Deutschland stammen, gekommen. So hätten Ausländer deutsche Eltern vor der Einrichtung »abgepasst, beschimpft und beleidigt«, sie würden ihre Kinder schlecht erziehen und seien schuld an vielen Problemen im Kindergarten. Auch sie selbst habe schon Ehrverletzungen erfahren. So hätten ausländische Kinder selbstbewusst zu ihr gesagt: »Du mir nix sagen, du deutsch!« Das habe sie schockiert.

Von einer türkischen Erzieherin ließen sich die Kinder sehr wohl etwas sagen oder von Männern, egal ob jung oder alt. »Aber wir Deutschen sind meistens außen vor, gerade die Frauen«, schimpft die Erzieherin. Fehlende Anerkennung, kein Respekt, abwertende Sprüche – so etwas sei leider an der Tagesordnung (Schattauer 2023).

Das sind leider die negativen Nebenerscheinungen der Diversität. Respekt beruht auf Gegenseitigkeit und ist keine Einbahnstraße.

Ein Mix aus diesen Befunden bei gleichzeitig stark angestiegener Kinderarmut und der Zustrom von Flüchtlingskindern in den vergangenen Jahren gehen natürlich nicht spurlos an dem nächstfolgenden Bildungsbereich, den Schulen, vorbei. Blicken wir mal exemplarisch auf zwei Grundschulen in Rheinland-Pfalz: Beide beklagen, dass die Zahl an Kindern, die mangelnde Kompetenzen im Lesen, Schreiben und Rechnen aufweisen und das Klassenziel nicht erreichen, stetig steigt. Den rheinland-pfälzischen Kita-Fachkräfteverband wundert das nicht, angesichts der schlechten Rahmenbedingungen in den Kitas. Dies wiederum verwundert angesichts der hehren Ziele, die »von oben« verordnet werden, wie zum Beispiel dem Konzept der alltagsintegrierten Sprachförderung beim Thema Sprache. Demzufolge sollen die Kitas Sprachbeauftragte benennen und fortbilden, die das Kita-Team darin schulen, wie Sprache alltagsintegriert gefördert werden kann. So viel zur Theorie, die aber einen Haken hat: Den Sprachbeauftragten, sofern es sie gibt, stehen für diese Aufgaben keine zusätzlichen zeitlichen Ressourcen zur Verfügung. Auf Kante genähte Personalschlüssel kombiniert mit Fachkräftemangel und anderen Widrigkeiten lassen immer weniger Zeit für die eigentliche pädagogische Arbeit (Verband KiTa-Fachkräfte Rheinland-Pfalz 2023a). Ein typisches Beispiel für: gut gemeint – schlecht gemacht. So wundert es nicht, dass immer mehr Kinder bei ihrer Einschulung durch Sprachdefizite auffallen.

Durchgerasselt

Die Konsequenzen solcher Missstände offenbaren sich in einer der oben exemplarisch angeführten Schulen schonungslos: In der Gräfenauschule in Ludwigshafen werden 40 Erstklässler (von 130) wohl die erste Klasse wiederholen müssen! Mit anderen Worten: Zwei Klassen bleiben sitzen! Viele der Kinder kämen aus bildungsfernen Familien und könnten schlecht Deutsch, erklärte Schulleiterin Barbara Mächtle. 98 Prozent der Schüler hätten einen Migrationshintergrund und einige von ihnen seien eingeschult worden, ohne Deutsch zu können. Die zusätzlichen Förderkräfte, die den Lehrern zur Seite stehen, hätten diesmal nicht gereicht, um das aufzufangen. Die Situation an der Schillerschule in Ludwigshafen-Mundenheim war auch nicht viel besser. Hier war nach Angaben der Stadt bei 24 von 141 Erstklässlern die Versetzung gefährdet (SWR 2023).

Mit ein Hauptgrund dieses Übels: In ganz Ludwigshafen gibt es zu wenige Kita-Plätze. Viele dieser Kinder hätten überhaupt nicht oder nur kurz eine Kita besucht, so Barbara Mächtle. Und das zeige sich dann im Unterricht: Viele Kinder müssten zum Beispiel erst mal lernen, still auf ihrem Platz zu sitzen und sich zu konzentrieren. »Wie halte ich einen Stift, wie schneide ich mit der Schere?« – Dinge also, die Kinder in der Kita lernen, fehlten dann und müssten in der Grundschule nachgeholt werden.

> »Die Vorschulklassen haben einen hohen Stellenwert, weil sie die Anschlussfähigkeit der Kinder für die Klasse 1 sicherstellen.«
>
> *(Sprecher der Hamburger Schulbehörde)*

Unterstützung von zu Hause sei kaum zu erwarten, zumal manche Eltern selbst über keine solide Schulbildung verfügen, erzählte Barbara Mächtle. In manchen Heimatländern sei Schulbildung wohl auch nicht so wichtig wie in Deutschland. Auch würden manche Eltern vermutlich nicht darauf achten, dass ihre Kinder regelmäßig Hausaufgaben machen oder gar jeden Tag morgens rechtzeitig aufstehen (SWR 2023; Zeit online 2023c).

»Wenn Kitas zu Verwahranstalten verkommen, brauchen wir uns über eine zunehmende Zahl von Schüler*innen mit mangelnden Kompetenzen sowie Schul- und Ausbildungsabbrüchen nicht zu wundern«, argumentiert der Verband KiTa-Fachkräfte Rheinland-Pfalz (2023a) und sieht die Verantwortungsgemeinschaft des Kita-Systems aus Bund, Land und Kommunen in der Pflicht, endlich ein Kita-System zu schaffen, das den Rechtsanspruch der Kinder im Alltag auch umsetzen kann.

Wohlgemerkt, dieses krasse Beispiel ist leider kein Einzelfall! Mit Problemen wie die Gräfenauschule haben auch andere Schulen in Deutschland zu kämpfen, insbesondere solche in sogenannten Brennpunktvierteln. Durch die Coronazeit habe sich das Problem zusätzlich verschärft, so Heinz Müller vom Institut für Sozialpädagogische Forschung, weil Kitas zeitweise geschlossen sowie die Spielplätze abgesperrt waren und Kinder ihre Wohnung kaum verlassen konnten, um sich mit Gleichaltrigen und Freunden zu treffen.

Ghettoisierung?

In sozial benachteiligten Quartieren schlagen Probleme wie diese besonders durch. Nicht ohne Grund klagen Leiter von Brennpunktschulen, dass Deutschlands »Bildungskatastrophe«, wie sie es nennen, viel zu wenig im Blick der Politik sei. Im Grunde ist das nicht nachvollziehbar, angesichts der Tatsache, dass diese Schulen durch die Gleichzeitigkeit und Verdichtung von Armut, Bildungsferne, Perspektivlosigkeit, interkulturelle Konflikte, Sprachbarrieren und Stigmatisierungen geprägt sind. Von Beginn an. Denn normalerweise starten Kinder, wenn sie in die erste Klasse kommen, hinsichtlich ihres schulischen Bildungsstandes bildlich gesprochen bei »null« oder darüber. Viele können bereits ihren Namen schreiben und kennen die Zahlen.

Anders an diesen Schulen. »Wir starten mit unseren Kindern in der Grundschule oft jedoch bei ›minus fünf‹: Sprache und Sozialverhalten sind ungeübt, der Wortschatz ist unzureichend«, erklärte ein Lehrer. Die meisten Kinder würden zu Hause nicht Deutsch sprechen, Defizite in der Grob- und Feinmotorik aufweisen, kein Verständnis für den Zahlenraum haben, keine Farben und Formen kennen. Viele könnten nicht Fahrrad fahren oder schwimmen und ernährten sich falsch. Man müsse als Lehrer über die gesamte Schullaufbahn hinweg versuchen, die Differenz beim Einstieg auszugleichen. »Wenn wir wie bisher mit den gleichen Mitteln und Methoden die gleichen Kompetenzen erreichen sollen, müssen wir klar und laut sagen: Das funktioniert nicht!«, sagte der Lehrer, und konstatierte: »Auch wenn es seltsam klingt, aber den Status quo zu halten und nicht noch schlechter zu werden, ist für uns ein Erfolg. Von Verbesserungen mögen wir angesichts der sich ständig verschärfenden Problemlagen der Kinder und Jugendlichen bei gleichzeitig zunehmender Verknappung des Personals, die wir viel stärker als alle anderen Schulen spüren, nicht sprechen.« (Menkens 2023b)

Aussagen wie diese stellen dem deutschen Bildungssystem ein Armutszeugnis aus. Denn jetzt rächen sich die Versäumnisse der Vergangenheit im Elementarbereich und schlagen auf die Schulen durch. Denn im Vergleich zu dem, was man heute so aus den Schulen hört, mutet das Bildungsniveau vor den ersten PISA-Studien vor 20 Jahren noch vergleichsweise wie aus einer »heilen Welt« an. Denn die Ergebnisse der aktuellen IGLU-Studie 2021 (IGLU = Internationale Grundschul-Lese-Untersuchung; McElvany et al. 2023) waren verheerend: 25 Prozent der Viertklässler scheiterten an den internationalen Mindeststandards. Das heißt, sie waren nicht in der Lage, in einem Text relevante Informationen zu erkennen und diese zueinander in Beziehung zu setzen. Das hat fatale Folgen: Wer in dem Alter längere Abschnitte nicht sinnerfassend lesen kann, bei dem sind Probleme auf der weiterführenden Schule und im Berufsleben vorprogrammiert (Volkert 2023b). Das war ein Offenbarungseid für die deutsche Bildungspolitik.

Deutsche Schüler im Abwärtstrend

Zu einem ähnlich desaströsen Ergebnis führte der IQB-Bildungstrend 2021, eine bundesweite Studie, die mit 26.000 Teilnehmern der gleichen Jahrgangsstufe zuvor durchgeführt wurde. Derzufolge scheiterte beim Lesen fast jede/r fünfte Schüler:in an den von der Kultusministerkonferenz (KMK) festgelegten Mindeststandards. Angesichts dieser Zahlen wundert es nicht, dass jedes Jahr etwa 50.000 Jugendliche in Deutschland die Schule ohne Abschluss verlassen (a.a.O.).

Als Gründe für den Abwärtstrend der deutschen Ergebnisse geben die Autoren der neuen IGLU-Studie 2021 unter anderem die Auswirkungen der Coronapandemie und die Tatsache an, dass mittlerweile fast jeder zweite Schüler aus Einwandererfamilien stammt, in denen zu Hause kaum oder gar kein Deutsch gesprochen wird (Hild 2023). Diese Aspekte haben die problematische Entwicklung im deutschen Bildungssystem in den letzten Jahren zwar verstärkt, der Abwärtstrend aber setzte bereits 2006 ein: Seit 2016 ist die durchschnittliche Lesekompetenz von Viertklässlern besonders stark gesunken (Volkert 2023b). Und: Kinder aus »sozioökonomisch benachteiligten Familien« weisen nach wie vor häufiger Schwächen beim Lesen auf (tagesschau. de 2023a).

So wundert es auch nicht, dass der deutschen Bildungspolitik kein gutes Zeugnis ausgestellt wird. Sie muss sich von den Verfassern der Studie vorhalten lassen, dass die Ziele, die die Kultusministerkonferenz (KMK) nach dem sogenannten PISA-Schock vor mehr als 20 Jahren formuliert hat, an vielen Stellen verfehlt worden seien (Volkert 2023b).

Diese Hiobsbotschaft schlug natürlich Wellen. Die Bildungsverbände in Nordrhein-Westfalen beispielsweise machten den großen Personalmangel als Grund für die abnehmende Lesekompetenz der Viertklässler in ihrem Bundesland aus. Die nordrhein-westfälische Gewerkschaft GEW forderte mehr Geld für Schulen in sozialen Brennpunkten, um diese besonders zu unterstützen, und mehr Initiative der Landesregierung.

»Jedes Kind muss lesen lernen«, forderte die Schriftstellerin Kirsten Boie. Die Kommunen könnten die Sprachförderung im Vorschulalter nicht alleine finanzieren. Es brauche Vorarbeit in Kitas, Vorschulklassen und qualifizierte Lehrkräfte. Kinder, die nicht lesen können, würden später als Fachkräfte fehlen, warnte die Kinderbuchautorin. Die Ursachen für das schlechte Abschneiden der deutschen Schüler lägen tief, die Politik habe versagt (Deutschlandfunk 2023d).

Der Verband Bildung und Erziehung (VBE) machte sich für eine gezieltere und frühere Diagnostik bei Kindern stark. Erforderlich seien gute Kooperationen mit Kitas und ein gutes Übergangsmanagement in die Schule, um früher Schwächen bei Kindern erkennen zu können. Laut der IGLU-Studie ist eine frühere Diagnostik ein Erfolgsfaktor in Ländern mit besseren Ergebnissen, unter anderem in England, den Niederlanden oder Singapur (Hild 2023).

> »Kitas und ein gutes Übergangsmanagement in die Schule (sind nötig), um früher zu erkennen, wo Kinder Schwächen haben.«
>
> *(Anne Deimel, Landesvorsitzende des VBE in NRW)*

Diese Auffassung teilt auch die Expertin Yvonne Anders, die einen Lehrstuhl für Frühkindliche Bildung und Erziehung an der Universität Bamberg innehat. Sie sieht in regelmäßigen Evaluationen und Prüfverfahren, wie sie bereits in England und den Niederlanden seit vielen Jahren üblich sind, einen Weg zur gezielten Förderung der Kinder bereits im Vorschulalter. Es gehe dabei nicht um Suche nach Defiziten, sondern um Ermittlung des Entwicklungsstandes der Kinder. Mehrere Bundesländer prüften bereits heute die Sprachkenntnisse von Kindern im Vorschulalter.

Eine ähnliche Diagnostik sei auch für die mathematischen und sozial-emotionalen Fähigkeiten erforderlich. Nur so lasse sich ihre Entwicklung gezielt fördern, nach dem Grundsatz: Keine Förderung ohne Diagnose, keine Diagnose ohne Förderung. Das heißt, dass Kinder, die eine zusätzliche Förderung benötigen, diese auch rechtzeitig vor der Einschulung bekommen müssen. Und nicht erst mit fünf oder sechs Jahren (Spiewak 2023).

Gewerkschaften, Bildungsverbände sowie Eltern- und Schülervertretungen wollen Nägel mit Köpfen machen, sie fordern spürbare Investitionen von Bund und Ländern in die Bildung wegen ihrer Meinung nach »einer der schwersten Bildungskrisen«. In einem gemeinsamen Appell unter dem Motto »Bildungswende jetzt!« plädieren sie für eine echte Bildungswende und die Bereitstellung eines »Sondervermögens Bildung« in Höhe von mindestens 100 Milliarden Euro für Kitas und Schulen.

Das System in seiner jetzigen Form sei unterfinanziert, veraltet und sozial ungerecht. Des Weiteren fordern sie jährliche Ausgaben von mindestens zehn Prozent des Bruttoinlandsprodukts für Bildung und Forschung. 2021 betrugen diese Ausgaben mit 351,3 Milliarden Euro 9,8 Prozent des Bruttoinlandsprodukts. Zudem sollen sich alle Bundesländer in einem Staatsvertrag dazu verpflichten, genügend Lehrkräfte auszubilden und die Studienabschlüsse gegenseitig anzuerkennen (tagesschau.de 2023d).

Gipfel ohne Stürmer

Eine Forderung richteten die Verfasser konkret an den Bundeskanzler. Er solle in Absprache mit den Regierungschefs der Länder einen Bildungsgipfel einberufen, »um über Auswege aus der Bildungskrise und über den Aufbau eines gerechten, inklusiven und zukunftsfähigen Bildungssystems zu diskutieren«. Es sei fatal, dass die zahlreichen Mahnungen und Interventionen vonseiten der Zivilgesellschaft bisher nicht zu einem Umsteuern bei den maßgeblichen politischen Entscheidungsträgern im Bund und in den Ländern geführt hätten. Als Beispiel nannten sie den Mitte März einberufenen Bildungsgipfel, zu dem Bundesbildungsministerin Bettina Stark-Watzinger eingeladen hatte – der aber kaum ein Kultusminister gefolgt war (Der Spiegel 2023a).

Mit einem ganz anderen Vorschlag wartete der Deutsche Lehrerverband auf: Er schlug vor, an Grundschulen auf Englischunterricht zu verzichten, zugunsten beispielsweise eines verstärkten Leseunterrichts. »Wir müssen uns an den Grundschulen verstärkt um die Basics kümmern, also um Lesekompetenz, um Schreibkompetenz, um das Rechnen«, hieß es. In Klassen mit 70, 80, 90 Prozent Kindern mit Zuwanderungsgeschichte, die kaum genügend Deutschkenntnisse haben, setze man mit dem Englischunterricht falsche Schwerpunkte. Die den Grundschülern vermittelten Kenntnisse seien zum Teil so unterschiedlich, dass in weiterführenden Schulen ohnehin »fast alle wieder bei null anfangen« würden (Welt 2023a). Das erinnert mich irgendwie an »Monopoly«: Das deutsche Bildungssystem hat Schülern offenbar nichts anderes anzubieten, als beim Übergang in eine weiterführende Schule die Karte »Gehe zurück auf Los«. Da sollten sich die Lehrervertreter vielleicht besser für ihre weiteren Vorschläge einsetzen, um die Probleme in den Griff zu bekommen: mehr vorschulische Förderung und Maßnahmen gegen den Lehrermangel.

Angesichts der Entwicklungen sieht der Soziologe Aladin El-Mafaalani das deutsche (Vor)schulsystem als »völlig überlastet aufgrund der großen Diskrepanz zwischen den Rahmenbedingungen und den realen Herausforderungen« (Menkens 2023c). Kinder von neu zugewanderten Geflüchteten besuchten beispielsweise meist Grundschulen in der Nähe der Aufnahmeeinrichtungen oder in bestimmten Problem-Stadtteilen. In diesen Grundschulen kann der Migrationsanteil dann schnell 80 Prozent oder mehr betragen. Auf die Herausforderung, dass die Kinder dann noch aus 50 verschiedenen Ländern kommen oder 30 verschiedene Sprachen sprechen, sei man absolut nicht vorbereitet. Grundschulen seien ebenso wie Kitas personell und konzeptionell absolut nicht gerüstet, mit dieser Superdiversität zurechtzukommen. Das Problem dabei: In Kitas und Grundschulen entscheidet sich aber, wie unsere Gesellschaft in Zukunft aufgestellt sein wird. Denn die Gruppe, die da nachwächst, sei superdivers. Man könne heute in den Grundschulen sehen, wie unsere Arbeitsgesellschaft in zehn bis 15 Jahren aussehen wird. Bundesweit haben 40 Prozent der Kinder und Jugendlichen einen Migrationshintergrund, in westdeutschen Großstädten sind es 60 Prozent. Die dritte und vierte Generation ist da noch gar nicht mitgezählt (a.a.O.).

Das System geht auf dem Zahnfleisch

Die Erfolgsaussichten einer Reform des deutschen Schulsystems sieht Aladin E-Mafaalani eher skeptisch: »Ein System, das so kriselt und auf dem Zahnfleisch geht wie unser Bildungssystem, ist schwer zu reformieren.« Man müsse die Schulen erst einmal wieder ertüchtigen, sodass sich die Lehrkräfte wieder auf ihre Aufgaben im Unterricht konzentrieren könnten. Die restlichen Tätigkeiten könnten dann andere Professionen übernehmen: Sozialpädagogen, Berufsberater, Gesundheitsfachkräfte, Kulturpädagogen, Psychologen, Verwaltungsassistenzen. Vor allem die Lehrkräfte an Grundschulen brauchen mehr Unterstützung. Und im Übrigen: »Rein ökonomisch bringen die Investitionen in Kita und Grundschule auch die höchste Rendite« (Menkens 2023c). Aladin El-Mafaalani bestätigt die Ansicht vieler Ökonomen, dass jeder Euro in Kita und Grundschule nicht nur eine Investition in die Zukunft ist, sondern diese sich auch auszahlt.

Bleiben wir noch kurz bei den Schulen, weil dort beim Wechsel von der Grundschule auf die weiterführenden Schule Unglaubliches auf dem Rücken der Schüler:innen ausgetragen wird. Zum Beispiel in Berlin: Dort gingen bei der Verteilung auf die weiterführenden Schulen zur 7. Klasse im Sommer 2022 rund 170 Kinder über das reguläre Verfahren zunächst leer aus. Andere Kinder bekamen zwar einen Schulplatz, aber nicht auf einer der von ihnen ausgewählten drei Wunschschulen, obwohl manche einen Notendurchschnitt im Einserbereich hatten. Die Schulvergabe erfolgt nach einem festen Schlüssel. Die Wahrscheinlichkeit, an der Erstwunsch-Schule angenommen zu werden, steigt, je besser der Notendurchschnitt ist. Wer leer ausgeht, bekommt einen Platz an einer Schule vom Schulamt vorgeschlagen, die auch in einem anderen Bezirk liegen kann. Bis zu eine Stunde Fahrtweg gilt als zumutbar (Steinberg 2023). Viele Eltern, deren Kinder selbst mit Einsernoten keinen Platz in einer wohnortnahen Wunschschule bekommen hatten, liefen dagegen Sturm. Vor allem, weil sich die Kinder in den letzten Grundschuljahren so angestrengt hatten, um gute Noten für den Schulwechsel zu erreichen (Corino 2023).

Null Bock auf Paukersein

Diese Beispiele zeigen, dass vieles im Argen liegt. Dem Bildungssystem gelingt es immer weniger, die beschriebenen Fehlentwicklungen zu korrigieren. Das liegt zum einen am massiven Mangel an Lehrern und pädagogischen Fachkräften, der sich in den kommenden Jahren noch zu verschärfen droht. Darunter leiden nicht nur die Verfügbarkeit und Qualität der Bildungsangebote in Kitas und an Schulen, sondern auch das Personal. Die steigende Arbeitsbelastung, insbesondere durch nicht pädagogische Aufgaben, mindert die Attraktivität der Berufsbilder und schreckt künftige Nachwuchskräfte ab. Die Folgen der Engpässe setzen sich fort bis in die Wirtschaft: Fehlende Plätze in Kitas und der Ganztagsförderung von Grundschülern erschweren die Vereinbarkeit von Familie und Beruf, während häufiger Unterrichtsausfall die Vermittlung grundlegender Kompetenzen für die Fachkräfte von morgen behindert (Alfred Toepfer Stiftung F.V.S. et al. 2023).

Um diesen Fehlentwicklungen gegenzusteuern, gründen sich vielerorts Initiativen aus engagierten Bürgern sowie Akteuren aus Wirtschaft, Wissenschaft und Zivilgesellschaft. So auch in Bremen. Dort habe ich beispielsweise die vierteilige Vortragsreihe »Bildungsgerechtigkeit in Bremen – Anspruch und Wirklichkeit« mitinitiiert, die den aktuellen Stand der Dinge aus der Perspektive der Bildung, der Politik, der Wirtschaft und der Wissenschaft im Dialog beleuchtet. Veranstalter war die Initiative »Weitwinkel Bildung« mit freundlicher Unterstützung der Handelskammer und der Universität Bremen. Ziel der mehrteiligen Vortragsreihe war es, zusammen mit Experten aus unterschiedlichen Feldern, mit Vertretern aus der Praxis und der nächsten Generation vier Kernfragen zum Thema »Bildungsgerechtigkeit« zu präsentieren und verschiedene Antworten darauf kontrovers zu diskutieren (Weitwinkel Bildung 2023a). Auch Bundesbildungsministerin Bettina Stark-Watzinger war zugegen.

Die Initiative »Weitwinkel Bildung«, ein überparteilicher Zusammenschluss von Bürgern mit sehr viel Berufserfahrung aus (Bildungs)politikern verschiedener Parteien, Kita, Schule, Forschung und Hochschule, hat sich Anfang 2021 in einem interdisziplinären Expertenteam gemeinsam auf den Weg gemacht, um etwas für die Bildung des 21. Jahrhunderts in Bremen zu bewegen (Weitwinkel Bildung 2023b). Und da wartete eine Menge Arbeit, denn die Bremer Schüler weisen im Vergleich zu anderen Bundesländern enorme Lerndefizite auf: Laut der jüngsten VERA-Vergleichsstudie erfüllt jeder zweite Drittklässler nicht die Mindeststandards in Mathematik, beim Lesen haben 42 Prozent der Grundschulkinder große Probleme. Beim IQB-Bildungstrend verfehlten 31 Prozent der Kinder den Mindeststandard und beim Lesen ist Bremen Schlusslicht. Auch beim Bildungsmonitor der Initiative Neue Soziale Marktwirtschaft (INSM) belegt das kleinste Bundesland im Allgemeinranking den letzten Platz. Was also tun angesichts dieser traurigen Bilanz?

> »Der Besuch einer Vorschulklasse würde einen zusätzlichen Bruch in der kindlichen Bildungsbiografie bedeuten.«
>
> *(Sprecherin der Bremer Bildungssenatorin)*

Hamburg zum Beispiel, das ähnliche Probleme hat, ist es in den vergangenen Jahren gelungen, die Ergebnisse seiner Schulkinder zu verbessern. Dies soll unter anderem am verpflichtenden Vorschuljahr für Kinder mit Sprachdefiziten liegen. Alle Kinder müssen sich mit viereinhalb Jahren in ihrer künftigen Grundschule vorstellen. Erkennt das Fachpersonal auffällige sprachliche Defizite, muss das Kind ein Jahr vor der Einschulung eine Vorschulklasse besuchen, in der schwerpunktmäßig Sprache und Mathematik vermittelt werden. In Bremen setzt man statt einer verpflichtenden Vorschulklasse lieber auf das sogenannte Kita-Brückenjahr. Vorschulklassen widersprächen dem Gedanken des inklusiven Schulsystems, ist aus dem Bremer Bildungsressort zu vernehmen (buten un binnen 2023b).

3. Ein Blick zurück – Die Kindertagespflege in der BRD und in der DDR bis 1990 sowie (Fehl)entwicklungen danach

Eine Zäsur in der Nachkriegsgeschichte Deutschlands war die Wiedervereinigung. Die Herausforderung lag darin, zwei unterschiedliche Gesellschafts- und Wirtschaftssysteme zu einem neuen Ganzen zu formen. Das galt natürlich auch für die nach Maßgabe ihrer Intentionen verschiedenen Bildungssysteme – auch im frühkindlichen Bereich. Dieses Kapitel skizziert die grundsätzlichen Unterschiede der vorschulischen Erziehung, Bildung und Betreuung in den ehemaligen beiden deutschen Staaten und deren Entwicklung bis 1990.

Klassenunterschiede …

Vor der deutschen Wiedervereinigung war das Gesellschaftsbild in Westdeutschland durch das (männliche) Alleinernährer- bzw. Einverdienermodell bestimmt – mit entsprechender familiärer Rollenverteilung: Der Mann hatte für das Einkommen zu sorgen, die Frau war für Kinder, Haushalt, Kochen und solche Dinge zuständig. Entsprechend war die Betreuung von Kindern im Vorschulalter Privatangelegenheit der Familie (Oschmiansky, Kühl und Obermeier 2020). Die damals überwiegende (Halbtags)betreuung der Kinder war für die Eltern kostenpflichtig.

Im Gegensatz dazu verfolgte die Kindertagesbetreuung in der früheren DDR eine politische Zielsetzung mit einem klar definierten Erziehungsauftrag: die Förderung der Ausbildung der Kinder zu allseitig entwickelten, sozialistischen Persönlichkeiten. Das staatliche, überwiegend ganztägige Kinderbetreuungsangebot (nur drei Prozent waren konfessionelle Einrichtungen) war für alle Eltern – bis auf eine geringe Beteiligung an Verpflegungskosten – kostenfrei, es gewährte den Eltern aber kein Mitspracheoder Mitbestimmungsrecht bei der Gestaltung des Kita-Alltags (Böttcher 2020).

Die ganz frühe Krippenbetreuung – bereits von Kleinstkindern ab dem sechsten Lebensmonat (Israel 2017) – in der ehemaligen DDR wird heute kritisch gesehen, weil man aus kinderpsychologischer Sicht glaubt, dadurch die kindliche Entwicklung und Bindungsfähigkeit negativ beeinflusst zu haben. Florian von Rosenberg (2023), ein ehemaliges Krippenkind, hat in seinem viel beachteten Buch »Die beschädigte Kindheit« seine teilweise traumatischen Kleinkindheitserlebnisse in einer DDR-Krippe beschrieben.

Die Psychologin Lieselotte Ahnert hat im Rahmen ihrer »Wiener Kinderkrippenstudie« mit ihrem Forscherteam untersucht, wie sich frühe Krippenbetreuung auf die Stressbelastung eines Kindes auswirkt. Das Ergebnis: Je jünger das Kind, desto empfindlicher reagiert es auf Stress. Auch Kinder, die sich sicher an ihre Erzieherin gebunden fühlen, bleiben davon nicht verschont. »Die sichere Bindung in der Krippe ist etwas anderes als das Zuhause«, so die Expertin. Die Erklärung: Die Erzieherin sei emotional nicht immer verfügbar, sie müsse sich um mehrere Kinder gleichzeitig kümmern, habe Urlaub und fehle auch mal wegen Krankheit (Ahnert 2002).

… wirken bis heute nach

Zum besseren Verständnis der Rahmenbedingungen des kindlichen Aufwachsens und der Situation von Familien in Deutschland lohnt sich ein Blick auf die Entwicklung des Kindergarten- bzw. Krippenbereichs seit dem Fall der Mauer. Deutschland ist bis in die Gegenwart geprägt von der Wiedervereinigung des ehemaligen demokratischen, marktwirtschaftlich ausgerichteten Westteils mit dem sozialistischen Ostteil, der eine zentralistische Wirtschaftsordnung hatte. Diese beiden Systeme wiesen auch im Bereich der frühkindlichen Erziehung, Bildung und Betreuung große Unterschiede auf, die bis heute nachwirken:

Im Westen überwog – und überwiegt nach wie vor – die Auffassung, dass kleine Kinder möglichst bis zum Schuleintritt innerhalb der Familie – und in erster Linie von der Mutter – betreut werden sollten. Die aktuell gegen den geplanten Krippenausbau vor allem in Westdeutschland angeführten Argumente bestätigen das mehr als deutlich.

Im Osten dagegen war es früher selbstverständlich, dass beide Eltern berufstätig waren und der Staat die Betreuung der Kinder ab dem ersten Lebensjahr übernahm. Für die Kleinen waren bestens ausgebildete Fachkräfte zuständig. Die frühe Obhut der Kinder in staatlichen Betreuungseinrichtungen diente unter anderem auch dem Ziel, zukünftige Staatsbürger nach den Bedürfnissen und Werten einer sozialistischen Gesellschaft zu formen.

Seit der deutschen Wiedervereinigung haben sich diese systembedingten Unterschiede zwar abgeschwächt – im Westen steigt die Anzahl berufstätiger Frauen, im Osten gibt es auch Mütter, die mehr Zeit zu Hause verbringen wollen –, ihre Spuren aber sind immer noch deutlich sichtbar.

Das ist nicht als Rechtfertigung zu verstehen, warum das System der Tageseinrichtungen für Kinder unter sechs Jahren auch über 30 Jahre nach der Wiedervereinigung nicht in der Lage ist, den Herausforderungen, die sich aus einer zeitgemäßen Erziehung, Bildung und Betreuung unter den genannten Rahmenbedingungen für die heranwachsende Generation ergeben, gerecht zu werden. Zwischen dem im Bildungsauftrag formulierten Anspruch an die frühkindliche Erziehung, Bildung und Betreuung und der Realität im Kita-Bereich besteht nach wie vor eine große Kluft.

Mit ein Grund dafür ist meines Erachtens, dass, während sich viele andere Länder Anfang der Neunzigerjahre weltweit mit der Bildungs- und Ausbildungsreform befassten, wir in Deutschland noch mit der Wiedervereinigung beschäftigt waren. Wir haben kein Erkenntnisproblem, sondern vielmehr ein Umsetzungsproblem. Bei uns geht man immer noch davon aus, dass je kleiner die Kinder sind, sie desto weniger gut ausgebildetes Personal benötigen. Das wird im Gegensatz zu uns weltweit anders gesehen, da sind die am besten ausgebildeten Fachkräfte bei den Kleinsten – aus der Erkenntnis heraus, dass bei ihnen die Saat für die spätere Bildungsbiografie gesetzt wird. Und bei uns erweitert man angesichts des Fachkräftemangels den Einstellungskorridor noch zusätzlich nach unten, ohne die Eignung der Bewerber in Assessments zu prüfen, wie es in anderen Ländern üblich ist. Das würde zum Beispiel in der Medizin nicht gehen: Da lässt man keine Ungelernten den Blinddarm entfernen.

Wir müssen mit dem baulichen Ausbauprogramm und der Gewinnung und Qualifizierung von Fachkräften in einem ganz anderen Tempo agieren. Es ist zehn nach zwölf und nicht fünf vor zwölf! Ich habe manchmal den Eindruck, wir müssten den Politikern den Handlungsbedarf intravenös spritzen.

Zwar hat die damalige Bundesregierung unter Bundeskanzler Helmut Kohl mit dem Achten Buch im Sozialgesetzbuch (SGB VIII) im Jahre 1990 Kindertageseinrichtungen explizit beauftragt, Kindern neben Erziehung und Betreuung eben auch Bildung anzubieten. Diese Aufgabenstellung war für Kindergärten grundsätzlich nichts Neues, weil sie neben ihrer originären Aufgabe der Erziehung und Betreuung auch die Förderung der Kinder als untrennbaren Bestandteil ihrer Arbeit sahen. Fortan aber sollte nicht nur der Förderungsfunktion eine höhere Bedeutung beigemessen werden, sondern die Kindertageseinrichtungen sollten Bestandteil des Bildungssystems werden.

Entsprechend basierte die Zielsetzung der frühkindlichen Bildung auf einem ganzheitlichen Bildungsbegriff, der Bildung nicht auf schulisches Lernen, auf Wissen und basale Kulturtechniken (z. B. Lesen, Schreiben, Rechnen, Malen, Planen, Entwerfen), auf die individuelle Kompetenz von Kindern im Sinne von Lernen und Wissenserwerb und die Ausrichtung des Bildungsgeschehens auf die eigenen späteren Erfordernisse reduziert. Vielmehr wurde die Entwicklung der ganzen Person in ihrem sozialen und kulturellen Kontext miteinbezogen, Bildung also als Fähigkeit zur Selbstregulation in allen Lebenslagen und als lebenslanger Prozess verstanden.

Rückwärtsorientierung statt Blick nach vorn

So viel zur Theorie und zur guten Absicht. Denn mehr als drei Jahrzehnte nach Inkrafttreten des SGB VIII weist das deutsche System, verglichen mit europäischen und internationalen Entwicklungen, nach wie vor erheblichen Entwicklungsbedarf auf. Eine Hauptursache dafür beruht auf einem gesellschaftlichen Grundproblem in Deutschland: Staatliche Bildungsausgaben sind rückwärtsgerichtet. Wir reparieren statt zu investieren! Deutsch-

land gibt 57,2 Prozent seiner Gesamtausgaben für soziale Sicherung aus, um Probleme aus der Vergangenheit auszugleichen;
aber lediglich 15,4 Prozent fließen in die Bildung, sozusagen in
die Chancen für die Zukunft (bpb 2023; vgl. Abbildung unten).

Öffentliche Ausgaben nach Aufgabenbereichen

In absoluten Zahlen und Anteile in Prozent, 2017 (Stand: Nov. 2022)

Quelle: Bundeszentrale für politische Bildung auf der Basis von Daten des
Statistischen Bundesamtes: Finanzen und Steuern – Rechnungsergebnisse
der Kern- und Extrahaushalte des Öffentlichen Gesamthaushalts.
Lizenz: CC BY-NC-ND 3.0 DE.

Ein Blick auf die Bildungsausgaben nach Bildungsbereichen offenbart, dass von den 2021 für Bildung ausgegebenen 170,5 Milliarden Euro 23,3 Prozent in Kindertageseinrichtungen geflossen
sind. Damit entfällt knapp ein Viertel aller Bildungsausgaben auf
die frühkindliche Bildung, wo sozusagen die Bildung in die Wiege der jungen Menschen gelegt wird. Ein schöner Batzen Geld,
könnte man meinen. Aber wie kommt es, dass es angesichts dieser
Ausgaben dennoch vorne und hinten nicht ausreicht? Um diese

Frage zu beantworten, lohnt sich ein genauerer Blick darauf, was so alles schiefgelaufen ist im wiedervereinigten Deutschland.

Schiefgelaufen – (Fehl)entwicklungen seit der Wiedervereinigung

Nicht nur durch die deutsche Wiedervereinigung in den 1990er-Jahren hat Deutschland einen grundlegenden gesellschaftlichen Wandel mit Auswirkungen auf die (früh)kindliche Bildung vollzogen. Daneben haben sowohl sich verändernde gesellschaftliche Rahmenbedingungen als auch qualitative Aspekte zur Entwicklung der heutigen Misere im Bildungssektor beigetragen. Welche im Einzelnen, wird im Folgenden beschrieben.

Gesellschaftliche Rahmenbedingungen des kindlichen Aufwachsens

Gesellschaftlicher Wandel

Bereits vor der deutschen Wiedervereinigung setzte in Deutschland – wie in anderen europäischen Ländern auch – ein gesellschaftlicher Wandel ein, dessen Folgen insbesondere sichtbar werden durch:

- Niedrige Kinderzahlen: Im Vergleich zu anderen europäischen Staaten hat Deutschland eine der niedrigsten Geburtenraten. Dies war nach der Wiedervereinigung überwiegend zurückzuführen auf den zunehmenden Anteil kinderloser Frauen und den nach 1990 einsetzenden Geburtenrückgang in den neuen Bundesländern. Aktuell steigen die Geburtenzahlen wieder leicht an, der Anteil der Kinder in der deutschen Bevölkerung liegt aber weiter unter dem EU-Durchschnitt. 2022 ist die Zahl der Kinder in Deutschland auf 10,9 Millionen gestiegen, damit machten Kinder bis 13 Jahre 13 Prozent der Gesamtbevölkerung aus. Ein leichter Anstieg im Vergleich zu 2015, als dieser Anteil mit 12,2 Prozent seinen Tiefststand erreicht hatte. Niedriger als in Deutschland war der Kinderanteil 2022 in Italien (11,7 Prozent), in Portugal (11,8 Prozent), auf Malta und in Griechenland (je 12,6 Prozent) sowie in Spanien (12,9 Prozent). Den höchsten Kinderanteil hatten Irland (18,3 Prozent), Schweden (16,4 Prozent) und Frankreich mit 16,2 Prozent (tagesschau.de 2023b).

- Zuwanderung: In Deutschland lebten 2002 rund 7,3 Millionen Menschen mit Migrationshintergrund (circa neun Prozent der Gesamtbevölkerung), der überwiegende Teil davon in den alten Bundesländern. Dieser hohe Anteil geht zurück auf den Zuzug von ausländischen Arbeitskräften zur Deckung des Arbeitskräftebedarfs in den 1960er- und 1970er-Jahren sowie von Asylbewerbern in den 1980er- bis frühen 1990er-Jahren. Hinzu kommen Aussiedler (ethnische Deutsche), die insbesondere nach dem Fall der Mauer 1989 aus dem ehemaligen Osteuropa und der ehemaligen Sowjetunion nach Deutschland kamen. Im Jahre 1999 war in fast jedem dritten Haushalt mindestens eine Person von nicht deutscher Herkunft. In jüngerer Vergangenheit kamen mehrere Flüchtlingsströme aufgrund der Kriege im Irak, in Afghanistan, 2015 in Syrien und nach dem Angriff Russlands auf die Ukraine nach Deutschland. Die Nettozuwanderung (nach Abzug von 139.000 Fortzügen aus Deutschland in die Ukraine) aus der Ukraine im Jahr 2022 war mit 962.000 Flüchtlingen größer als die aus Syrien, Afghanistan und dem Irak von 2014 bis 2016 zusammen (834.000). Damit waren ukrainische Staatsangehörige im Oktober 2022 die zweitgrößte ausländische Bevölkerungsgruppe nach türkischen Staatsangehörigen (destatis 2023).

- Fachkräftemangel: In den 1980er-Jahren und insbesondere nach der Wiedervereinigung hatte sich die Arbeitslosigkeit zu einem schwerwiegenden gesamtgesellschaftlichen Problem entwickelt. Das Beschäftigungswachstum in Deutschland lag zwischen 1996 und 2001 durchschnittlich unter einem Prozent (OECD 2004, S. 10ff.). 2005 erreichte die Arbeitslosenquote mit bundesweit knapp 12 Prozent ihre Rekordmarke, ab 2006 war die Tendenz rückläufig. Heute hat sich die Arbeitslosenquote bei 5,7 Prozent eingependelt (statista 2023b). Dafür aber hat sich in den vergangenen Jahren der Mangel an Fachkräften verschärft. Laut einer Studie konnten 2022 rund 630.000 Stellen für Fachkräfte nicht besetzt werden, weil bundesweit keine entsprechend qualifizierten Arbeitslosen zur Verfügung standen. Vor allem in den Berufsfeldern kaufmännische Dienstleistungen, Warenhandel, Vertrieb, Hotel und Tourismus hat sich das Ausmaß des Fachkräftemangels fast verdreifacht. 2022 konnten hier rechnerisch gut drei von zehn offenen Stellen nicht besetzt werden. Noch krasser ist die Lücke bei den MINT-Berufen (Mathematik, Informatik, Naturwissenschaft und Technik): Hier fehlten laut der Studie rechnerisch für neun von zehn offenen Stellen entsprechend qualifizierte Arbeitslose (Zeit online 2023d).

Derart einschneidende Veränderungen der demografischen, wirtschaftlichen, rechtlichen, politischen und sozialen Rahmenbedingungen bleiben nicht ohne Folgen auf das Leben von jungen Menschen und ihren Familien, vor allem auch auf das kindliche Aufwachsen.

Dabei ist anzumerken, dass Kinder in Deutschland noch nie viel zu Lachen hatten. Spielende Kinder wurden und werden eher als Ruhestörung wahrgenommen, denn als selbstverständlicher Bestandteil und als Bereicherung der Gesellschaft empfunden. Wer schon einmal bei der Planung einer Kita mitwirken durfte, wird sich sicherlich an den Protest der Anwohner erinnern, die auf keinen Fall lärmende Kinder in ihrer Nähe haben wollten. Auch wer schon einmal mit Kindern auf Wohnungssuche war, weiß ein Lied davon zu singen. Da sind manchmal Haustiere eher willkommen. Und wer dann doch eine Wohnung gefunden hat, wird schnell mit den Bestimmungen der Hausordnung, ruhebedürftigen Hausbewohnern und durchsetzungsfähigen Hausmeistern konfrontiert. »Spielen verboten!« ist angesagt. In diesem Land ist es mit Kinderfreundlichkeit nicht weit her.

PISA-Studien als Weckruf

Dies spiegelt sich zum Beispiel auch in den öffentlichen Diskussionen über die (früh)kindliche Bildung: Sie wurde vor gut 20 Jahren nicht wegen der Anliegen der Kinder geführt, sondern aufgrund des überwältigenden Echos, das die erste PISA-Studie (Baumert, Stanat und Demmrich 2001) in der deutschen Öffentlichkeit auslöste. Entgegen allen Erwartungen lag das Kompetenzniveau der 15-Jährigen in allen Bereichen unter dem Mittelwert der anderen OECD-Staaten. Auch die herkunftsbedingten Kompetenzunterschiede erwiesen sich sowohl in Bezug auf Chancengerechtigkeit – insbesondere bei Kindern mit Migrationshintergrund – als auch an internationalen Maßstäben gemessen als inakzeptabel. Die nachfolgenden Untersuchungen von OECD oder UNICEF Deutschland stellten dem deutschen Schulsystem in Bezug auf diese Kriterien ein Armutszeugnis im internationalen Vergleich aus.

Dieser Schock saß. Das Selbstbewusstsein und die Selbstgerechtigkeit, mit der die Deutschen viel zu lange auf ihr Schulsystem geschaut hatten, war dahin. Nach der ersten Schockstarre konnten die Bildungsforscher der Sache doch noch etwas Gutes abgewinnen: »Alles in allem war dies ein lehrreicher Schock, der bis heute große Auswirkungen auf die Bildungspolitik, die Bildungspraxis und die Bildungsforschung hat« (Verbeet 2010). Lehrreich, ja, aber eben nicht nachhaltig. Selbst die Bildungspolitik wurde aktiv. Tatsächlich konnten sich die Schüler in Deutschland in den Folgejahren zwar beim Lesen und Schreiben kontinuierlich in der PISA-Skala verbessern, sodass sich dieses Thema aus der öffentlichen Diskussion und der medialen Beachtung verabschiedete – und auch die Politik wieder zur Tagesordnung überging.

Dringende Maßnahmen, zum Beispiel gegen die sich abzeichnende und nicht vermeidbare Personalnot in Kitas, der Vorstufe zur Schule, blieben wieder links liegen. Auch als der massive Zuzug von Flüchtlingskindern, deren Familien in den vergangenen Jahren aus Kriegsgebieten geflohen waren, das deutsche Bildungssystem vor Riesenherausforderungen stellte, schauten alle weg. Erst nach Bekanntwerden der Ergebnisse der aktuellen IGLU-Studie, der zufolge ein Viertel der Viertklässler in Deutschland nicht einmal mehr das Mindestniveau beim Textverständnis aufweist, war der Aufschrei wieder groß. Denn das bedeutet ja, dass 25 Prozent der Schüler einer Klasse in den ersten vier Jahren ihrer Schulkarriere nicht richtig lesen gelernt haben (Freund 2023). Nun ist das Thema wieder in aller Munde, die Medien überschlagen sich in ihrer Berichterstattung – und die Politik eiert herum. Wohlgemerkt, diese Misere hat es in den zwischenliegenden Jahren bereits gegeben, sie war nur aus dem Blickfeld geraten. Die Anliegen der Kinder stehen eben nicht im Fokus des gesellschaftlichen Interesses.

Warum nicht kinderfreundlicher?

Deutschland muss endlich kinderfreundlich werden, die Belange von Kindern wichtig nehmen und sich für diese einsetzen. Es braucht einen Paradigmenwechsel. Ein wichtiges Zeichen in diese Richtung würde die überfällige Aufnahme der Kinderrechte ins Grundgesetz setzen. Aber mit der Aufnahme allein wäre es nicht getan. Die im Grundgesetz verankerten Kinderrechte müssten auch umgesetzt und erfüllt werden, überwacht von einem *Kinder- und Familienbeauftragten* der Bundesregierung.

> »Kinder lernen über Beziehung. Die brauchen jeden Tag ihre Lehrkraft in der Klasse, die genau weiß, wo sie gerade Unterstützung benötigen. Aber genau das ist leider an vielen Schulen in NRW momentan nicht gegeben.«
>
> *(Anne Deimel, Landesvorsitzende des VBE in NRW)*

Aber Vorsicht: Nicht alles, was gut gemeint ist, ist auch gut gemacht. Auch Gesetze können so formuliert sein, dass sie die gut gemeinte Absicht konterkarieren. Ich erlebe immer häufiger in Gesprächen mit Kita-Leitungen und Erzieher:innen, dass sie immer unsicherer werden in Bezug darauf, ob sie in ihrem Handeln nicht plötzlich gegen Gesetze und Auflagen verstoßen. Sie sind sich unsicher darüber, was sie eigentlich noch tun dürfen, ohne »Ärger zu bekommen«, aus Unkenntnis der gesetzlichen Regelung oder weil sie diese falsch ausgelegt haben. Deutschland neigt zur Überregulierung, nicht nur bei Bauvorschriften und Zulassungsbedingungen beim Aus- oder Neubau von Einrichtungen, sondern auch bei der Gestaltung des Kita-Alltags. Es sollte es nicht so weit kommen, dass Erzieher:innen im Bemühen, nichts falsch zu machen, von ihren eigentlichen Aufgaben abgelenkt werden.

Einflussfaktoren auf die Kindheit

Die Folgen der skizzierten gesellschaftlichen Veränderungen bekommen Kinder schon von klein auf zu spüren – manche mehr, andere weniger. Hinzu kommen weitere Faktoren, die das kindliche Aufwachsen beeinflussen, wie zum Beispiel:

- Diskontinuitäten in familiären Konstellationen: Immer mehr Kinder wachsen – im Osten Deutschlands häufiger als im Westen – mit weniger Geschwistern auf; das heißt, die Zahl der Einzelkinder nimmt zu. Gleichzeitig aber steigt die Zahl von Kindern, die in »alternativen« Lebensformen wie nicht ehelichen Paargemeinschaften, Patchworkfamilien und Alleinerzieher:innen-Haushalten leben. Das führte zu einer Verschiebung der Familienstrukturen, bei der allerdings nach wie vor die Ehepaare mit Kind(ern) deutlich überwiegen. Im Jahr 2019 waren sieben von zehn Familien (70 Prozent) Ehepaare, alleinerziehende Mütter oder Väter machten 19 Prozent aller Familien aus und Lebensgemeinschaften mit Kind(ern) stellten weitere 12 Prozent aller Familien (Sommer und Hochgürtel 2023). Hinzu kommt, dass die Zahl der Familien, bei denen beide Elternteile arbeiten, ebenso steigt wie die beruflichen Anforderungen an ihre Flexibilität und Mobilität. Diese Entwicklung führt dazu, dass immer weniger Zeit für die Familie bleibt und der Familienalltag sich – trotz aller Bemühungen rund um die Work-Life-Balance – immer schwerer organisieren lässt.
- Internationalisierung der Lebenswelt: Die steigende Anzahl von Familien mit Migrationshintergrund führt dazu, dass sich Kinder zunehmend in verschiedenen Beziehungs- und Wissenswelten entwickeln. Sie lernen andere Kultu-

ren im Ausland kennen und erleben kulturelle Verschiedenheit im eigenen Land. Für Kinder und Jugendliche ist es selbstverständlich, internationale Kulturprodukte anzunehmen und zu übernehmen. Dies verwundert nicht angesichts der Tatsache, dass in Deutschland mittlerweile in vier von zehn Familien mit Kindern (39 Prozent) mindestens ein Elternteil einen Migrationshintergrund besitzt (a.a.O.). Weil davon auszugehen ist, dass sich diese Entwicklung fortsetzen wird, müssen Kinder darin unterstützt werden, sich in einer internationalisierten Welt und in interkulturellen Sozialräumen zu bewegen.

- Alternde Gesellschaft: Kinder und Jugendliche wachsen in einer alternden Gesellschaft auf. Im Jahre 2030 wird fast jede dritte Person in Deutschland mindestens 60 und nur noch jede sechste unter 20 Jahre alt sein. Welche Konsequenzen sich daraus für die alltägliche Lebensführung von Kindern und Jugendlichen ergeben, ist heute noch gar nicht absehbar.

- Zunehmende Kinderarmut: Bei Kindern insbesondere von Alleinerziehenden und Migrantenfamilien steigt das Armutsrisiko seit den 1990er-Jahren kontinuierlich an. Mehr als jedes fünfte Kind unter 18 Jahren wächst in Deutschland unterhalb der Armutsgrenze auf, das heißt in Familien, die höchstens über 60 Prozent des Durchschnittseinkommens der Gesamtbevölkerung verfügen. Damit sind rund 2,8 Millionen Kinder und Jugendliche von Kinderarmut betroffen (Bertelsmann Stiftung 2023). Vor 20 Jahren waren es noch 14 Prozent (OECD 2004). Das heißt, innerhalb von 20 Jahren ist die Kinderarmut in Deutschland um fast ein Drittel gestiegen. Das sagt viel über unsere Gesellschaft aus. Normalerweise unterstellt man, die Politik sei daran interessiert, die Armut im Lande zu senken. Das scheint offenbar kein vorrangiges politisches Ziel zu sein. In diesem Zusammenhang sei nochmals auf den Zusammenhang zwischen ökonomisch benachteiligten Familien und dem Bildungsniveau der Eltern hingewiesen, der laut PISA in Deutschland am stärksten zum Tragen kommt. Deshalb besteht eine der vordringlichsten gesellschaftlichen Herausforderungen – auch und vor allem im frühkindlichen Bereich – darin, diese »Armut-Bildungs-Spirale« zu durchbrechen.

- Mediale Durchdringung der Gesellschaft: Medien gehören heute zum alltäglichen Erfahrungsfeld von Kindern und Jugendlichen. Vor allem die digitalen Medien mit ihren Unterhaltungs- und Informationsmöglichkeiten beeinflussen ihr Leben in besonderem Maße. Die wachsende Bedeutung dieser Medien stellt wiederum erhöhte Ansprüche an die Bildungsanforderungen und an die Medienerziehung von Kindern – auch schon im Vorschulalter.

Exkurs: Der Einfluss der Handynutzung auf Kinder

Aufgrund der rasanten Verbreitung von Handys und Smartphones unter Kindern und Jugendlichen lohnt sich ein Blick auf den Einfluss, den diese Geräte auf Kinder haben. Mittlerweile gehören Handys und Smartphones für die meisten Kinder und Jugendlichen zur Grundausstattung. Schon jedes fünfte Kind im Alter von sechs bis sieben Jahren kommt mit digitalen Medien in Berührung. Fast die Hälfte der 6- bis 13-Jährigen (47 Prozent) besitzt ein Handy oder Smartphone. 97 Prozent der 12- bis 19-Jährigen haben ein eigenes Handy, 88 Prozent ein Smartphone. Die Geräte gewinnen mit steigendem Alter an Bedeutung: Während bei den

6- bis 7-Jährigen 10 Prozent ein Mobiltelefon besitzen, sind es bei den 10- bis 11-Jährigen bereits 61 Prozent und bei den 12- bis 13-Jährigen 83 Prozent (Lichtblick Kommunikation 2023).

Welchen Einfluss hat eine ständige Handynutzung auf Kinder? Eine Studie aus Kalifornien (Nabi und Wolfers 2022) belegt, dass die Entwicklung emotionaler Intelligenz, das heißt das Wahrnehmen, Verstehen und Regulieren der eigenen Gefühle, bei Kindern durch ständige Handynutzung massiv beeinträchtigt wird. Dieses Ergebnis lässt aufhorchen, weil wissenschaftlich belegt ist, dass Menschen mit einer größeren emotionalen Intelligenz im späteren Leben glücklichere Beziehungen führen, erfolgreicher im Berufsleben sind und grundsätzlich ein höheres Zufriedenheitsgefühl haben (Witt 2023). Immerhin gehören Eltern Marktforschungsunternehmen zufolge zu den intensivsten Smartphone-Nutzern, viele nutzen es auch in Gegenwart ihrer Kinder. Forscher haben festgestellt, dass Mütter, die ihr Smartphone für eine längere Zeit nutzten, sich weniger einfühlsam gegenüber ihrem Kind verhielten, das heißt, sie waren weniger empfänglich für dessen Signale und reagierten auf Anfragen weniger angemessen.

Erwiesen ist, dass eine längere Handynutzung der Mutter die Interaktionen zwischen ihr und dem Kind direkt in der Situation verschlechtert. Über die Folgen der Nutzung über die Situation hinaus gab es keine Ergebnisse (Falk von Löwis of Menar 2019). Einer Studie der Universität Dortmund zufolge reagieren Kinder umso weniger auf Sprache, je häufiger ihre Eltern ihr Handy nutzen. Wenn eine Mutter zum Beispiel ihr Baby wickelt, sollte sie sich mit ihm auseinandersetzen und sich nicht vom Handy ablenken lassen. Denn das Baby versucht, mit den Erwachsenen in Kontakt zu treten. Wird es immer wieder ignoriert, gibt es irgendwann auf (Trüb 2023).

Gleichwohl spielt die digitale Mediennutzung mit ihren vielzähligen Chancen und Möglichkeiten eine wichtige Rolle beim Aufwachsen der Kinder: Sie können sich mit Freunden austauschen und im Kontakt mit ihrer Familie sein, finden Inspiration und Identifikationsmöglichkeiten, können selbst kreativ werden und positive Resonanz empfangen für das, was sie online zeigen. Das kann aber auch zu viel werden:

Ständige Erreichbarkeit, die Angst, etwas zu verpassen, der hohe soziale Druck, ständig up to date sein und dazugehören zu müssen, aber auch stundenlanges Scrollen aus Langeweile können auch bei Kindern digitalen Stress erzeugen. Und nicht zu vergessen: die Superstressfaktoren der Handynutzung in Form von Shitstorms, Mobbing, unangemessenen Bildern und vielem mehr, die Kinder und Jugendliche extrem verunsichern können. Um Kindern und Jugendlichen hier zur Seite zu stehen und sie an die Hand zu nehmen, raten Experten aus Kinderschutzzentren unter anderem, dass Eltern mit ihren Kindern über die Handynutzung reden, sie im Umgang mit dem Handy begleiten und gemeinsame Offline-Zeiten vereinbaren (Bundesarbeitsgemeinschaft der Kinderschutz-Zentren e.V. 2023).

Zuständigkeitswirrwarr und Trägerlabyrinth

Die Gründe für die Defizite der Kindertagesbetreuung in Deutschland finden sich bereits in den politischen Rahmenbedingungen. Schon vor 20 Jahren bezeichnete die OECD das deutsche System der frühkindlichen Erziehung, Bildung und Betreuung höflich als »komplex und hochgradig dezentralisiert« (OECD 2004: S. 22). Weniger diplomatisch ausgedrückt: Weil sich die Zuständigkeiten der drei Regierungsebenen Bund, Länder und Gemeinden in Verbindung mit vielen freien Trägern überschneiden und die föderalen Strukturen ohne verbindliche

Standards ihr Übriges hinzutun, gleicht die frühkindliche Bildung hierzulande einem Flickenteppich. Mit anderen Worten: Kennzeichnend für unseren Kita-Bereich ist ein politisches Zuständigkeitswirrwarr und ein Trägerlabyrinth.

Da lohnt ein genauerer Blick hinter die politischen Kulissen. Zuständig für den frühkindlichen Bereich in Deutschland sind Bund, Länder und Kommunen, die Verteilung der Kompetenzen zwischen diesen drei Ebenen ist im Grundgesetz geregelt. Sie lässt sich im Wesentlichen wie folgt beschreiben:

- Der Bund hat im Bereich der frühkindlichen Erziehung, Bildung und Betreuung »konkurrierende Kompetenz« zur Gesetzgebung. Das heißt, er kann Gesetze dann erlassen, wenn sie sich auf die öffentliche Fürsorge beziehen. Dies war zum Beispiel bei der Verabschiedung des Achten Buches Sozialgesetzbuch – Kinder- und Jugendhilfe – SGB VIII (auch KJHG genannt) der Fall. In diesem Fall ergab sich das Gesetzgebungsrecht des Bundes daraus, dass die Wahrung der Rechts- und Wirtschaftseinheit im gesamtstaatlichen Interesse ebenso wie die Herstellung gleichwertiger Lebensverhältnisse im Bundesgebiet eine bundesgesetzliche Regelung erforderte. Andere Zuständigkeitsbereiche des Bundes sind zum Beispiel:
  - die Sicherung des Rechtsanspruchs auf einen Kindergartenplatz für Kinder ab dem dritten Lebensjahr bis zum Schuleintritt,
  - die Unterstützung der kommunalen Gebietskörperschaften bei der Wahrnehmung ihrer Aufgaben, für Kinder unter drei Jahren und für schulpflichtige Kinder bedarfsgerechte Angebote zu schaffen,

– der Schutz der Kinder in den Einrichtungen (Betriebserlaubnis, Betriebsprüfungen usw.),

– die Initiierung und Finanzierung von Modellprogram-
men, die die frühkindliche Erziehung, Bildung und
Betreuung weiterentwickeln (z. B. »Nationale Qualitätsinitiative im System der Tageseinrichtungen für
Kinder« – NQI).

• Aufgabe der Länder, die auch für das gesamte schulische
Bildungssystem zuständig sind, ist es, das Bundesrecht
umzusetzen. Der frühkindliche Bereich fällt grundsätzlich
nicht unter ihre Kompetenz, da dieser wie oben beschrieben der öffentlichen Fürsorge zugeordnet ist.

• Die kommunalen Gebietskörperschaften (Kreise, Städte
und Gemeinden) setzen die bundes- und landesgesetzli-
chen Vorgaben um. Wenn sie eigene Einrichtungen haben, erbringen sie als Träger auch eigene Leistungen. Ihre
Aufgaben finanzieren sie durch eigene Steuereinnahmen
und durch Mittelzuweisungen der Länder.

Appell an den Bundeskanzler

Was aber ist bei dieser Gesetzeslage nun so kompliziert? Im Appell eines breiten Kreises aus Stiftungen, Verbänden und Gewerkschaften an den Bundeskanzler und die Regierungschefs der
Länder heißt es treffend:

*»Schließlich behindert die Struktur des Bildungssystems selbst
Anpassungen und Reformen. Die unsystematische Verflechtung der politischen Ebenen erfordert komplexe Abstimmungen, sowohl zwischen Bund, Ländern, Kommunen und den
jeweils beteiligten Ressorts, als auch mit den Trägern. Wohin
das führt, zeigen zum Beispiel die zähe Umsetzung des Di-*

gitalpakts, der schleppende Ausbau des Ganztagsangebots für Grundschulkinder, die stagnierende Inklusion oder das Fehlen bundesweiter Qualitätsstandards in vielen Bereichen. Gefragt ist eine neue Kultur der Bildungszusammenarbeit zwischen Bund, Ländern und Kommunen, wie sie der Koalitionsvertrag in Aussicht gestellt hat.«

(Alfred Toepfer Stiftung F.V.S. et al. 2023).

Die Verfasser des Appells stellen des Weiteren fest, dass es die Dringlichkeit der aktuellen Probleme nicht zulasse, auf eine Neuordnung der kommunalen und föderalen Zuständigkeiten zu warten. Die Missstände im Bildungswesen würden weit über Kitas und Schulen hinausreichen und sowohl die Chancen und Rechte jedes einzelnen jungen Menschen als auch die Zukunft unserer Wirtschaft, Gesellschaft und Demokratie gefährden. Aufgabe der Bildung sei es, den jungen Menschen in ihrer persönlichen Entwicklung zu helfen und Orientierung zu bieten, es ihnen zudem zu ermöglichen, ein selbstbestimmtes Leben zu führen, an der Gesellschaft teil-

> »Das Problem ist, dass in der Landespolitik immer noch oft an der Realität Politik vorbei gemacht wird. Wir sind jetzt inzwischen in einer Mangelverwaltung, da müssen wir gucken, dass wir Angebote, die wir jetzt haben, in den nächsten Jahren aufrechterhalten können.«
>
> *(Bürgermeister)*

zuhaben und diese mitzugestalten. Sie solle ihnen die Kompetenzen vermitteln, um in der immer komplexeren Arbeitswelt ihren Platz zu finden. Bildung sei die Grundlage für wirtschaftlichen Wohlstand, Innovationskraft und die Zukunftsfähigkeit unserer demokratischen Gesellschaft. Daher sei es erforderlich, jetzt die Weichen für ein leistungsfähigeres, begabungs- und chancengerechteres Bildungssystem zu stellen (a.a.O.).

Ein Leserbrief von einem Kenner der Materie

Ein treffendes Urteil eines offenbar mit dem System von innen vertrauten Lesers einer überregionalen deutschen Tageszeitung habe ich in einem Leserbrief zu einem Artikel über das Zuständigkeitswirrwarr im deutschen Bildungssystem gefunden. Der Leser schrieb:

»*Wir haben unser Bildungssystem neben vielen anderen Faktoren auch dadurch zugrunde gerichtet, dass wir es immer noch zulassen, dass 16 politische Landesfürsten eine vollkommen uneinheitliche Bildungslandschaft unterhalten – das ist Kirchturmpolitik in Reinkultur mit Scheuklappenmentalität und dem 21. Jahrhundert nicht angemessen. Es gibt genügend Studien, Untersuchungen, Umfragen usw., die die Missstände ganz klar benennen, aber an die Lösung traut sich keiner heran. So wird sich aber auch nichts ändern und wir werden den unglaublichen Mangel an den Schulen zwangsweise weiter verwalten dürfen, weil sich die Politik nicht bewegt. Ich frage mich auch, wozu es eigentlich ein Bundesbildungsministerium gibt, wenn es gar nichts tut und auch wegen der Tatsache, dass Bildung Ländersache ist, gar nicht viel tun kann. Das System ist heruntergewirtschaftet worden, es ist marode bis in die Gebäude hinein, kaum ein junger Mensch will noch den Beruf der Lehrerin bzw. des Lehrers ergreifen und mit dem Führungspersonal geht man häufig in wenig wertschätzender Weise – von ganz oben her gesehen – um. Darum findet man ja auch kaum noch Leute für Führungspositionen. Das Ganze ist hausgemacht, jeder weiß das auch, aber es ändert sich nichts. Wir greinen, klagen und weinen schon seit Jahren als Gesellschaft darüber, sind aber unfähig, Lösungen bereitzustellen und die Sache endlich anzupacken.*

Den Schaden erleiden die Kinder und Jugendlichen und der
ist irreparabel.
Als jemand mit 25 Jahren Berufserfahrung im Bildungssys-
tem, davon 11 Jahre in Leitungsposition, erlaube ich mir die-
se schonungslose Analyse. Die Wahrheit ist unbequem, aber
genau deswegen gehört sie ungeschönt auf den Tisch.«

Da hat ein Kenner der Materie die Sache treffend auf den Punkt gebracht.

Nicht nur die politischen Zuständigkeiten sind schwer zu durchschauen, die Vielzahl an Trägern trägt ihr Übriges zur Unübersichtlichkeit der Strukturen im Kita-Bereich bei. Kennzeichnend für Deutschland ist im Vergleich zu anderen europäischen Ländern eine »plurale Trägerlandschaft« bei den frühkindlichen Bildungs- und Betreuungseinrichtungen. Dies gilt vor allem für Westdeutschland, wo sich Kirchen und kirchennahe Wohlfahrtsverbände sowie andere gesellschaftliche Gruppen und Verbände im frühkindlichen Bereich traditionell schon immer stark engagiert haben. Nach der Wiedervereinigung sind auch in Ostdeutschland zahlreiche Einrichtungen aus der öffentlichen in die freie Trägerschaft übergegangen. Unterschieden wird in:

- Träger der öffentlichen Jugendhilfe (Landkreise und kreisfreie Städte sowie kreisfreie Gemeinden, wenn sie Aufgaben der Jugendhilfe im örtlichen Bereich wahrnehmen)
- Träger der freien Jugendhilfe (zu den wichtigsten gehören: Arbeiterwohlfahrt, Deutscher Caritasverband, Deutscher Paritätischer Wohlfahrtsverband, Deutsches Rotes Kreuz, Diakonisches Werk der Evangelischen Kirche in Deutschland, Zentralwohlfahrtsstelle der Juden in Deutschland;

zusammengeschlossen in der Bundesarbeitsgemeinschaft der Freien Wohlfahrtspflege)

• andere Anbieter (Elterninitiativen, Unternehmen, Institutionen und Non-Profit-Organisationen für betriebliche Kinderbetreuungseinrichtungen, Jugendverbände; vereinzelt auch gewinnorientierte privatgewerbliche Träger)

Diese Knäuel von Zuständigkeiten und verschiedenen Akteuren werden noch garniert durch 16 unterschiedliche Bildungspläne der einzelnen Länder sowie Qualitätsmanagementhandbücher der einzelnen Träger, nach deren Maßgabe sie ihre Einrichtungen evaluieren. Alles mit viel Eifer und gutem Willen entwickelt und erstellt, aber nicht nach einheitlichen, verbindlichen Standards, die nach wie vor als Kompass fehlen. Im Volksmund würde man sagen, dass jeder Akteur »sein eigenes Süppchen kocht«.

Kleine Träger sind hipp

In zahlreichen Gesprächen haben mir Bewerber:innen für den Erzieherberuf bestätigt, dass sie kleine Träger viel interessanter finden, allein schon was ihren Auftritt in den sozialen Medien anbelangt. So seien deren Homepages ansprechender und stärker auf Kinder fokussiert. Die Trägerlandschaft ist offenbar dabei, sich hin zu kleinen Trägern zu verändern, weil die traditionellen Träger wie Kirchen und Wohlfahrtsverbände die jungen Menschen häufig nicht mehr ansprechen.

Während zum Beispiel die Webseiten des Verbandes Katholischer Tageseinrichtungen für Kinder – Bundesverband e.V. (KTK 2023) und der Bundesvereinigung Evangelischer Tageseinrichtungen für Kinder e.V. (BETA 2023) recht konventionell aufgebaut sind, stellen sich die kleinen Träger dem Betrachter vergleichsweise bunt und »fetzig« vor. Die Klax Gruppe (2023) beispielsweise tritt ganz bescheiden mit »Das sind wir – wir sind das innovativste Kindergartenunternehmen der Welt« auf, die Dibber gGmbH Kindertagesstätten (2023) verkündet: »Wir lassen das Wichtigste auf der Welt wachsen: Unsere Kinder«. Fröbel e.V. (2023) und Kita.de (2023b) hingegen warten mit tagesaktuellen Informationen auf.

Qualitätsverlust

Bis in die 1980er-Jahre fokussierte sich die Diskussion über die Qualität in der westdeutschen Kindertagesbetreuung überwiegend auf Kriterien der Strukturen in den Einrichtungen: Im Vordergrund standen Rahmenbedingungen wie Gruppengröße, Personalbesetzung und Raumausstattung in den Einrichtungen. Ende der 1990er-Jahre wurden Stimmen nach der Umsetzung eines Rechtsanspruchs auf Kinderbetreuung, nach Veränderungen der Angebote in den Kitas und nach einer Verwaltungsreform hin zu einer Budgetierung nach Ziel-

> »Ich habe schon zusätzliche Lehrerstunden für Sprachförderung bekommen. Aber das reicht nicht, da wir neben der Sprache auch andere Baustellen haben.«
>
> *(Grundschulleiterin)*

und Leistungsvereinbarungen laut. Letzteres vor allem, weil Leistungsverträge eine Definition von Qualitätskriterien voraussetzen (Dittrich 2022).

Mit steigender Unzufriedenheit der Eltern mit der Unflexibilität der Einrichtungen, zum Beispiel bei den Öffnungszeiten, oder hinsichtlich der Mitspracherechte bei der pädagogischen Gestaltung des Kita-Alltags, nahm die Diskussion weiter an Fahrt auf. 1999 rief das damalige Bundesfamilienministerium die »Nationale Qualitätsinitiative im System der Tageseinrichtungen für Kinder – NQI« aus, bei der ein Forschungsverbund aus vier Forschungsinstituten unterschiedliche Ansätze für die Feststellung, Entwicklung und Evaluation der Qualität in der Kindertagesbetreuung konzipierte. Das Ergebnis waren Qualitätsmanagementsysteme, die insbesondere auf zwei Säulen stehen: zum einen auf Prüfverfahren nach Maßgabe von Kriterien guter Bedingungen und guter Arbeit mit Kindern, zum anderen auf Prüfsystemen, die sich vor allem auf das internationale Normverfahren ISO gründen. Die Mehrzahl der Träger der freien Wohlfahrtspflege hat seitdem Qualitätsmanagement-Verfahren nach Maßgabe der DIN EN ISO 9000:2000 und ihren Überarbeitungsformen entwickelt, die Qualität zumeist auf drei Ebenen erfassen: 1. der Strukturqualität, die sich auf personelle, soziale und räumlich-materielle Bedingungen bezieht, 2. der Prozessqualität, die auf die pädagogische Arbeit der Fachkräfte und die Umfeldbedingungen abzielt, und 3. der Ergebnisqualität in Form dokumentierter Veränderungen (Dittrich 2022).

Im Bereich Qualitätsmanagement und Evaluation hat sich seitdem zwar einiges getan, zum Beispiel haben sich die Träger professionalisiert. Aber: Wir können uns nicht durchringen, ein unabhängiges Institut mit einem kontinuierlichen Qualitätsmonitoring bzw. externer Evaluation zu beauftragen. Nach wie vor wissen wir nicht belastbar, wie es bei den Trägern und ihren Einrichtungen um die pädagogische Qualität konkret bestellt ist (Viernickel 2023).

Aber zurück zum Instrumentarium: Dieses schien ein gutes Rüstzeug zur Verbesserung der Qualität in der Kindertagesbetreuung in Deutschland zu sein. Schlecht bestellt war es aber nach wie vor um die Versorgung mit ausreichend Kita-Plätzen: Die Nachfrage insbesondere bei Kindern zwischen einem und drei Jahren überstieg bei Weitem das vorhandene Angebot. Hier sollte der flächendeckende Rechtsanspruch auf Tagesbetreuung für Kinder ab dem vollendeten ersten Lebensjahr, der 2013 in Kraft trat, Abhilfe schaffen. Diese beiden Weichenstellungen sollten dazu beitragen, dem Anspruch an die Kindertagesbetreuung in Deutschland gerecht zu werden: ein qualitativ hochwertiges, den neuesten Standards der Wissenschaft genügendes Betreuungsangebot und ausreichend Plätze für alle Kinder, die eine Kita besuchen möchten. – Das Ergebnis ist ernüchternd.

Somit bleibt festzuhalten, dass sich der Rechtsanspruch auf Kindertagesbetreuung seit seinem Inkrafttreten nicht als erhoffter Heilsbringer zur Beendigung des prekären Angebotsdefizits im Kita-Bereich erwies, sondern im Gegenteil, die Lage sich in den zehn Jahren seiner Rechtsgültigkeit weiter zugespitzt hat. Nicht nur wegen des schleppenden Ausbaus der Betreuungsplätze, sondern auch wegen der Vernachlässigung der Qualität aufgrund der Fokussierung auf den quantitativen Ausbau, wie folgende Beispiele beschreiben.

Quantitatives und qualitatives Betreuungsangebot

Beginnen wir mit der Entwicklung des quantitativen Betreuungsangebots. Froher Dinge erwartete man damals die Einführung des flächendeckenden Rechtsanspruchs auf Tagesbetreuung für Kinder ab dem vollendeten ersten Lebensjahr. Erhoffte man sich doch, mit diesem endlich die Zauberformel zur Beseitigung des Nachfrageüberhangs an Betreuungsplätzen gefunden zu haben. Doch weit gefehlt: Fast genau zehn Jahre nach Inkrafttreten des Gesetzes im Jahre 2013 bleibt festzuhalten, dass das Betreuungsangebot der Eltern für Kinder ab dem ersten Jahr nach Einführung des Rechtsanspruchs auf Tagesbetreuung vorne und hinten nicht ausreicht – und es von Jahr zu Jahr schlimmer wird. Eine Ursache dafür: Der Ausbau der Betreuungsangebote insbesondere für Kleinkinder geht einfach zu langsam voran.

Zwar wurden von 2015 bis 2020 mehr als 135.000 neue Plätze geschaffen, gleichzeitig aber stieg auch der Bedarf der Eltern nach Betreuung ihrer Kinder (IW 2020). Insgesamt waren im März 2022 in Westdeutschland 31,8 Prozent der Kinder unter drei Jahren in Tagesbetreuung – bei einem Bedarf seitens der Eltern in Höhe von 44 Prozent. In Ostdeutschland lag die Betreuungsquote zwar bei 53,3 Prozent, reichte aber dennoch nicht aus, denn der Bedarf der Eltern lag bei 60 Prozent. Bei den über Dreijährigen lag die Betreuungsquote bundesweit bei immerhin 92 Prozent. Da die Nachfrage an Betreuungsplätzen aber bei fast 96 Prozent lag, fehlten immer noch Plätze (Bertelsmann Stiftung 2022a; destatis 2022).

Und Besserung ist nicht in Sicht: In Deutschland fehlen 2023 rund 383.600 Kita-Plätze für unter und über dreijährige Kinder: in Westdeutschland rund 362.400, in Ostdeutschland circa 21.200 Plätze. Vor allem bei den unter Dreijährigen ist der Mangel mit rund einer Viertelmillion fehlenden Plätzen in Westdeutschland und bis etwa 20.000 in Ostdeutschland eklatant. Bei den Kindern ab drei Jahren fällt die Ost-West-Diskrepanz besonders ins Auge: Während in Ostdeutschland der Bedarf fast gedeckt ist, fehlen in Westdeutschland circa 112.000 Plätze (Bertelsmann Stiftung 2022a).

Es ist einfach ein Skandal, dass Tausende von Kita-Plätzen mit Rechtsansprüchen fehlen, und ich sage voraus, dass dies mit dem Rechtsanspruch für Erst- bis Viertklässler auf Ganztagsbetreuung, der mit dem Ganztagsbetreuungsgesetz 2026 in Kraft treten wird, nicht anders sein wird. Was nützt der gesetzliche Anspruch, wenn die Plätze und die Ressourcen fehlen? Das sind für mich Rechtsbrüche auf der ganzen Linie.

In der Praxis wirkt sich das folgendermaßen aus, zum Beispiel in Bremen: Anfang 2023 war die Anmeldefrist für Kinder, die ab dem 1. August eine Kita besuchen sollen, abgelaufen. Dennoch ist es für Eltern, die ihr Kind bis dahin angemeldet haben, nicht selbstverständlich, dass sie dann auch einen Platz bekommen – trotz des Rechtsanspruchs. Denn Bremen steuert erneut auf eine massive Betreuungslücke zu. Die Bildungsbehörde geht davon aus, dass mindestens 5.000 Plätze fehlen, um Bremens Ziele in der Kita-Versorgung zu erreichen, die da wären: für 50 Prozent der Kinder unter drei Jahren und für 98 Prozent der Kinder über drei Jahren einen Platz zu bieten. Laut Behörde lägen belastbare Prognosen derzeit noch nicht vor, man warte noch auf eine aktualisierte Bevölkerungsprognose des Statistischen Landesamtes. Die Zahl der fehlenden Plätze könne sich aufgrund des Zuzugs von Geflüchteten aus der Ukraine aber noch erhöhen (Sundermann 2023b). Eltern, die bei der Vergabe von Krippen- oder Kita-Plätzen leer ausgehen und deshalb ihren Beruf nicht ausüben können, könnten zwar den Staat auf Entgeltausfall verklagen, einen Kita-Platz gerichtlich einfordern oder eine Kostenerstattung für alternative Betreuungsmodelle des Kindes einfordern (Bauer 2023). Aber das dauert und kostet Zeit und Geld. Und ersetzt letztlich nicht die ersehnte Betreuung des Kindes.

> »Kinder bis zwei können wir momentan nicht betreuen. [...] Ich kann gar nicht sagen, wann es wieder losgeht. Eine ganz prekäre Situation.«
>
> *(Kita-Leiterin)*

Um die Angebotslücke an Kita-Plätzen zu schließen, hat der Bremer Senat im Frühjahr 2023 ein umfangreiches Programm für deren Ausbau beschlossen: Bis zum Kindergartenjahr 2028/2029 sollen bis zu 5.000 neue Plätze geschaffen werden, sagte Bildungssenatorin Sascha Aulepp, dafür nehme die Landesregierung rund 300 Millionen Euro in die Hand. Geplant sind 42 neue Einrichtungen. Aber mit dem Bauen allein ist es nicht getan, weil es vor allem an Fachkräften mangelt. Bereits heute können rund 600 Plätze nicht besetzt werden, weil Personal fehlt. Schätzungsweise 900 Erzieherinnen werden benötigt. Um diese zu gewinnen, will man die Zahl der Ausbildungsplätze verdoppeln und noch mehr Seiteneinsteiger und Fachkräfte aus dem Ausland anwerben (buten un binnen 2023a). Nachrichten wie diese wecken Hoffnung auf Besserung.

Essen und Trinken ist Lebensgenuss auch für Kinder

Zum qualitativen Angebot gehört – obwohl allzu häufig stiefmütterlich behandelt – unbedingt auch die Verpflegung der Kinder. Gesunde Ernährung von klein auf ist ein elementarer Bestandteil von Gesundheitsförderung und Prävention. Die Wissenschaft hat zahlreiche Empfehlungen für eine gesunde Ernährung von Kindern und Jugendlichen ausgesprochen, die vom Forschungsinstitut für Kinderernährung im Präventionskonzept der Optimierten Mischkost (Optimix®) dargelegt wurden. Verzehrstudien zeigen allerdings, dass Ernährungsgewohnheiten in Familien häufig von diesen Empfehlungen abweichen und stark durch industriell hergestellte Fertigprodukte geprägt sind. Die Einbindung der Ernährungswirtschaft in Kitas könnte ein vielversprechender Paradigmenwechsel sein, um die Verzehrgewohnheiten von Kindern von klein auf positiv zu beeinflussen (Morzuch 2012).

Die »Bremer Checkliste« für ausgewogene Mittagessen in Kindertagesstätten beispielsweise orientiert sich an dem Präventionskonzept der Optimierten Mischkost des Forschungsinstituts für Kinderernährung. Der ausgewogene Wochenspeiseplan orientiert sich an folgenden Regeln:

Innerhalb einer Woche erhalten die Kinder ein qualitativ hochwertiges Fleischgericht, einen Eintopf oder ein Auflaufgericht, ein vegetarisches Vollwertgericht, ein Seefischgericht und ein Wunschessen der Kinder. Außerdem gibt es zwei- bis dreimal pro Woche frisches Obst als Nachtisch, zwei- bis dreimal Rohkost oder frischen Salat und mindestens einmal frische Kartoffeln (von Atens-Kahlenberg 2018).

Darüber hinaus sollten für die Verpflegung in Kitas folgende Kriterien leitend sein:

- Bereitstellung von ausreichenden finanziellen Mitteln für eine ausgewogene und kindgerechte Ernährung
- Produkte und Hersteller aus der Region
- Sicherstellung der ausgewogenen Ernährung und Versorgung durch eine Ernährungsfachkraft (z. B. durch Kontrolle der Speisepläne, Nährwertberechnung u. a.)
- Zubereitung der Speisen in der eigenen Küche, keine Belieferung durch Caterer.

Ich selbst begleite übrigens keinen Kita-Bau, in dem nicht selber gekocht wird, das haben wir in Bremen auch nach einer Begutachtung durch ein Wirtschaftsinstitut durchgesetzt beziehungsweise beibehalten. Essen und Trinken sind Lebensgenuss auch für Kinder, das habe ich besonders in italienischen Kitas erlebt, wo die Köchinnen und Köche wichtige pädagogische Laien sind. Eine Kita, in der selber gekocht wird, riecht anders – am besten nach duftenden Zutaten aus dem eigenen Kräuter- und Gemüsegarten.

Ärmel hochkrempeln geht doch

Ein anderes, Mut machendes Beispiel für Engagement und Eigeninitiative kommt aus einer hessischen Gemeinde in der Nähe von Frankfurt. Als der Bürgermeister im Juli 2020 gewählt wurde, warteten rund 500 Kinder auf einen Kita-Platz. Er fand dies »nicht akzeptabel« und beschloss, etwas dagegen zu unternehmen. Mit Erfolg, denn seit seinem Amtsantritt sind 165 neue Plätze entstanden: 25 neue in der Musikkita, 75 Plätze in der Sportkita, 30 Plätze in der Waldkita und so fort.

Um das zu erreichen, hat er Planungs- und Genehmigungsverfahren verkürzt und Bauprozesse beschleunigt. Die neue Musikkita beispielsweise in Containerbauweise wurde in nur sechs Monaten errichtet. Und 2023 sollen noch 284 Plätze dazukommen. Die nützen aber nichts, wenn die Erzieher:innen fehlen. Denn immer noch sind 41 Vollzeitstellen in den 25 Kitas der Gemeinde unbesetzt. Auch da hat der Bürgermeister eine Lösung parat: Die Stadt bietet Erzieher:innen nicht nur günstige Wohnungen, sondern auch ein kostenloses Jobticket und ein Jobfahrrad. Die Anwerbung von Fachkräften aus dem Ausland war für die Gemeinde ebenfalls erfolgreich: Fünf studierte Spanierinnen sind mittlerweile als Fachkräfte in Deutschland anerkannt (Bund 2023b).

Ich führe dieses Beispiel an, weil es mich berührt hat, wie viel der Bürgermeister mit Eigeninitiative und persönlichem Einsatz in relativ kurzer Zeit bewegt hat, um den Mangel an Kita-Plätzen zu beseitigen. Das beweist doch, dass dort, wo ein Wille, auch ein Weg ist.

Solche Beispiele sind aber eher die Ausnahme. Die Regel sind fast täglich neue Meldungen über Personalnot, wenige Betreuungsplätze bis hin zum drohenden Kita-Kollaps. Kein Wunder. dass sich mittlerweile bundesweit Widerstand gegen diese Zustände regt und die Menschen dagegen auf die Straße gehen. So haben zum Beispiel Mitte Mai 2023 Erzieher:innen, Eltern und Kita-Träger in ganz Brandenburg mit rund 340 Aktionen gegen die Missstände im Kita-System protestiert. Der Aktionstag »Kita-Kollaps« richtete sich vor allem gegen zu wenig Personal in den Kitas, zu wenige Plätze und ein chaotisches Beitragssystem. Die Vorständin der Diakonie Berlin-Brandenburg-schlesische Oberlausitz machte ihrem Ärger Luft: »Unser Einsatz für die Brandenburger Kindertagesstätten ist ein Kampf gegen Windmühlen. Die Politik schiebt die Entscheidung für ein einfaches, faires Kita-Recht auf die lange Bank« (rbb24 2023). Es bleibt zu hoffen, dass Aktionen wie diese die Politiker aufrütteln, wirksame Maßnahmen gegen diese Missstände zu ergreifen. Was möglich ist, wenn der Wille und die Einsicht stimmen, hat uns das Beispiel aus Hessen gezeigt.

Personalausstattung

Richten wir unseren Blick auf einen zentralen Indikator für gute Qualität: die Personalausstattung, die durch eklatante Personalnot geprägt ist.

Um den Personalbedarf für die zusätzlich erforderlichen Kita-Plätze und eine Personalausstattung nach wissenschaftlichen Empfehlungen für alle Kita-Plätze zu decken, werden bundesweit insgesamt rund 308.000 Fachkräfte benötigt. Die zusätzlichen Personalkosten dafür würden sich auf rund 13,8 Milliarden Euro jährlich belaufen. Davon entfielen rund 4,2 Milliarden Euro jährliche Personalkosten auf circa 87.400 zusätzliche Fachkräfte in Ostdeutschland und rund 9,6 Milliarden Euro auf zusätzliche Fachkräfte in den westlichen Bundesländern (Bertelsmann Stiftung 2022a).

Wie aber kann diese Personallücke geschlossen werden? Nach einhelliger Meinung: gar nicht. Für dieses Jahrzehnt wird ausgeschlossen, dass eine kindgerechte

> »Was ich mir für die Zukunft für unsere Kitas wünsche? Fachkräfte, Fachkräfte, Fachkräfte. Also Erzieher:innen, die sehr gut ausgebildet sind. Ihre Arbeit können wir nicht hoch genug wertschätzen, weil sie die Grundlagen der Bildung unserer Kinder legen. Und deshalb müssen Erzieher:innen sehr gut bezahlt werden. Und sie müssen sehr gut ausgebildet werden, weil sie die einzige Chance für Kinder sind, die aus armen Verhältnissen kommen, tatsächlich auch eine gelingende spätere Schulbiografie hinzulegen.«
>
> *(Ayla Celik, Vorsitzende der GEW NRW)*

Personalausstattung bei gleichzeitigem ausreichendem Platzangebot realisierbar ist. Wen wundert's angesichts der Tatsache, dass
auf dem bundesweiten Arbeitsmarkt zwischen dem prognostizierten Bedarf und dem voraussichtlichen Angebot an Fachkräften eine Lücke von insgesamt mehr als 230.000 Erzieher:innen
besteht. Wo sollen die fehlenden Fachkräfte herkommen? Die
Option einer Erhöhung der Ausbildungskapazitäten erübrigt
sich aufgrund fehlender Berufsschullehrkräfte. Bis 2030 genügend Quereinsteiger zu gewinnen, ist ebenfalls utopisch, weil
diese erst pädagogisch qualifiziert werden müssten. Genügend
Interessenten vorausgesetzt, würde aber auch dieses Planspiel
an fehlendem Lehrpersonal scheitern. Hinzu kommt noch eine
weitere Verschärfung der Personalsituation ab 2026 durch den
Rechtsanspruch auf Ganztagsbetreuung für Grundschulkinder
(Bertelsmann Stiftung 2021b).

Als realistisch scheint hingegen, in diesem Jahrzehnt den Anteil
der Betreuung von Kindern unter drei Jahren in Westdeutschland
an das Niveau im Osten anzugleichen und den Personalschlüssel
im Osten an das Westniveau anzugleichen. Letzteres unter der
Voraussetzung, dass im Osten keine Fachkräfte entlassen und die
prognostizierten Berufseinsteiger auch eingestellt werden. Be-
günstigt werden könnte diese Entwicklung durch niedrige Geburtenraten. Im Westen würden bei Angleichung der Betreuung
von Kindern unter drei Jahren an das Ostniveau bei derzeitigem
Personalschlüssel rund 33.000 zusätzliche Fachkräfte benötigt
(a.a.O.).

Regionaler Lichtblick

Optimismus, dass anspruchsvolle Ziele wie diese mit gemeinsa-
mem Bemühen erreicht werden können, verbreitete der im Mai
in Niedersachsen stattgefundene Bildungsgipfel unter dem Mot-

to »Bildungsqualität in Kitas sichern – dem Fachkräftemangel begegnen«, zu dem Kultusministerin Julia Willie Hamburg eingeladen hatte. Nach anfänglicher Skepsis zeigten sich die Teilnehmer zuversichtlich. Die Atmosphäre auf dem Gipfel wurde als »überraschend gut und konstruktiv« bezeichnet, es seien viele Ideen gesammelt worden. Nun komme es darauf an, welche von diesen Ideen umgesetzt werden können.

Aufgrund des akuten Fachkräftemangels wolle man mehr auf Quereinsteiger setzen, die den Erzieher:innen organisatorische Aufgaben abnehmen könnten. Diese zusätzlichen Kräfte müssten aber auch vom Staat gegenfinanziert werden. Erst kürzlich hatte der Niedersächsische Städtetag 600 Millionen Euro vom Land gefordert, um den kommunalen Kita-Trägern bei gestiegenen Personalkosten zu helfen (Eickhoff 2023).

Personalschlüssel

Allen Bemühungen zum Trotz, die prekäre Personalsituation im Kita-Bereich in den Griff zu bekommen, zeigt sich seit Jahren dasselbe Bild: Im Westen fehlt es an Plätzen, im Osten kommen zu viele Kinder auf eine Fachkraft (Bertelsmann Stiftung 2021b). Auch wenn sich die Situation bundesweit leicht verbessert hat, gibt es keinen Anlass zum Jubeln: Denn in Westdeutschland werden immer noch gut 67 Prozent der Kinder in Gruppen mit nicht kindgerechtem Personalschlüssel betreut, in Ostdeutschland sind es sogar über 90 Prozent der Kinder (a.a.O.; vgl. Abbildung S. 154).

Personalschlüssel (ohne Leitungszeit) 01.03.2021, Krippen-gruppen, < 3 Jahre

Anzahl der Krippenkinder, die eine Fachkraft im Schnitt betreut, nach Bundesländern 2019*

Personalschlüssel (Median) im Bundesland

Personalschlüssel-Empfehlung der Bertelsmann Stiftung:
1 : 3,0 für Krippengruppen
mit Kindern unter 3 Jahren

Quelle: Bertelsmann Stiftung: Ländermonitor Frühkindliche Bildungssysteme, www.laendermonitor.de, Stand: 2019,
Online: https://www.laendermonitor.de/de/vergleich-bundeslaender-daten/personal-und-einrichtungen/personalschluessel/personalschluessel-ohne-leitungszeit-1 (aufgerufen am: 06.07.2023)

Darüber tröstet nicht hinweg, dass der Personalschlüssel von 2015 bis 2021 in Ostdeutschland (von 1 Fachkraft für 12,4 Kinder auf 1 Fachkraft für 10,7 Kinder) und in Westdeutschland (von 1 zu 8,9 auf 1 zu 7,8) leicht gesunken ist (Bertelsmann Stiftung 2021b). In diesem Zusammenhang darf aber auch nicht verschwiegen werden, dass die reale Personalsituation vielfach angespannter ist, als diese gute Botschaft vermuten lässt. Denn über die Kinderbetreuung hinausgehende Aufgaben der Fachkräfte, Urlaubszeiten, krankheitsbedingte Ausfallzeiten, Auszeiten für Fort- und Weiterbildungen etc., die den Kita-Alltag erschweren, sind bei den Berechnungen nicht mitberücksichtigt (Bertelsmann Stiftung 2020).

Nicht kingerechte Personalschlüssel, 1.3.2020

Anteil der Kinder in Gruppen mit einem nicht kindgerechten Personalschlüssel*

48,4 %	Baden-Württemberg
50,6 %	Bremen
62,4 %	Schleswig-Holstein
62,5 %	Niedersachsen
64,9 %	Bayern
71,5 %	Hamburg
76,8 %	Nordrhein Westfalen
79,7 %	Rheinland-Pfalz
80,2 %	Hessen
80,8 %	Saarland
82,4 %	Berlin
89,8 %	Brandenburg
93,0 %	Sachsen-Anhalt
93,8 %	Thüringen
95,1 %	Sachsen
96,3 %	Mecklenburg-Vorpommern

67,5 %	72,7 %	92,3 %
West	Deutschland	Ost
(ohne BE)		(mit BE)

* Nicht kindgerechte Personalschlüssel (Empfehlungen inkl. Toleranzgrenze von –0,5; BSt = Bertelsmann Stiftung; H.-S. & B. = Haug-Schnabel & Bensel 2016): Krippe: 1 : 3,5 und mehr (BSt); Kindergarten: 1 : 8,0 und mehr (BSt); Kindergarten ab 2 J.: 1: 5,4 und mehr (H.-S. & B.); Krippe < 4 J.: 1 : 3,5 und mehr (BSt); Altersübergreifend ab 0 J.: 1 : 4,25 und mehr (H.-S. & B.) Haug-Schnabel, G./Bensel, J. (2016): Kinder unter 3 – Bildung, Erziehung und Betreuung von Kleinstkindern. Kindergarten heute – wissen kompakt. 12., überarb. Aufl. Freiburg.

Quelle: FDZ der Statistischen Ämter des Bundes und der Länder, Kinder und tätige Personen in Tageseinrichtungen und in öffentlich geförderter Kindertagespflege, 2020; berechnet vom LG Empirische Bildungsforschung der FernUniversität in Hagen, 2021. | Bertelsmann**Stiftung**

Bertelsmann Stiftung, Nicht kindgerechte Personalschlüssel, Stand 01.03.2020. Online: https://www.bertelsmann-stiftung.de/de/themen/aktuelle-meldungen/2021/august/mehr-plaetze-im-westen-mehr-qualitaet-im-osten-bessere-kita-bedingungen-sind-moeglich?tx_rsmbstpress_pi1%5Bdate_from%5D=2021-08-24&tx_rsmbstpress_pi1%5Bdate_till%5D=2021-08-24&cHash=652a2b150933ddf5aaef19b9305410f2#detail-content-203384 (aufgerufen am 07.07.2023)

Bei genauerer Betrachtung sehen die Dinge nämlich schon etwas anders aus. In Rheinland-Pfalz beispielsweise kommt bei Kindern von zwei bis sechs Jahren laut Personalschlüssel eine Fachkraft auf zehn Kinder. Aber gerade bei den jungen Kita-Kindern erfordern zum Beispiel das Wickeln, die Assistenz beim Essen, beim An- und Umziehen, die Begleitung beim Mittagsschlaf oder eine kindgerechte Eingewöhnung einen hohen Personaleinsatz. Für die pädagogische Arbeit bleibt immer weniger Zeit (Verband KiTa-Fachkräfte Rheinland-Pfalz 2023a).

Ich plädiere auch unbedingt für kleinere Gruppen. In Niedersachsen beispielsweise gibt es Gruppen mit bis zu 25 Kindern von drei bis sechs Jahren und bei den unter Dreijährigen 15 Kinder. Das sind einfach zu große Gruppen. So kann man den einzelnen Kindern mit ihren so unterschiedlichen Mentalitäten und Entwicklungs- und Ausdrucksmöglichkeiten nicht gerecht werden. Individuelle Förderung erfordert empathische und feinfühlig kompetente Frühpädagogen.

Ein großes Manko des deutschen Bildungssystems ist, dass die Entwicklung von Kindern, was Erzieher-Kind-Schlüssel und Gruppengröße ausmacht, häufig von der Finanzkraft einer Kommune und dem Familienbild des Bürgermeisters beziehungsweise Gemeinderates abhängt, da Kindertagesstätten eine kommunale Angelegenheit sind.

Ausbildung

Die Suche nach Gründen zugunsten der Entscheidung für einen Erzieherberuf fällt nicht gerade üppig aus. Gründe dagegen findet man schon: Wer will es einem jungen Menschen verübeln, sich nicht für einen pädagogischen Beruf zu entscheiden, bei dem er deutlich schlechter bezahlt wird als vergleichbare Pädagogen, etwa an Schulen? Oder bei dem die Ausbildung so gut wie keine

Verknüpfung zur Forschung vorhält? Oder der nicht gerade das beste Image hat, zum Beispiel das der »Kindergartentante«? Wobei »Tante« hier sogar im Kern der Realität entspricht: Von »Onkel« kann angesichts der »Erzieherinnen«-Domäne mit nahezu 93 Prozent Frauenanteil kaum die Rede sein (DJI 2021).

Eine Flucht ins Ausland als Alternative für berufliche Aufstiegschancen wenigstens innerhalb des eigenen Berufsfeldes hätte aufgrund der schlechten Mobilitätschancen, mit denen Erzieher:innen konfrontiert werden, kaum Aussicht auf Erfolg. Es sei denn, sie wollen nach Österreich, Malta oder in die Slowakische Republik übersiedeln. In allen anderen Ländern benötigen Fachkräfte mit Gruppenleitungsfunktion im Kita-Bereich eine Hochschulausbildung (Wehrmann 2014). Die meisten Erzieher:innen mit einer deutschen Qualifizierung stünden damit vor einer unüberbrückbaren Hürde.

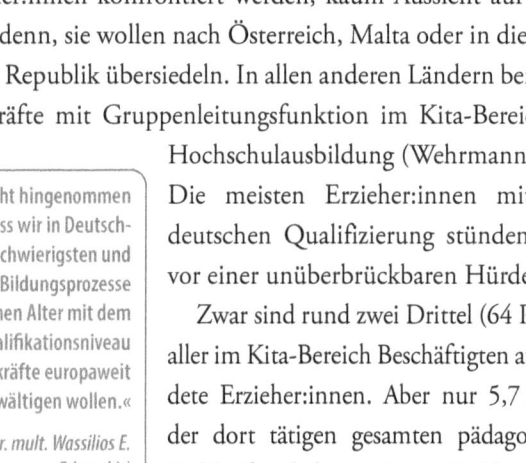

»Es kann nicht hingenommen werden, dass wir in Deutschland die schwierigsten und komplexesten Bildungsprozesse im vorschulischen Alter mit dem geringsten Qualifikationsniveau unserer Fachkräfte europaweit bewältigen wollen.«

(Prof. Dr. mult. Wassilios E. Fthenakis)

Zwar sind rund zwei Drittel (64 Prozent) aller im Kita-Bereich Beschäftigten ausgebildete Erzieher:innen. Aber nur 5,7 Prozent der dort tätigen gesamten pädagogischen Fachkräfte haben einen Fachhochschul- oder Universitätsabschluss (vgl. Abbildung S. 157). Gegenüber anderen Feldern der Kinder- und Jugendhilfe ist dies verschwindend gering: Die Akademikerquote beträgt beispielsweise in der Jugendarbeit 45,2 Prozent, bei den Hilfen zur Erziehung 57 Prozent und in der Jugendsozialarbeit sogar gut zwei Drittel (67,8 Prozent). Im Vergleich dazu fällt die akademische Qualifikation bei den Erzieher:innen »mickrig« aus, sie erfüllt mit 5,7 Prozent eher den Tatbestand einer »akademikerfreien Zone«. Auch bei den freigestellten Leitungskräften der Kitas ist der Akademikeranteil mit circa 20 Prozent unterdurchschnittlich. Auch wenn

diese Quote je nach Bundesland deutlich variiert, ist nicht nachvollziehbar, warum nur jede fünfte Leitung einen akademischen Abschluss vorweisen kann.

**Pädagogisches Personal und Verwaltungspersonal mit fachbe-
zogenem Hochschulabschluss 2020**

IJAB: Infosystem Kinder- und Jugendhilfe in Deutschland, Stand 2021. Online:
https://www.kinder-jugendhilfe.info/strukturen/personal/qualifikation-sozial-
paedagogischer-fachkraefte (aufgerufen am 05.07.2023).

Dabei gibt es schon seit Langem Bestrebungen, die Ausbildung
zur Fachkraft in der Frühpädagogik stärker akademisch zu unter-
mauern.

Die Robert Bosch Stiftung beispielsweise setzt sich seit 2004
für die Professionalisierung von Frühpädagogen an Hochschulen ein. Mit ihrem Programm »PiK – Profis in Kitas« hat sie
mit fünf Partnerhochschulen die bundesweit ersten Studiengänge für Fachkräfte in Kindertageseinrichtungen gefördert und
Grundlagen für eine wissenschaftliche Fundierung der Aus- und
Weiterbildung von Fachkräften in Kindertageseinrichtungen geschaffen. So hat beispielsweise die Universität Bremen im Rahmen des PiK-Projektes ein Bachelor- und Masterstudium sowie

eine Berufseinstiegsphase für Frühpädagogen entwickelt (Universität Bremen 2011). Mit Beginn des Wintersemesters 2005 bot sie mit Hochschulen in vier weiteren Bundesländern das Bachelor-Studium »Fachbezogene Bildungswissenschaften« an und übernahm damit eine Vorreiterrolle in der gemeinsamen Ausbildung von Grundschullehrer:innen und Erzieher:innen (idw 2005). Ziel des sechssemestrigen Bachelor-Studiums ist es, die Absolventen zu wissenschaftlich qualifizierten Bildungsexperten für Kindergarten, Grund- und Sekundarschule auszubilden. Im ersten Jahrzehnt des neuen Jahrtausends entstanden bundesweit knapp 80 BA- und MA-Studiengänge, die frühpädagogischen Fachkräften eine akademische Ausbildung ermöglichen sollten (Jugendhilfeportal 2011).

Orientierungsrahmen für Kita-Studiengänge

Im Jahr 2008 brachte die Robert Bosch Stiftung (2008) einen umfassenden Orientierungsrahmen zum Studium der Frühpädagogik für Hochschulen heraus. 2011 schrieb sie zum dritten Mal das Förderprogramm »Forschungskolleg Frühkindliche Bildung – Exzellenter Nachwuchs für die Wissenschaft« aus, um dem damals absehbaren Mangel an qualifizierten Nachwuchswissenschaftlern im Bereich der frühkindlichen Bildung entgegenzuwirken. Zielgruppe waren Wissenschaftler, die am Anfang ihrer Karriere standen, an einer Hochschule oder einer außeruniversitären Forschungseinrichtung promovierten oder habilitierten und eine verantwortungsvolle Position in Forschung und Lehre auf dem Gebiet der frühkindlichen Bildung anstrebten (Jugendhilfeportal 2011).

Bis heute werben Hochschulen um Interessenten für eine akademische Ausbildung als Frühpädagogen. Die private Europäische Fachhochschule Rhein/Erft GmbH beispielsweise bietet im

Rahmen ihrer Werbung für ihr duales Studium Kindheitspäda-gogik Erlebnistage an, an denen Interessenten die Studiengänge interaktiv kennenlernen und sich mit den Dozenten austauschen können (EUFH 2023).

Bei all den jahrelangen Bemühungen um eine Steigerung des Anteils an akademisch ausgebildeten Frühpädagogen drängt sich die Frage auf, warum die Quote im Vergleich zu anderen Be-reichen der Kinder- und Jugendhilfe so verschwindend gering ausfällt. Offenbar liegt es tatsächlich an dem vergleichsweise niedrigen Verdienst des Erzieherberufs und dem immer noch re-lativ schlechten Image und nicht zuletzt an den nicht gerade at-traktiven, oben beschriebenen beruflichen Rahmenbedingungen. Es ist anzunehmen, dass Abiturienten sich bei der Wahl zwischen einem Studium der Frühpädagogik oder eines Lehramts für die finanziell attraktivere Lehrerlaufbahn entscheiden.

Neue Anreize für Ausbildung

Zwar ist die Ausbildung zur/m Erzieher:in seit 2020 kostenfrei, sie wird aber, wenn sie Vollzeit absolviert wird – anders als in den Pflegeberufen –, nicht vergütet, weder in staatlichen Schulen noch in Schulen in freier Trägerschaft. Es bestehen jedoch ver-schiedene Fördermöglichkeiten, die vor Antritt der Erzieheraus-bildung geprüft werden sollten, zum Beispiel beim BaföG-Amt oder der Agentur für Arbeit (DPFA-Schulen gGmbH 2023). Nur bei der berufsbegleitenden sogennannten »praxisintegrierten Ausbildung« (PIA) wird von Anfang an eine Ausbildungsvergü-tung gezahlt, weil die Ausbildung zu 50 Prozent schulisch und zu 50 Prozent praktisch erfolgt. Die Vergütung beläuft sich von circa 1.140 Euro brutto im ersten bis circa 1.300 Euro im dritten Ausbildungsjahr (erzieherin-ausbildung.de 2023). Anders sieht es bei Auszubildenden zu Fachkräften in der Pflege aus: Hier erhalten die Vollzeit-Azubis eine Ausbildungsvergütung von 1.191 Euro brutto im ersten bis 1.353 Euro im dritten Ausbildungsjahr (azubi.de 2023).

Angesichts des Fachkräftemangels in Kitas fordern die Diakonie Schleswig-Holstein und der Verband Evangelischer Kindertageseinrichtungen eine Ausbildungsvergütung in Höhe von mindestens 1.000 Euro im Monat für Erzieher:innen und Heilerziehungspfleger:innen (NDR 2022b).

Seit dem Jahr 2012 gibt es die praxisintegrierte Ausbildung (PiA) für Erzieher:innen. Das in Baden-Württemberg eingeführte Programm hat sich inzwischen verbreitet und ermöglicht es angehenden Erzieher:innen, in der Ausbildung nicht auf ein Gehalt verzichten zu müssen. Im Gegensatz zur regulären Ausbildung wird bei der PiA die schulische Ausbildung als Erzieher:in besser mit dem Praxisteil in der jeweiligen Einrichtung verzahnt. Dafür wird die im Schnitt drei Jahre dauernde Ausbildung in eine dreitägige Schulphase und eine zweitägige Praxisphase gesplittet (Kita.de 2023a).

Anders als Lehrer:innen sind Erzieher:innen nur in Ausnahmefällen verbeamtet, rund drei Viertel arbeiten im öffentlichen Dienst. Im Durchschnitt verdient ein/e Erzieher:in in Vollzeit 37.900 Euro brutto im Jahr. Mit 41.000 Euro liegt das durchschnittliche Jahresgehalt in Bayern 3.100 Euro über dem bundesweiten Durchschnitt, Schlusslichter sind Sachsen und Sachsen-Anhalt mit durchschnittlich 34.600 Euro beziehungsweise 34.500 Euro brutto (kununu 2023).

Anmerkungen zur Fachschulausbildung

Einen Einblick in die Fachschulausbildung bietet eine ehemalige Leiterin einer Fachschule für Sozialpädagogik und Heilpädagogik:

»Kindheitspädagogen haben wenig Interesse an der Arbeit in der Kita, auch nicht an der Leitungsaufgabe. Eine Professorin – vor einigen Jahren noch bei der Weiterbildungsinitiative Frühpädagogische Fachkräfte (wiff) – favorisierte die Kindheitspädagogen für die Arbeit in der Kita und sah sie als Ersatz bzw. zunächst Ergänzung für Erzieherinnen. Allerdings stieg die Zahl der Absolventen in diesen Studiengängen nicht wesentlich an, während die Erzieherausbildung in wenigen Jahren die Zahl der Absolventen verdoppelt hat – auf rund 36.000 pro Jahr. Die Kindheitspädagogen bevorzugen beruflich eher den Bereich der Forschung u. Ä.

Die Professorin hat auch die Qualität der Ausbildung infrage gestellt. Bei einer Längsschnittuntersuchung hat die Fachschulausbildung neben den akademischen Ausbildungen gut abgeschnitten. Die Bewertung nach Abschlussebene ist kein alleiniger Ausdruck von Qualität. Daher die Einordnung in den DQR 6 (Niveau 6 des Deutschen Qualifikationsrahmens).

Mir ist wichtig, dass die Qualität der deutschen Fachschulausbildung gesehen wird. Verbessern lässt sich immer etwas, aber verstecken müssen sich die Fachschulen nicht. Wir dürfen die Ausbildung nicht schlecht reden, denn sie arbeiten kontinuierlich an sich. Die Rahmenbedingungen im Feld der frühen Bildung passen nicht zur Vielfalt der Bewerber.

Es gibt nur wenige Akademiker in den Kitas: Das scheitert an der tariflichen Einordnung. Akademiker kommen in die Erzieherausbildung, weil sie nicht als Fachkräfte eingeordnet werden. Sie liegen bei der Bezahlung noch unter den Erzieherinnen. Manche nehmen daher die Mühe der Erzieherausbildung auf sich, um in dem Bereich arbeiten zu können. Menschen, die gerne dort arbeiten, zum Beispiel eine Kulturpädagogin, die sich schon seit Jahren auf den Bereich der frü-

hen Bildung begeben hat, ist bei uns in der Ausbildung, um eine feste Stelle und ein gutes Arbeitsfeld zu bekommen, in dem sie mit ihrem Schwerpunkt gut und wirksam arbeiten kann.

Auch bei den Akademikerinnen mit Migrationshintergrund finden wir viele – da hapert es seitens der deutschen Behörden an der Anerkennung der ursprünglichen Studienabschlüsse im Heimatland.

Was fehlt, ist auch eine Transparenz der Ausbildungsmöglichkeiten: Es gibt seit Jahren einen einheitlichen Ausbildungsplan, der – wie beim Abitur – in 16 Varianten umgesetzt wird. Aber die Vergleichbarkeit und die Wirkung eines einheitlichen Bildes haben sich enorm verbessert.

Die Bundesverbände der Ausbildungsstätten sind gut aufgestellt und arbeiten in der Spitze gut und wirksam zusammen. Sie sind untereinander und im Feld gut vernetzt. Auch das fördert das Ansehen der Ausbildung.

Die Erzieherausbildung bietet gute Durchstiegsmöglichkeiten, die von 15 bis 20 Prozent der Absolventen sofort und von vielen später genutzt werden.

Abiturienten nutzen die Ausbildung »Sozialpädagogische Assistenz« in der Berufsfachschule als Erstberuf und anschließend mit besseren BAFÖG-Bedingungen oder als Grunderfahrungen für die pädagogische Arbeit im Lehramt oder in der B.A. Sozialpädagogik. Angesichts der Lage in den Schulen bin ich – ehrlich gesagt – über jeden Erzieher, der ins Lehramt geht, dankbar. Sie bringen Kompetenzen mit, die den klassischen Lehrkräften fehlen. Das ist ja auch das große Pfund der freien Schulen wie die Freie Evangelische Schule (FES), die Quereinsteiger mit sehr viel Felderfahrung haben. Für die Ausbildung interessieren sich in der Mehrheit Personen, die schon früh den Berufswunsch entwickelt haben –

durch Vorbilder in ihrer Kitazeit. Und die Erzieherinnen werben gut für ihre Profession. Viele Bewerber kommen auf Empfehlung. Berufsorientierungserfahrungen sind ein zweiter wichtiger Bereich für die Berufsmotivation. Der Beruf wird von vielen als erfüllte und abwechslungsreiche Arbeit erlebt, die vielseitige Arbeitsbereiche bietet. Der Fachkräftemangel mindert dieses Gefühl natürlich – leider.

Die Schülerschaft der Fachschulen ist inzwischen von den Vorbildungen und in der Altersmischung sehr heterogen. Die Quereinstiege haben die Ausbildung interessant gemacht. Gut wäre es, wenn die Erstausbildung oder das Studium, das in der Regel gewinnbringend in der Kitaarbeit eingesetzt werden kann, in der Vergütung Berücksichtigung fände. Ich denke an die Menschen mit Ausbildung im Bereich Medien, Technik, Ernährung und die Studiengänge wie Kulturpädagogik, Ökotrophologie, Sprachen, Musik und Theater, Sozialwissenschaften etc. Diese Vielfalt kann nutzbar gemacht werden und sollte in der Vergütung auftauchen.

Wer in der frühen Bildung bleibt, hat außer im Bereich Leitung bisher keine Funktionsstellen in Aussicht – das ist in der Jugendhilfe anders. Zusatzqualifizierungen haben aktuell wegen der fehlenden Fachkräfte wenig Umsetzungsraum in den Kitas. Das könnte mit der Verknüpfung von familiennahen Angeboten wieder Chancen geben. Außerdem könnten große Kitas Funktionsstellen schaffen, um Schwerpunkte besser zu koordinieren und auszubauen. In diesem Feld schlummern Begabungen und multiprofessionelle Möglichkeiten, die durch die Rahmenbedingungen bisher gar nicht betrachtet wurden. In einigen Kitas ist zu sehen, wie die Schätze im Rahmen der bestehenden Möglichkeiten genutzt werden. Bessere Bedingungen könnten das Feld sehr viel attraktiver werden lassen.

Fachschulen waren schon immer ein Filter für den Zugang zum Beruf, der verantwortungsvoll wahrgenommen wird. Im Augenblick glauben Kommunen, dass mehr Schulplätze auch mehr Auszubildende bedeuten – was natürlich nicht so einfach funktioniert. Dann bieten auf engem Raum immer mehr Schulen die Ausbildung an und das kann zur Aufnahme ungeeigneter Personen führen, weil es einen Klassenbildungserlass zu berücksichtigen gibt. Die andere Seite ist, dass geeignete Personen nicht in die Ausbildung kommen, weil die Bewerberzahl nicht zur Klassenbildungsvorgabe ausreicht. Dann gehen geeignete Bewerber verloren. Hier ist der runde Tisch auf der kommunalen Ebene sehr wichtig, um die Fachkräftegewinnung nicht planlos, sondern regional gut koordiniert zu steuern. Um den Fachkräftemangel besser anzugehen, bedarf es der Bedienung vieler kleiner Schrauben, denn den großen Wurf können wir in den nächsten zehn Jahren nicht erwarten (Statistik der Bundesanstalt für Arbeit).«

Arbeitsbedingungen

Die Betrachtung der qualitativen Rahmenbedingungen sollte auch die Arbeitsbedingungen der pädagogischen Fachkräfte im Kita-Alltag miteinschließen, die eigenem Bekunden zufolge zunehmend an ihre Belastungsgrenzen stoßen. Auch hier sind Alarmsignale zu vernehmen, bis hin zu Warnungen, »das Kita-System steh[e] vor dem Kollaps« (nifbe 2022). Als Hauptursache ist der Fachkräftemangel ausgemacht, der zu einer spürbaren Erhöhung der Belastungen des Kita-Personals geführt hat. Diese Belastungen wiederum bewirkten, dass die vorhandenen (Personal)ressourcen im System der Kindertagesbetreuung mit den gestiegenen Anforderungen an die pädagogischen Fachkräfte und Institutionen nicht mehr Schritt halten können (a.a.O.). Die Coronapandemie hat diese Entwicklung noch verschärft, mit gravierenden Folgen: Seitdem ist zum Beispiel die Anzahl der psychisch belasteten Kinder von 20 auf 30 Prozent gestiegen und es haben Spannungen in Familien zugenommen, inklusive dem Anstieg häuslicher Gewalt.

Im Jahre 2021 verzeichnete das Statistische Bundesamt über 59.900 Kinder, die Opfer von Kindeswohlmisshandlung wurden. Der leichte Rückgang um circa 600 Fälle im Vergleich zum Vorjahr soll aber nicht darüber hinwegtäuschen, dass die Zahlen sei Jahren kontinuierlich ansteigen. Seit Beginn der Zählung im Jahre 2012 sind die Kindeswohlgefährdungen um rund 22.300 Fälle (58 Prozent!) gestiegen. Dazu gehören psychische und körperliche Misshandlung, sexualisierte Gewalt und Vernachlässigung (Heimbach 2023).

Begleiterscheinungen wie diese gehen nicht spurlos an den pädagogischen Fachkräften vorbei: Im Vergleich mit anderen Berufsgruppen weisen sie einen sehr hohen Krankenstand aufgrund psychischer Erkrankungen wie Burn-out und Depressionen auf. Auch angesichts solcher Entwicklungen besteht die Gefahr, »dass die Kindertageseinrichtungen von Lern- und Lebensorten für Kinder und Familien wieder zu reinen Aufbewahrungsstätten werden« (nifbe 2022), weil die Erzieher:innen unter diesen Bedingungen – sozusagen »aus dem letzten Loch pfeifend« – den Ansprüchen an eine qualitativ hochwertige Kindertagesbetreuung nicht mehr gerecht werden können.

Die Folgen der Misere

Die Folgen bekommen auch die Eltern zu spüren. So musste zum Beispiel eine Hamburger Kita Eltern per E-Mail bitten, ihre Kinder, wenn möglich, in einer Woche zu Hause zu betreuen, da nur eine feste Erzieherin für die Kindergruppe zur Verfügung stehe. Die Begründung war genauso ehrlich wie kennzeichnend: Personalmangel. Durch ihn sei die Situation für alle »wirklich belastend« und mache es der Kita einfach unmöglich, »so zu arbeiten, wie es eigentlich unser Anspruch ist«. Früher habe es noch eine Springerstelle mit einer Fachkraft gegeben, die sofort aushelfen konnte, wenn jemand ausfiel. Diese sei aber nicht mehr besetzt – wie zwei weitere pädagogische Stellen auch. Besserung sei nicht in Sicht, es gäbe schlichtweg keine Kandidaten und Bewerbungen um ein Freiwilliges Soziales Jahr seien ebenfalls ausgeblieben. Und damit nicht genug: Eine Krankheitswelle in den vorausgegangenen Monaten habe die Situation noch zugespitzt (Schoener 2023).

Finanzierung

Im Gegensatz zu den meisten europäischen Ländern hat bei uns der Bund keine direkte Funktion bei der Grundfinanzierung frühkindlicher Betreuungseinrichtungen. Die laufenden Kosten dieser Einrichtungen werden von den Bundesländern, Kommunen, Trägern und Eltern finanziert. Gemeinden mit Trägerfunktion müssen bei der Finanzierung den Trägeranteil mit übernehmen. Im Durchschnitt übernehmen Länder und Gemeinden 75 bis 80 Prozent der laufenden Kosten, die Eltern circa 14 Prozent und den Rest die freien Träger. Der Beitrag der Eltern richtet sich nach ihrem Einkommen und danach, wie viele Kinder einer Familie die Einrichtung besuchen. Die Finanzierung der Kindertagesbetreuung ist nach dem Grundgesetz grundsätzlich Ländersache.

> »Wenn wir etwas erreichen wollen im Bildungsbereich, dann ist das nicht zum Nulltarif möglich.«
>
> *(Bremens Bürgermeister Andreas Bovenschulte)*

Die Ausgaben der öffentlichen Haushalte in Deutschland für Bildung (Grundmittel) betrugen im Jahr 2020 rund 164 Milliarden Euro, für das Jahr 2022 summieren sich die geplanten Ausgaben auf 176,6 Milliarden Euro. In den vergangenen zehn Jahren stiegen die öffentlichen Bildungsausgaben um rund 50 Prozent (statista 2023d). Damit betrug der Anteil der Ausgaben der öffentlichen Haushalte in Deutschland für Bildung am Bruttoinlandsprodukt im Jahr 2022 4,6 Prozent, pro Kopf lag er bei 2.034 Euro.

Die öffentlichen Bildungsausgaben von Bund, Ländern und Gemeinden in Deutschland verteilten sich nach Bereichen im Jahr 2021 wie folgt: Der Anteil der Bildungsausgaben von Bund, Ländern und Gemeinden für Kindertageseinrichtungen betrug rund 23,3 Prozent an den gesamten Bildungsausgaben. Die Ausgaben der öffentlichen Haushalte beliefen sich auf rund 170,5 Milliarden Euro – dabei stiegen sie in den vergangenen Jahren kontinuierlich an.

Die Bildungsausgaben von Bund, Ländern und Gemeinden machten im Jahr 2021 mit 141,6 Milliarden Euro 4,2 Prozent des Bruttoinlandsprodukts (BIP) aus, davon entfielen auf:

- Kindertageseinrichtungen: 30,5 Milliarden Euro (0,9 Prozent des BIP)
- Schulen: 70,1 Milliarden Euro (2,1 Prozent des BIP)
- Hochschulen: 30,6 Milliarden Euro (0,9 Prozent des BIP)
- Bildungsförderung: 6,2 Milliarden Euro (0,3 Prozent des BIP)
- Sonstiges Bildungswesen: 1,8 Milliarden Euro (0,1 Prozent des BIP)
- Jugendarbeit und Jugendverbandsarbeit: 2,4 Milliarden Euro (0,1 Prozent des BIP).

**Ausgaben für Bildungseinrichtungen des Primar- bis Tertiär-
bereichs als Prozentsatz des BIP in ausgewählten OECD-Staaten
mit Mitteln aus öffentlichen und privaten Quellen (2018)1**

Quelle: Eigene Darstellung nach OECD, Bildung auf einen Blick 2021, Tabelle C2.1

Die Finanzierung des Bildungssystems stellt in Deutschland ein
Problem dar. Sie ist häufig weder auskömmlich noch sozial gerecht. Der Kita-Bereich ist unterfinanziert, weil er in der Zustän-
digkeit der Kommunen liegt, das heißt, von deren Finanzkraft
und dem Familienbild des Gemeinderates abhängig ist. Es gibt
keine Rechtsansprüche auf Ganztagsbetreuung und auf Qualität.
Gerade im Bereich der außerschulischen Angebote ist das Geld
zu knapp und nicht langfristig zugesichert. Zudem werden Gelder noch immer zu oft nach dem Gießkannenprinzip verteilt,
anstatt sie gezielt dort einzusetzen, wo sie am meisten bewirken
können (Alfred Toepfer Stiftung F.V.S. et al. 2023).

4. »Hoffnungsschimmer« – Reform-maßnahmen

Der folgenden Beschreibung von Reformmaßnahmen sei eine Anmerkung vorangestellt: Letztlich hängt die Umsetzung dieser Reformmaßnahmen von einem generellen Umdenken in der Gesellschaft ab, einer Zuwendung hin zum Kind. »Spielen verboten« gehört abgeschafft. Deutschland muss kinderfreundlicher werden und allen Kindern die besten Startvoraussetzungen ins Leben bieten, insbesondere gleiche Chancen für Bildung. Wir reden über unsere Zukunft! Dieses Land muss sich endlich bewusst werden, dass es außer seinem Wissen über keinerlei Rohstoffe verfügt. Bildung von Anfang an, das Wissen der Generation von morgen, ist daher auch eine Überlebensfrage. Es ist auch eine Frage des politischen Willens und der politischen Entschlossenheit. Dass viel geht, wenn der Wille da ist, zeigte sich zum Beispiel in der Finanzkrise 2011, als der damalige Bundesfinanzminister Wolfgang Schäuble den deutschen Anteil am Rettungsfonds EFSF in Höhe von 211 Milliarden Euro bekanntgab (statista 2023c). Ein anderes Beispiel: Seit Kriegsbeginn in der Ukraine im April 2022 hat Deutschland als zweitgrößter Waffenlieferant nach den USA die Ukraine mit rund 17 Milliarden Euro nur für Waffen unterstützt (Arilla und Müller 2023). Und wenn mal wieder etwas ansteht, aber das nötige Geld fehlt oder es finanziell knapp wird, wird auch mal ein Sonderfonds eingerichtet.

Oder das jüngste Beispiel: Die deutsche Regierung gibt fast zehn Milliarden Euro für eine Chipfabrik in Magdeburg aus, und subventioniert damit jeden neuen Arbeitsplatz der rund 3.000 Jobs, die dauerhaft entstehen sollen, mit rund drei Millionen

Euro. Der dafür vorgesehene Baugrund entspricht mehr als 500 Fußballfeldern. Die knapp zehn Milliarden Euro würden reichen, »um den Acker komplett mit Blattgold zu bedecken, sogar mehrfach«. Und weiter ist zu lesen: »Mir dieser Summe ließen sich 400 Schulen bauen. Oder der Bund könnte viermal so viel wie heute für den sozialen Wohnungsbau ausgeben. Oder: Intel bekommt mehr Geld, als im Haushalt des Bundesbildungsministeriums für ›Forschung für Innovation, Zukunftsstrategie‹ vorgesehen ist (8,2 Milliarden Euro)« (Rudzio 2023).

Es geht also was – wenn's (politisch) gewollt ist. Warum dann nicht auch in ein neues, langfristig viel wichtigeres Prestigeobjekt investieren, das Deutschland wieder an die Spitze der Bildungsstandorte weltweit stellt? Das wäre doch mal eine Maßnahme. Dann wäre dieses Land nicht mehr auf den Import fremden Know-hows über Greencards angewiesen, sondern könnte zu den Top-Exporteuren im Wissens- und Kompetenztransfer aufschließen. Aber dafür fehlte bislang die politische Einsicht oder der politische Wille – oder beides! Sonst wäre da schon längst etwas passiert.

Es ist ja nicht so, dass die Politik hier »auf dem falschen Fuß erwischt worden« wäre, im Gegenteil, bereits vor 20 Jahren empfahlen Professor Wassilios E. Fthenakis und weitere Experten, was dringend getan werden müsse, um Deutschland – damals schon in einer veritablen Krise des Bildungssystems – aus diesem Schlamassel wieder herauszumanövrieren. Es liest sich wie ein Déjà vu: Nach einem dezenten Hinweis für diejenigen, die die Bedeutung der Kinder für unsere Gesellschaft immer noch nicht verstanden hatten, empfahl der Wissenschaftler damals schon (1) den quantitativen Ausbau des Kita-Systems, (2 bis 4) Etablierung und Evaluation von Bildungsqualität und pädagogischer Qualität, (5) Berücksichtigung von Kindern mit besonderen Bedürfnissen, (6)

Förderung von Kindern mit einem anderen kulturellen Hintergrund, (7) Professionalisierung der Fachkräfte, (8) Anpassung des Verhältnisses der Kita zur Familie an die Anforderungen der Zeit, (10) Vernetzung der Wege und Einrichtungen im Bildungsverlauf, (11) Entwicklung von Einrichtungsformen weltweit, (12) Förderung der Forschung sowie (13) Steuerung und Weiterentwicklung des Kita-Systems (BMFSFJ 2003).

Diese Empfehlungen lesen sich wie eine auf die heutige Zeit eins zu eins übertragbare Blaupause – als habe die Politik die letzten beiden Jahrzehnte schlichtweg verschlafen. Gut, gestern war gestern, blicken wir auf das Jetzt.

Nägel mit Köpfen machen statt Flickschusterei betreiben

Die in den voranstehenden Kapiteln genannten Beispiele sollen genügen, um zu zeigen, wo heute in der Kindertagesbetreuung der Schuh drückt und woran es liegt, dass das (früh)kindliche Bildungssystem hierzulande eine derartige Kluft zwischen Anspruch und Wirklichkeit aufweist. Auch wenn die Liste der Defizite lang ist, besteht kein Grund, den Kopf in den Sand zu stecken. Vorausgesetzt, dass die Politik endlich einsieht, dass gute frühkindliche Erziehung, Bildung und Betreuung nicht zum Spartarif zu haben ist. Gerade in Zeiten, in denen Deutschland seine Abhängigkeit von ausländischen Rohstoffen drastisch vor Augen geführt wird, wäre es an der Zeit, sich endlich einmal darüber klar zu werden, dass der einzige Rohstoff, über den dieses Land ausreichend verfügt, Know-how ist. Und um dieses Knowhow ausschöpfen zu können, sollte es sich lohnen, richtig Geld in die Hand zu nehmen und in die Zukunft zu investieren, statt weiterhin Flickschusterei zu betreiben. Die Grundlagen für die Gestaltung dieser Zukunft werden den Kleinsten sozusagen in die Wiege gelegt: Bildung beginnt von Anfang an!

Also sollte sich die Politik endlich ihrer Verantwortung bewusst werden und sich auf den Weg machen, die Voraussetzungen für eine Bildungsoffensive Deutschland zu schaffen, die höchsten Qualitätsansprüchen an die Kindertagesbetreuung gerecht wird. Nur so kann es gelingen, unseren Kindern von Anfang an das Rüstzeug für ihre – und damit unsere – Zukunft zu geben. Das setzt natürlich die politische Einsicht und den entsprechenden Mut voraus, neue Wege, die perspektivisch über die nächsten Wahlen hinausgehen, einzuschlagen. Welche Möglichkeiten sich dafür anbieten, ist im Folgenden beschrieben.

»Zehn-Jahres-Masterplan« für die Bildungs-offensive

Für den Beginn der Umsetzung der beschriebenen Reformmaß-nahmen gilt: Je früher, desto besser! Es ist schon zu viel Zeit ver-geudet worden, es muss endlich gehandelt werden. Die Reform der frühkindlichen Bildung und Erziehung muss zur Chefsache werden, symbolisch und deutlich sichtbar für alle. Dafür emp-fiehlt sich folgende Vorgehensweise:

In einem *Staatsvertrag* regeln Bund und Länder zunächst:

- in einem Zehn-Jahres-Masterplan die Finanzierung und die Rahmenbedingungen für die verbindliche Umsetzung der Reformmaßnahmen,
- die Aufgaben und die Zusammensetzung von »runden Tischen« auf Bundes- und Landesebene,

- die Beauftragung einer unabhängigen wissenschaftlichen Institution mit der einheitlichen, bundesweit geltenden Qualitätsentwicklung und -sicherung für frühkindliche Betreuungseinrichtungen,
- die Einführung von bundesweiten Qualitätsstandards durch ein Kita-Qualitätsgesetz,
- die Sicherung der Einhaltung des Kita-Qualitätsgesetzes vonseiten der Bundesebene,
- die Verpflichtung der Träger zur Evaluierung und Qualitätssicherung ihrer Einrichtungen,
- die Entwicklung eines Bundes-Rahmenbildungsplans als Orientierungsrahmen für die Bildungspläne der Länder durch die Kultusminister- und Sozialministerkonferenz,
- die Schaffung eines »richtigen« Kita-Qualitätsgesetzes,
- die Entwicklung eines Kerncurriculums für die Hochschulausbildung der pädagogischen Fachkräfte,
- die Einrichtung eines Nationalen Bildungsgipfels.

Diese im Staatsvertrag niedergeschriebenen Maßnahmen sollte der Bundeskanzler »zur Chefsache« machen. Zur Betonung der außerordentlichen Wichtigkeit dieses Projekts sollte er im Rahmen eines Familien- und Kindergipfels den Startschuss geben für den offiziellen Beginn der größten Bildungsreform, die es in Deutschland bislang gegeben hat, und ihn der breiten Öffentlichkeit medienwirksam vorstellen.

Wenn die Umsetzung dieser Reformmaßnahmen vom ernsthaften Willen aller gesellschaftlichen Akteure getragen wird, wird Deutschland in zehn Jahren die Abstiegsplätze verlassen haben und wieder oben mitspielen: als kinderfreundliches Land und als führender Bildungs- und Wissensstandort – mit besten Zukunftsperspektiven in einer globalisierten Welt.

Die Voraussetzung dafür ist die Entwicklung einer zentralen Steuerung und Koordination der Reformmaßnahmen sowie deren Überwachung in einem auf zehn Jahre ausgelegten verbindlichen *Masterplan* für die Umsetzung der Bildungsoffensive Deutschland – analog zum Marshall-Plan nach Ende des Zweiten Weltkrieges. Dieser diente dem Wiederaufbau Deutschlands, der neue Masterplan zur Reform der Bildung vom Kleinkindalter an dient der Sicherung von Deutschlands Zukunft als Bildungs- und Wirtschaftsstandort. Er beschreibt die einzelnen Reformschritte und gibt den Zeitplan vor. Seine Einhaltung wird von den *runden Tischen* auf Bundes-, Landes und Kommunalebene überwacht. Seine konsequente Umsetzung setzt mittelfristig eine Reform der politischen Zuständigkeiten, eine Verpflichtung der Trägerbeteiligung an der Bildungsoffensive und die Einberufung von Kinderbeauftragten auf allen politischen Entscheidungsebenen voraus.

Neben der Politik ist aber auch die Gesellschaft gefordert, ihrerseits zum Erfolg der Bildungsreform beizutragen durch:

- das Anstreben eines Paradigmenwechsels in der Gesellschaft (hin zu mehr Kinderfreundlichkeit)
- die Ausweitung der gesellschaftlichen Fürsorgepflicht
- die Entwicklung eines neues Erziehungs- und Bildungsverständnisses.

Welche Maßnahmen sich zum Erreichen dieser Ziele besonders anbieten, ist im Folgenden beschrieben.

Einrichtung trägerübergreifender runder Tische

Einen *runden Tisch* soll es geben als ein Gremium der wichtigsten Entscheidungsträger für die frühkindliche Bildung, analog zur *National Coalition (NC)*, einem Zusammenschluss von circa 110 bundesweit tätigen Organisationen und Initiativen aus verschiedenen gesellschaftlichen Bereichen zur Unterstützung der Umsetzung der Kinderrechtskonvention in Deutschland. Zentrale Aufgaben dieses runden Tisches wären die Steuerung und Sicherung der Umsetzung der im Zehn-Jahres-Masterplan festgeschriebenen Reformmaßnahmen und der Einhaltung des vorgegebenen Terminplans. Seine Mitglieder treffen sich regelmäßig. Das Spitzentreffen findet einmal im Jahr statt, idealerweise im Rahmen eines jährlich stattfindenden Kindergipfels zum Weltkindertag. Die Mitglieder nehmen regelmäßig eine Standortbestimmung der umzusetzenden Reformen vor, legen Rechenschaft in der Öffentlichkeit ab und vereinbaren neue bzw. ergänzende Ziele für die nächste Periode, zum Beispiel für ein Jahr, und leiten Empfehlungen, Informationen etc. an die nächst untergeordneten Ebenen bis in die einzelnen Einrichtungen weiter.

Weitere runde Tische finden des Weiteren auf Bundes-, Landes- sowie auf Kreis- und kommunaler Ebene statt. Sie haben auf den verschiedenen Ebenen unterschiedliche Aufgabenschwerpunkte, trotzdem stehen sie miteinander durch intensiven wechselseitigen Informationsaustausch in enger Verbindung.

Der *runde Tisch auf Bundesebene* analysiert die von den nachgeordneten Ebenen erhaltenen Informationen über die Umsetzung der Reformmaßnahmen und Bildungspläne und die Entwicklung von Modell- bzw. Forschungsprojekten sowie von Best-Practice-Beispielen. Er wertet diese Informationen aus und entwickelt aus den Befunden Handlungsempfehlungen für die Bundesregierung sowie Empfehlungen und Tipps für die Landes- und Kreis- bzw. Kommunalebene. Er setzt sich unter anderem wie folgt zusammen:

- Spitzen der Träger auf Bundesebene (Bundesarbeitsgemeinschaft der Wohlfahrtsverbände und Kommunale Spitzenverbände)
- die Bundesminister des Bundesfamilien-, Bundesbildungs- und Bundesfinanzministeriums
- der/die Repräsentant:in auf Bundesebene für die Gewerkschaft für Erziehung und Wissenschaft (GEW)
- Vertreter der Berufsverbände
- Kinderbeauftragte der Bundesregierung
- Eltern- und Frauenbeauftragte der Bundesregierung
- Repräsentanten auf Bundesebene für die Arbeitgeberseite (Bundesvereinigung der Arbeitgeberverbände BDA; Deutscher Industrie- und Handelstag DIHT u. a.)
- Vertreter aus Wissenschaft und Forschung für vom Bund finanzierte Forschungs- und Modellprojekte
- Leiter der Abteilungen für den Elementarbereich in Stiftungen, die Projekte im frühkindlichen Bereich auf Bundesebene unterstützen und fördern (Konrad-Adenauer-Stiftung, Robert Bosch Stiftung, Bertelsmann Stiftung u. a.).

Die *runden Tische auf Landesebene* werten die von den runden Tischen der Kreis- und Kommunalebene erhaltenen Informationen und Berichte über die Umsetzung der Reformmaßnahmen und Bildungspläne, von Modell- bzw. Forschungsprojekten und Best-Practice-Beispielen in den Einrichtungen aus. Sie leiten die Ergebnisse weiter an die Bundesebene, entwickeln aus diesen aber auch Empfehlungen und Tipps für die Kreis- und Kommunalebene. Zu ihren Teilnehmern gehören unter anderem:

- Spitzen der Träger des Bundeslandes (Landesarbeitsgemeinschaften der Wohlfahrtsverbände)
- die Minister:innen des Familien-, Bildungs- und Finanzministeriums der Landesregierung
- der/die Repräsentant:in auf Landesebene für die Gewerkschaft für Erziehung und Wissenschaft (GEW)
- Vertreter der Berufsverbände
- Elternvertreter
- Kinder- und Familienbeauftragte des Landes
- Repräsentanten auf Landesebene für die Arbeitgeberseite (Landesvereinigungen der Arbeitgeberverbände BDA; Deutscher Industrie- und Handelstag DIHT u. a.)
- Vertreter aus Wissenschaft und Forschung für vom Land finanzierte Forschungs- und Modellprojekte
- Abteilungsleitungen für den Elementarbereich in Stiftungen, die Projekte im frühkindlichen Bereich auf Landesebene unterstützen und fördern.

Die *runden Tische auf Kreis- und Kommunalebene* informieren die Landesebene über den Stand der Umsetzung der Reformmaßnahmen und der Implementierung der Bildungspläne in den Einrichtungen, ebenso über die Entwicklung von Modell- und Forschungsprojekten sowie Best-Practice-Beispielen vor Ort. Des Weiteren geben sie Rückmeldung über die Praxistauglichkeit der erhaltenen Empfehlungen. Ihnen gehören unter anderem an:

- Vertreter der öffentlichen und freien Träger des Kreises bzw. der Kommune

- Leiter:innen der Jugendämter, kommunale Bildungs- und Sozialdezernent:innen
- der für den Kreis/die Kommune zuständige Gewerkschaftsvertreter
- Elternvertreter
- Kinder- und Familienbeauftragte des Kreises/der Kommune
- Repräsentanten auf Kreis- bzw. Kommunalebene für die Arbeitgeberseite
- Projektleitungen von im Kreis/in der Kommune durchgeführten Modell- bzw. Pilotprojekten
- Vertreter von Sponsoren solcher Projekte.

Damit wären die Einrichtungen an der Basis bei der Umsetzung der Reformmaßnahmen nicht auf sich allein gestellt, sondern würden von den übergeordneten Ebenen gehört und unterstützt. Sie würden in die öffentlichkeitswirksame Präsentation der Zwischenergebnisse des Reformprozesses einbezogen, indem beispielsweise beim jährlich stattfindenden Kindergipfel Einrichtungen mit den besten Verbesserungsvorschlägen, Best-Practice-Beispielen oder innovativen Ideen belobigt und der Öffentlichkeit vorgestellt werden.

Reform der politischen Zuständigkeiten

Angesichts des derzeitigen politischen Zuständigkeitswirrwarrs ist eine der wichtigsten Voraussetzungen für nachhaltige Veränderungsmaßnahmen die gemeinsame Fach- und Dienstaufsicht für Kindertageseinrichtungen und Schulen in einer Behörde. Die *ministerielle Zuordnung* sollte auf Bundes- und Länderebene für beide Bereiche einheitlich sein.

Verpflichtung der Träger

Die entscheidende Schwachstelle im Bereich der frühkindlichen Erziehung, Bildung und Betreuung ist deren Beliebigkeit und Unverbindlichkeit, vor allem begründet im speziell in Deutschland ausgeprägten *Trägerlabyrinth*. Diese Struktur, die Trägern weitgehend freie Wahl bei der Ausgestaltung und Ausstattung der Betreuungseinrichtungen, bei der Auswahl und dem Einsatz des Personals bis hin zur eigenen Entwicklung von Qualitätskriterien und deren Sicherung lässt, ist infrage zu stellen. Da sich die bisherige Trägerpraxis nicht bewährt hat, müssen Evaluierung und Qualitätssicherung der Einrichtungen durch die Träger staatlich gesteuert werden. Andernfalls, so die Erfahrung, besteht die Gefahr, dass sie die Bildungspläne in den Einrichtungen nicht verbindlich umsetzen oder an der falschen Stelle Sparmaßnahmen einleiten. Deshalb sollte Deutschland dem Beispiel von Neuseeland oder Australien folgen und – ähnlich wie bei der Vergabe von Qualitätssiegeln – die rechtlichen Voraussetzungen dafür schaffen, dass sich Träger nach Ablauf einer festzulegenden Periode – zum Beispiel alle fünf Jahre – regelmäßig neu akkreditieren müssen. Das wäre durch ein *Ausschreibungsverfahren* zu bewirken, indem sich die Träger in regelmäßigen Zeitabständen neu bewerben und den Nachweis für ihre Befähigung zur frühkindlichen Betreuung und Bildung erbringen müssen.

Die Umsetzung eines solchen Ausschreibungsmodells würde vor allem zwei wesentliche Verbesserungen für den Elementarbereich mit sich bringen: mehr *Verbindlichkeit* in Bezug auf die Umsetzung des frühkindlichen Bildungsauftrags und eine höhere *Qualität* des Betreuungs- und Bildungsangebots, weil alle Träger verbindliche, bundesweit geltende Qualitätskriterien erfüllen und deren Einhaltung in regelmäßigen externen Überprüfungen nachweisen müssten.

Angesichts der oben beschriebenen gesellschaftlichen Veränderungen und der steigenden Ansprüche der Eltern stehen die Träger der öffentlichen und freien Jugendhilfe vor neuen Herausforderungen. Ihre Rolle als Wettbewerber mit anderen Trägern erfordert von ihnen sowohl eine differenzierte Außendarstellung als auch eine differenzierte Beschreibung des pädagogischen Angebots. Denn nur wer eine Bildungs- und Erziehungsqualität gewährleistet, die den einhergehenden soziokulturellen und familiären Veränderungen gerecht wird, kann sich im Wettbewerb behaupten.

Um konkurrenzfähig zu sein, müssen Träger vor allem folgende Anforderungen erfüllen:

- eine moderne soziale Organisation
- ein klares Profil
- die Sicherung der Bildungsqualität in den Einrichtungen
- die Berücksichtigung der gestiegenen Ansprüche an die Professionalität der Fachkräfte und an die Leitung in der Personalpolitik
- die Klärung der Aufgabenbereiche und Entscheidungsbefugnisse von Rechtsträger, Leitung, Fachkräften mit besonderen Befugnissen und Fachberatung
- die Gewährleistung einer verantwortlichen Fortbildungsförderung der Mitarbeiter
- die Schaffung von geeigneten Rahmenbedingungen für eine differenzierte Elternbeteiligung.

Die Umsetzung dieser Maßnahmen setzt voraus, dass die Träger ihre Verwaltungsabläufe modernisieren, ihre Angebote an die veränderten Bildungs- und Betreuungserwartungen der Eltern anpassen und die Qualität ihrer Leistungen nachweislich steigern. Die Ausgangsvoraussetzungen dafür sind bei den einzelnen Trägern sehr unterschiedlich. Während große kommunale Träger über etablierte Fach- und Verwaltungsstrukturen verfügen, sind viele der kleinen Träger im Bereich der freien Wohlfahrtspflege nur in geringem Maße professionell strukturiert.

Einberufung von Kinder- und Familienbeauftragten

Für die Vertretung der Interessen der Kinder sollten – analog den Bundeswehr- oder Ausländerbeauftragten der Bundesregierung – *Kinder- und Familienbeauftragte* eingesetzt werden – auf Bundes-, Landes- und kommunaler Ebene. Zu ihren zentralen Aufgaben gehört, die Umsetzung der Reformmaßnahmen des Zehn-Jahres-Masterplans mit zu koordinieren und zu sichern, aber auch die Einhaltung von Kinderrechten zu kontrollieren. Kinder- und Familienbeauftragte sollten ein politisches Mandat haben und mit einem Vetorecht bei Gesetzesvorlagen ausgestattet sein.

Schaffung eines »richtigen« Kita-Qualitätsgesetzes

Mit einem Kita-Qualitätsgesetz müssen bundesweit verbindliche, einheitliche Qualitätskriterien für die frühkindliche Erziehung, Bildung und Betreuung in der Tagesbetreuung festgelegt werden. Diese Überlegung ist keinesfalls neu. Bereits 2015 forderte die Gewerkschaft Erziehung und Wissenschaft: »Es ist dringend notwendig, mit einem Bundesgesetz die Voraussetzungen für verantwortungsvolle Arbeit und höchstmögliche Qualität von Bildung, Erziehung und Betreuung in Tageseinrichtungen für Kinder zu schaffen. Wir dürfen es nicht länger den Ländern überlassen, darüber zu entscheiden, unter welchen personellen Bedingungen Kitas arbeiten« (GEW 2015).

Derzeit haben alle 16 Bundesländer eigene Ländergesetze, entweder als selbstständige Gesetze oder als Ausführungsgesetze zum

Kinder- und Jugendhilfegesetz (KJHG). Manche Länder regeln Qualitätsstandards in Verordnungen oder Richtlinien. In einigen Ländern werden Qualitätsstandards in Vereinbarungen nicht in Gesetzen, sondern mit Trägern geregelt. Die Folge sind in Teilen sehr unterschiedliche Auslegungen von Qualitätsstandards.

So wird nur in einigen Gesetzen oder Verordnungen Zeit zur Vor- und Nachbereitung der pädagogischen Arbeit vorgeschrieben, wobei offenbleibt, wie sie sich im Personalschlüssel widerspiegeln. Manche Regelungen schreiben Zweitkräfte vor, die im Anschluss an eine zehnwöchige Schulung bis zu viereinhalb Jahre in einer Kita arbeiten können (Stiftung Grone Schule 2023). Einige Länder legen die Landesbeteiligung und den finanziellen Beitrag der Eltern gesetzlich fest, andere stellen die Betreuung für ein oder mehrere Jahre beitragsfrei.

Ein Kita-Qualitätsgesetz könnte Mindeststandards festlegen, die in allen Ländern als Untergrenze gesichert werden müssten, unter anderem in Bezug auf die Fachkraft-Kind-Relation und die Gruppengrößen, das Qualifikationsniveau sowie die Aus-, Fort- und Weiterbildung der Fachkräfte oder die Maßstäbe für die Freistellung für Leitungsaufgaben, aber auch in Bezug auf Festlegungen zur direkten und mittelbaren pädagogischen Arbeit sowie den Anspruch auf wohnort- bzw. sozialraumnahe Betreuung.

Es könnte des Weiteren Maßstäbe für umfassende Barrierefreiheit vorgeben, den Rechtsanspruch auf inklusive Betreuung verbindlich regeln, ebenso bauliche Voraussetzungen, wie zum Beispiel Raumgrößen, Ausstattung und Freiflächen, festlegen oder den Rechtsanspruch auf Ganztagsbetreuung und die Förderung der Kinder unabhängig von der Situation der Eltern oder auch den Anspruch und die Qualität der Kita-Verpflegung sichern. Das Gesetz könnte zudem Maßstäbe für die Qualität der Arbeitsplätze in der frühkindlichen Bildung, die Ansprüche auf gesundheitliche Betreuung und Kontrolle der Arbeitsbelastung der Mitarbeiter sowie die finanzielle Lastenverteilung zwischen Bund, Ländern und Kommunen neu regeln.

Notwendigkeit eines Paradigmenwechsels in der Gesellschaft

Ich kann mich des Eindrucks nicht erwehren, dass die aktuelle öffentliche Diskussion über die frühkindliche Bildung nicht wegen der Anliegen der Kinder geführt wird, sondern aufgrund der ernüchternden Ergebnisse der IGLU-Studie und der Katastrophenmeldungen über die Verhältnisse in den Kindertagesstätten in den Medien. Hinein spielt sicher auch die Tatsache, dass Studien Deutschland regelmäßig in Bezug auf Chancengleichheit und Lebensbedingungen von Kindern im internationalen Vergleich ein Armutszeugnis ausstellen.

Deutschland muss sich den Anliegen der Kinder zuwenden und kinderfreundlicher werden. Es braucht einen Paradigmenwechsel. Ein wichtiges Zeichen in diese Richtung würde die überfällige Aufnahme der Kinderrechte ins Grundgesetz setzen – nach Maßgabe der UNO-Kinderrechtskonvention. Aber mit der Aufnahme allein ist es nicht getan. Die im Grundgesetz verankerten Kinderrechte müssen auch umgesetzt und erfüllt werden, überwacht von Kinder- und Familienbeauftragten der Länder und der Bundesregierung.

In diesem Zusammenhang ist festzustellen, dass Deutschland sowohl ein Bildungsproblem als auch ein Vereinbarkeitsproblem hat. Es war zu lange von der Wahlmöglichkeit der Frauen zwischen Familie und Beruf die Rede, die es de facto gar nicht gab und immer noch nicht gibt. Allein zum Beispiel aufgrund der fehlenden Bildungs- und Betreuungsangebote für Kinder unter drei Jahren, womit (West)deutschland im Vergleich zu anderen Ländern deutlich abgeschlagen liegt. Die Entscheidung für Kinder bedeutete und bedeutet nach wie vor für die meisten Frauen einen zumindest vorübergehenden Verzicht auf Erwerbstätigkeit. Solange das Krippenangebot so knapp bleibt, wird sich daran nichts ändern.

Trotzdem wäre es falsch zu behaupten, es seien keine Anstrengungen unternommen worden, über Verbesserungen der frühkindlichen Bildung und Betreuung nachzudenken. Das Gegenteil ist der Fall: Allerorten wurden und werden Konzepte entwickelt, Modellprojekte ins Leben gerufen, Studien durchgeführt, Kongresse und Fachtagungen veranstaltet – allesamt zum Wohle der Kinder. Nur – und dies kann nicht oft genug wiederholt werden – finden alle diese Maßnahmen unkoordiniert statt, isoliert, ohne steuernde und ordnende Hand, unverbindlich, beliebig. Ein weiteres entscheidendes Manko: die fehlende Umsetzung an der Basis. Die Einrichtungen spüren von alledem nichts, im Gegenteil, sie werden vielerorts in ihrer finanziellen und personellen Ausstattung beschnitten und müssen schlechtere Arbeitsbedingungen in Kauf nehmen.

Ausweitung der gesellschaftlichen Fürsorgepflicht

Kindeswohl lässt sich nicht allein durch den Ausbau des Betreuungsangebots im frühkindlichen Bereich und die Umsetzung von Bildungsplänen in den Kindertageseinrichtungen definieren. Es sind noch weitere Maßnahmen zur Förderung der kindlichen Entwicklung und Unterstützung der Eltern notwendig. Zum Beispiel eine stärkere Betonung der Prävention bei der kindlichen Gesundheitsuntersuchung. So gehen nicht alle Eltern mit ihren Kindern zu den obligatorischen *Gesundheitschecks* für ihre Kinder, häufig aus Unkenntnis. Manche sind der Meinung, dass die Verabreichung von Stärkungs-, Vitamin- und Aufbau-präparaten, die als vermeintliche Allheilmittel in vielen Läden erhältlich sind, einen Kinderarztbesuch ersetzt. Diese Lücke der fehlenden Kinderarztbesuche könnten Kindertageseinrichtungen schließen, indem sie im Sinne der Erziehungs- und Bildungspartnerschaft mit den Eltern in Informationsveranstaltungen über Kinderkrankheiten aufklären und entsprechende Vorsorge leisten und in Zusammenarbeit mit Arztpraxen inhouse anbieten, zum Beispiel Impfaktionen oder Zahnchecks in der Tageseinrichtung.

Neudefinition und Umsetzung des Erziehungs-, Bildungs- und Betreuungsverständnisses

Das Aufwachsen von Kindern und damit ihre Bildungsanforderungen haben sich verändert. Damit wir unseren Kindern in Zukunft beste Voraussetzungen angedeihen lassen können, brauchen wir pädagogischen Fachkräfte jede Unterstützung. Ein einfaches Danke und Händeklatschen reicht mittlerweile nicht mehr aus. Wir müssen endlich auf allen Ebenen anfangen, nicht nur von Betreuung, sondern auch wieder von Bildung zu sprechen! Um die Rechte der Kinder – eben auch auf Bildung – zu wahren, empfahl der Verband Kita-Fachkräfte Baden-Württemberg zum Tag der Kinderbetreuung im Mai 2023 unter anderem:

- bessere Rahmenbedingungen, um den Kindern Bildung zu ermöglichen
- die Entscheidung, ob in qualitativ hochwertige Bildungs-arbeit investiert werden soll oder ob eine Betreuung, die mancherorts eher an eine Aufbewahrung erinnert, ausreicht, um unsere Kinder zukunftsfähig zu begleiten (ErzieherIn.de 2023b).

Hier geht es schlichtweg um die Frage: Was ist Bildung? Sie beginnt in der frühen Kindheit, der entscheidenden Phase für die kognitive und soziale Entwicklung. Die Kinder spielen dabei keineswegs eine passive Rolle, sondern bestimmen als aktive Lerner diesen Prozess mit. Deshalb muss die frühkindliche Bildung als erste Bildungs- und Entwicklungsphase voll in das nationale Bildungssystem integriert werden. Das ist bisher noch nicht vollumfänglich erfolgt.

Der dem frühkindlichen Bereich zugrunde liegende Bildungsbegriff stützt sich im Wesentlichen auf die Definition der Sachverständigenkommission des zwölften Kinder- und Jugendberichts der Bundesregierung. Sie definiert Bildung als »einen umfassenden Prozess der Entwicklung einer Persönlichkeit in der Auseinandersetzung mit sich und ihrer Umwelt« (BMFSFJ 2006, S. 31). Demnach eignet sich das Kind die Welt in sozialer Wechselbeziehung mit anderen Menschen an. Es entwickelt im Zusammenspiel mit seinen Mitmenschen kulturelle, instrumentelle, soziale und personale Kompetenzen. In diesen Prozess eingebunden sind auch die Erziehung und Betreuung.

Der Bildungsbegriff schließt die Wechselbeziehung zwischen Gesellschaft und Individuen ebenso ein wie die daraus resultierenden Konsequenzen für die Entwicklung des einzelnen Menschen. Demzufolge hat Bildung nicht nur die Aufgabe, den Fortbestand der Gesellschaft, die ihr zugrunde liegende Ordnung und ihr kulturelles Erbe zu sichern, sondern sich auch kritisch mit ihr und ihren Werten auseinanderzusetzen.

Bildung, im oben beschriebenen Sinne als Aneignung von Welt verstanden, erschließt die kulturelle Welt (das kulturelle Erbe der Gesellschaft), die materiell-dingliche Welt (die Natur und die von ihr und den Menschen geschaffenen Dinge), die soziale Welt (die soziale Ordnung, die Regeln des Umgangs miteinander und die Gestaltung des politischen Gemeinwesens) und die subjektive Welt der eigenen Person (Körper und Geist).

Daraus resultierend erwirbt das Kind unterschiedliche Kompetenzen (a.a.O., S. 32):

- kulturelle Kompetenzen: die Fähigkeit, sein kulturelles Umfeld durch Sprache zu erschließen, zu verstehen, es zu deuten und sich in diesem zu bewegen
- instrumentelle Kompetenzen: die Fähigkeit, die Natur und die von Menschen hergestellten Erzeugnisse zu verstehen, zu erklären und mit ihnen umzugehen
- soziale Kompetenzen: die Fähigkeit, die Welt sozial wahrzunehmen, sich sozial zu verhalten bis hin zur (Mit)gestaltung des Gemeinwesens
- personale Kompetenzen: die Fähigkeit, die eigene Persönlichkeit zu entwickeln, mit sich selbst klarzukommen und sich als Person einzubringen.

Wie funktioniert's? – Bildungsprozesse bei Kindern im Vorschulalter

Wie lassen sich die Bildungsprozesse von selbstständiger Aneignung der Welt zu entsprechendem Kompetenzerwerb beschreiben? Die Sachverständigenkommission betont ausdrücklich, dass die wesentlichen Bildungs- und Entwicklungsprozesse eines Menschen in den ersten sechs Lebensjahren stattfinden. Sie betont in diesem Zusammenhang die Bedeutung der ersten drei Lebensjahre und die Bedeutung der von den primären Bezugspersonen bereitgestellten Umwelt für die Entwicklung kleiner Kinder. Die wichtigsten Grundsätze für die in dieser frühen Lebensphase stattfindenden Entwicklungs- und Bildungsprozesse lassen sich folgendermaßen beschreiben:

- Entwicklung ist eine dynamische Wechselbeziehung zwischen der genetischen Ausstattung eines Menschen und seinen sozialen Erfahrungen.
- Enwicklung ist ein andauernder und schrittweiser Prozess und ermöglicht ein besseres Verständnis der komplexen Wirklichkeit.
- Kinder sollten bereits in früher Kindheit in Alltagserfahrungen die Fähigkeit erwerben, ihre Umwelt selbstständig zu erkunden und sich mit ihr auseinanderzusetzen.
- Der Entwicklungs- und Bildungsverlauf von Kleinkindern hängt in hohem Maße von der Beziehung zu einigen wenigen erwachsenen Bezugspersonen ab.
- Bildung im Kleinkindalter ist ein sozialer Prozess, an dem das Kind und seine Bezugspersonen gleichermaßen beteiligt sind.
- Kleinkinder brauchen Anregungen aus ihrer Umgebung, um sich weiter entwickeln zu können.
- Spätestens ab dem dritten Lebensjahr sollten Kinder neue Bildungsangebote erhalten, die den familiären Rahmen ergänzen.
- Kinder aus benachteiligten Familien haben erschwerte Entwicklungs- und Bildungsbedingungen und brauchen eine besondere Unterstützung. (BMFSFJ 2006, S. 33)

Diesem Bildungsverständnis zufolge ist die Entwicklung und Bildung von Kindern im Vorschulalter nicht nur Sache der Eltern, sondern eine gesamtgesellschaftliche Aufgabe. Sie darf auf keinen Fall einseitig der Familie aufgebürdet werden. Wie gezeigt, hängt die kindliche Entwicklung in wesentlichem Maße von der Umwelt ab, in die die Kinder hineinwachsen. Auch deshalb ist die Gesellschaft gefordert, die Qualität dieser Bildungswelt – ob in den Familien oder in den Einrichtungen der Kinderbetreuung oder -bildung – zu optimieren.

Dementsprechend dürfen die ersten sechs Lebensjahre nicht länger als Vorbereitungszeit für die Schule betrachtet werden, sondern als eine eigenständige Phase mit vielfältigen Entwicklungsmöglichkeiten, die die Bildungsbiografie des Menschen prägen. Nach wie vor aber gilt die Familie vielfach als der grundlegende Ort, an dem Bildung vermittelt wird. Deshalb – so die Sachverständigenkommission des zwölften Kinder- und Jugendberichts der Bundesregierung – müssen die Bemühungen verstärkt werden, vor allem bessere Bildungs- und Informationsangebote für werdende bzw. unerfahrene Eltern von Kleinkindern zur Verfügung zu stellen.

Das reicht aber nicht aus. Deshalb fordert die Sachverständigenkommission zu Recht, dass Kinder neben der Bildungswelt der Familie möglichst frühzeitig weitere Bildungsmöglichkeiten erhalten. Hier müssen also entsprechende Angebote geschaffen und bereitgestellt werden – insbesondere für benachteiligte Familien (a.a.O., S. 44).

Einrichtung eines Nationalen Bildungsgipfels

Leistungsdefizite, Chancenungleichheit, Fachkräftemangel: Die massiven Probleme im deutschen Bildungssystem verletzen die Rechte jedes einzelnen Kindes und Jugendlichen auf bestmögliche Bildung und haben Folgeschäden für die gesamte Gesellschaft. Deshalb erfordern sie politisches Handeln in gesamtstaatlicher Verantwortung. Die Alarmsignale sind längst unverkennbar: Bundesweit fehlen Hunderttausende Kita-Plätze, zudem können viele Kitas aufgrund einer nicht kindgerechten Personalausstattung ihren Bildungsauftrag nicht mehr erfüllen. An den Grundschulen wiederum gehen die Leistungen seit Jahren zurück, vor allem in den Basiskompetenzen Lesen, Schreiben, Zuhören und Rechnen. Auch an den weiterführenden Schulen sinkt das Leistungsniveau auf allen Ebenen dramatisch. Zugleich stagniert der Anteil der Jugendlichen ohne Schulabschluss jährlich auf hohem Niveau, ihr Anteil ohne Berufsabschluss erreicht Rekordhöhen. Das bisher unlösbare Kernproblem deutscher Bildungspolitik gilt nach wie vor über alle Bildungsstufen hinweg: Bildungserfolge hängen zu stark von der sozialen und ethnischen Herkunft ab. So werden Chancen und Rechte von Kindern und Jugendlichen beschnitten und Begabungen vergeudet.

Eine Reform der deutschen Bildungspolitik ist dringender denn je. Um diese in Gang zu setzen, braucht es eine Initialzündung auf den höchsten politischen Ebenen. Deswegen wäre ein *Nationaler Bildungsgipfel* DAS starke Signal, die Bildung endlich zur gemeinsamen Chefsache zu erklären. Der Bundeskanzler und die Regierungschefs der Länder haben das nötige politische Gewicht, um gemeinsam die Bildungs-, Wissenschafts- und Jugendminister:innen von Bund und Ländern mit Vertretern aus der Bundes-, Landes- und Kommunalpolitik, aus Wirtschaft, Wissenschaft, Bildungspraxis, Zivilgesellschaft sowie mit Eltern und Schülern zusammenzubringen. Ein Nationaler Bildungsgipfel sollte den Auftakt zu einem kontinuierlichen Dialog- und Reformprozess mit gemeinsamen Arbeitsstrukturen markieren. Dabei müssen sich alle relevanten Akteure auf gemeinsame Ziele sowie geeignete Maßnahmen verbindlich einigen und darauf hinwirken, diese in gesamtgesellschaftlicher Verantwortung pragmatisch, lösungsorientiert und entschlossen umzusetzen.

Einen ersten Anlauf gab es im Oktober 2008, als die damalige Bundeskanzlerin Angela Merkel zum »Qualifizierungsgipfel«, wie er offiziell genannt wurde, nach Dresden eingeladen hatte.

Ziel des Treffens von Angela Merkel, der damaligen Bundesbildungsministerin Annette Schavan und dem damaligen Bun-
desarbeitsminister Olaf Scholz mit den 16 Regierungschefs der
Bundesländer war, die Weichen hin zu einer »Bildungsrepublik« zu stellen, um insbesondere den Rückstand Deutschlands
im Bereich der Bildung und Weiterbildung aufzuholen und
das Fachkräfteangebot mittel- und langfristig zu sichern. Ein
Schwerpunktthema war die Verbesserung der Aufstiegschancen,
zum Beispiel ein leichterer Zugang zu einem Hochschulstudium
oder der Übergang von Schule zu Hochschule. Künftig sollten
40 Prozent eines Jahrgangs für ein Studium qualifiziert sein. Ein
weiteres Reformvorhaben, aktueller denn je: Hilfe für Schulab-
brecher (Deutsche Welle 2008). Dass nebenbei auch über Geld
gestritten wurde, bedarf hier keiner besonderen Betonung.

Was vielversprechend klang, versandete aber mit der Zeit. Fünf
Jahre später erteilte der Deutsche Gewerkschaftsbund den deutschen Bildungspolitikern keine guten Noten. Es seien in einigen
Feldern durchaus Verbesserungen erreicht worden, aber Kern-
probleme bestünden nach wie vor: zum einen die hohen Zahlen
der Jugendlichen ohne Schulabschluss und der jungen Menschen
ohne Berufsabschluss sowie das Auseinanderklaffen zwischen
der Lage von Begünstigten und der von Benachteiligten, das
sich weiter verfestige und immer wieder reproduziere. Und zum
anderen die Unterfinanzierung des deutschen Bildungssystems.
Das nüchterne Fazit: »Eine Bildungsrepublik sieht anders aus«
(DGB-Bundesvorstand 2013). Im Resümee zwei Jahre später
konstatierte der DGB: »Die Bildungsrepublik verfehlt ihre Ziele«
(Kühne und Warnecke 2015). Über den weiteren Verlauf gibt es
nicht mehr viel zu berichten, weil nichts Nennenswertes mehr
passierte. In den nachfolgenden DGB-Bilanzen fielen die Bewertungen auch nicht besser aus.

17 Jahre später, am 15. März 2023, hatte Bundesbildungsministerin Bettina Stark-Watzinger erneut zu einem Bildungsgipfel nach Berlin eingeladen, doch aus den Ländern »hagelte es Absagen« (Diekmann 2023a). Nur die Schulsenatoren aus Hamburg und Berlin, Ties Rabe und Astrid-Sabine Busse, waren erschienen. Die anderen hatten terminliche oder sonstige Gründe vorgeschoben. Damit war der Start des im Koalitionsvertrag festgeschriebenen bildungspolitischen Vorzeigeprojektes der Ampel-Regierung mächtig verpatzt. Wollte man doch zum Beispiel 4.000 sogenannte Brennpunktschulen fördern, um mehr Bildungsgerechtigkeit in Deutschland zu schaffen. Das geht aber nur, wenn Bund und Länder an einem Strang ziehen (Der Spiegel 2023b). Davon kann angesichts des »Gipfelchens« (Diekmann 2023b) wohl keine Rede sein.

> »Bildung ist kein Gedöns, sondern muss Chefsache sein.«
>
> *(Nicole Diekmann, ZDF-Korrespondentin)*

»Eine Blamage für die Bildungsministerin«, war zu lesen (Zeit online 2023e). Oder für die Länderminister? Eher für beide Seiten. Wenn es in unserem Land um die Bildung nicht so katastrophal bestellt wäre, könnte man über parteitaktisches Verhalten oder die eine oder andere Eitelkeit hinwegsehen. Aber in der jetzigen Situation sollte man von den politisch Verantwortlichen doch zumindest erwarten, dass sie jede Gelegenheit nutzen, um gemeinsam nach Lösungswegen aus der Bildungsmisere zu suchen, und sich nicht aus der Verantwortung stehlen. Auch wenn die Einladung zu diesem Gipfel recht kurzfristig stattgefunden haben mag oder das eine oder andere in der Vorbereitung nicht ausgegoren schien, ist es doch besser, um die eigenen Vorstellungen zu werben und seine Vorschläge zu unterbreiten, als von »Nebelkerzen« zu fabulieren (Der Spiegel 2023b) und sich zu verweigern. Die Zukunft unserer Kinder liegt in den Händen von

Politikern, denen Parteiklüngel, Eigeninteressen und Eitelkeiten wichtiger sind, als ihrer eigentlichen Verantwortung nachzukommen. Sie wurden vom Volk gewählt, um im Interesse des Volkes – zu dem auch die Kinder und Jugendlichen zählen – zu handeln.

Sollte ein Bundeskanzler eines Tages den Ernst der Lage erkennen, den Bildungsgipfel als Chefsache selbst in die Hand nehmen und sollte es ihm gelingen, die Kultusminister der Länder an einen Tisch zu bringen, empfahl die Stiftung Bildung (2023), diesen fortzuführen, um die Erfolgschancen zu steigern, und legte fünf Empfehlungen für die Einberufung und den Erfolg des Nationalen Bildungsgipfels vor:

- Breites Bündnis aller an Bildung beteiligten Akteure, unter anderem Vertreter der Bundesregierung, der Länderregierungen, der Schüler und ihrer Organisationen, der Bildungsverbände (z. B. Lehrer- und Schulleitungsverbände), der Elternverbände von Schule und Kita, der Kita- und Schulfördervereine, Vertreter von Hochschulen und Universitäten, Berufsschulen, Gewerkschaften, zivilgesellschaftlichen Bildungsorganisationen sowie Experten aus dem Bereich der Bildungsforschung und -entwicklung, aber auch bildungspolitische Journalisten und andere mehr.
- Anerkennung der teilnehmenden Akteure, dass das Bildungssystem grundlegende Veränderungen verlangt, damit es zeitgemäß, chancengerecht und partizipativ wird. Verpflichtung der Akteure, aktiv diese Veränderungen mitzugestalten, Kinder und Jugendliche bestmöglich auszubilden und auf die Zukunft vorzubereiten.
- Festlegung eines Sondervermögens Bildung mit 100 Milliarden Euro zur Umsetzung oben genannten Ziele; dieses

soll wirkungsvoll und nachhaltig eingesetzt werden unter anderem für:

- den Bau und die (nachhaltige) Sanierung der Bildungseinrichtungen
- die Definition bundesweit einheitlicher Bildungsstandards
- die Forcierung der Digitalisierung der Bildung
- den Ausbau der Möglichkeiten der Kitas und Schulen als Integrationsorte und Familienzentren
- die Sprachförderung schon vor dem Schuleintritt
- die Förderung der Mehrsprachigkeit als hohes Gut
- die Ganztagsbetreuung mit gesunder Ernährung
- die chancengerechte Bildung: Zugang zu bester Bildung für alle, unabhängig von Geschlecht, ethnischer Herkunft, sozialem Hintergrund, Einkommen oder anderen Faktoren
- die Lehrkräftesicherung: attraktive Rahmenbedingungen für die Berufe Erzieher und Lehrkräfte; passgenaue Konzepte zur Lehrkräftegewinnung; Lehrkräftefortbildung
- multiprofessionelle Teams als Standard
- die Einbeziehung und Qualifizierung von Erziehungsberechtigten
- den Abbau bürokratischer Hürden
- Staatsverträge im Bildungsbereich: Können Länder sich nicht einigen, greift der Bund (nach Vorbild Schweiz).
• Verbindliche Vereinbarung von Zielen unter Beachtung, dass sie durch Daten und Forschung gestützt, regelmäßig überprüft und klar und transparent gegenüber der Öffentlichkeit kommuniziert werden.

- Stärkung des Bildungsengagements und Einbindung von Erziehungsberechtigten und Bildungsengagierten bei der Neu-/Umgestaltung des Bildungssystems durch Verbesserung der Rahmenbedingungen (Stiftung Bildung 2023).

Diese Kriterien für einen Nationalen Bildungsgipfel decken sich im Großen und Ganzen mit den Vorschlägen anderer Institutionen. Bleibt abzuwarten, wann endlich ein richtiger Startschuss fällt. Und sollte dies gelingen, sollte darauf geachtet werden, dass bei der Finanzierung das Geld nicht einfach wie bisher nach dem Gießkannenprinzip verteilt wird, sondern dass wir auch einen Masterplan entwerfen, der unter anderem aufzeigt, wohin Hilfen fließen sollen. Und er sollte besser vorbereitet werden und alle mit einbeziehen (Bergediek 2023).

Wünschen würde ich mir von einem Bildungsgipfel, dass Standards bundesweit einheitlich geregelt werden. Diese Standards sollten zum Beispiel miteinbeziehen, dass auf den ersten Blick so Banales wie Vorgaben für Toilettentrennwände einheitlich für ganz Deutschland gelten sollten. So etwas gäbe den Kommunen Planungssicherheit. Man glaubt nicht, wie solche Dinge bis hin zu den Abständen der Steckdosen an den Wänden Bewilligungsverfahren verzögern können. Dasselbe gilt für einheitliche Finanzierungsbedingungen und die Anforderungen an die Personalausstattung. Auch sollte bundeseinheitlich festgelegt sein, dass die pädagogische Qualität in den Einrichtungen regelmäßig kontrolliert wird. All dies würde dazu beitragen, nicht nur die Kita-Finanzierung einheitlich zu gestalten, sondern auch trägerunabhängig zu regeln. Ebenso lassen sich Ausbildungsstandards festlegen: Welche Fachkräfte dürfen in den Einrichtungen arbeiten und was sind die Inhalte ihrer Ausbildung? In anderen Berufen funktioniert das ja auch (a.a.O.).

Die Versorgung mit Kindertageseinrichtungen auf westeuropäisches Niveau ausbauen

Die Versorgungslage mit Kindertageseinrichtungen in Deutschland hinkt im europäischen Vergleich hinterher. Erschwerend kommt hinzu, dass sich die Angebote zu wenig am Bedarf der Eltern orientieren.

Deshalb ist ein weiterer quantitativer Ausbau des Systems der Kindertageseinrichtungen unverzichtbar. Mittelfristig sollte ein Platzangebot für 20 bis 30 Prozent der unter Dreijährigen und für mindestens 40 Prozent der Schulkinder im Alter bis zu 14 Jahren angestrebt werden. Dieser Ausbau sollte entschlossen und mutig vorangetrieben werden.

> »Was Kitas brauchen, ist die Möglichkeit, genügend gut ausgebildetes Personal anzustellen, damit man intensiv, nicht mit zu vielen Kindern auf einmal und auch mit den Eltern gut zusammenarbeiten kann.«
>
> *(Birgit Mathes, Professorin Universität Bremen)*

Die Prinzipien, die hinter dem Ausbau der Betreuungsangebote für Kinder unter drei Jahren stehen, sollen sein: das Wohl des Kindes, die Kita-Wahlfreiheit der Eltern, soziale Gerechtigkeit und hohe pädagogische Qualität. Da das Bildungs- und Betreuungsangebot in erster Linie der Förderung des Kindes dienen soll, erfordert es eine hohe pädagogische Qualität. In zweiter Linie soll es die Vereinbarkeit von Familie und Beruf erleichtern. Die Empfehlungen zum Ausbau der Betreuungsangebote lauten:

- Im Krippenbereich sollten mittelfristig – dem Beispiel anderer europäischer Länder folgend – Betreuungsangebote für mindestens 35 Prozent der Kinder eines Jahrgangs bereitstehen, in Großstädten bzw. Ballungsgebieten 50 bis 55 Prozent.

- Wenn institutionelle Betreuungsangebote wie Kinderkrippen den Bedürfnissen von Familien nicht gerecht werden, empfehlen sich alternativ semiformelle Betreuungsformen, zum Beispiel durch Tagesmütter. Diese Betreuungsformen müssen aber den Qualitätsstandards entsprechen und geeignete Betreuungsräumlichkeiten vorweisen.
- Die Professionalisierung der Tagesmütter muss gewährleistet sein, unter anderem durch entsprechende Ausbildungs- und Supervisionsangebote.
- Für die Altersgruppe bis drei Jahre ist die Entwicklung eines pädagogischen Konzeptes für die außerfamiliale Erziehung, Bildung und Betreuung dringend erforderlich.

Der Präsident der Bundesvereinigung der Deutschen Arbeitgeberverbände (BDA), Dr. Rainer Dulger, bekräftigt erneut die Forderung nach mehr Ganztagsbetreuung in Kitas. »Bildung beginnt weit vor der Schule«, heißt es in einem Zehn-Punkte-Plan zur vorschulischen Bildung, den die BDA veröffentlicht hat. Die Wirtschaft brauche junge Nachwuchskräfte mit einer soliden Grundbildung. Die BDA spricht sich für ein Ganztagskonzept aus, in das auch außerschulische Angebote, zum Beispiel aus den Bereichen Mathematik und Naturwissenschaften oder Berufsorientierung einbezogen werden könnten. Zudem solle das Internet eine größere Rolle in der Schulausbildung spielen. »Der erste Schub in der digitalen Ausstattung von Schulen durch die Pandemie muss fortgesetzt und ausgebaut werden«, heißt es in dem Papier. Dabei solle auch künstliche Intelligenz zum Einsatz kommen (News4teachers 2023a).

Praxisbezogene Reformen

Es gibt eine Vielzahl vernünftiger Vorschläge, um die Kindertagesbetreuung in Deutschland in die Spur zu bringen. Beginnen wir bei der attraktiven Gestaltung der Ausbildung und Arbeitsbedingungen, um junge Menschen für diesen Beruf zu begeistern und zu gewinnen. Die Ausbildung muss attraktiv gestaltet werden, beginnend bei den Ausbildungsverträgen über einheitliche und nachvollziehbare Ausbildungsstrukturen und aktuelle Ausbildungsinhalte bis hin zur attraktiven und auskömmlichen Ausbildungsvergütung. Es braucht ferner genügend Ausbildungskapazitäten, zum Beispiel Studiengänge an den Hochschulen zur Ausbildung der Fachschullehrkräfte, aber auch die Einbeziehung von Fachberaterinnen und Kita-Leitungen in die Lehre.

> »Der Markt ist leergefegt. [...] Es ist immer noch sehr schwierig für uns, Personal zu finden. [...] Weil die Entlohnung nicht sehr gut ist und sehr anstrengend, sehr viele Belastungen.«
>
> *(ev. Pfarrerin)*

Um auch die Kitas als Ausbildungsorte stärker in die Ausbildung einzubeziehen, könnten Praxisanteile erhöht und die Kooperation mit Fachschulen vertieft werden. Des Weiteren bieten sich Anreize an, die Beschäftigten an die Kitas zu binden, zum Beispiel durch gezielte und kontinuierliche Unterstützung oder durch gesetzlich festgeschriebene Angebote zur beruflichen Weiterbildung der Kita-Mitarbeiter. Nicht zuletzt beeinflussen berufliche Auf- und Einstiegsmöglichkeiten sowie gute Durchlässigkeit eine Entscheidung zugunsten eines Berufs (Diakonie in Niedersachsen 2022; Bertelsmann Stiftung 2022a).

Um den eigenen Anspruch bezüglich qualitativ hoher pädagogischer Arbeit erfüllen zu können, benötigen Kindertageseinrichtungen dringend zusätzliches und kompetentes Personal. Unabdingbare Voraussetzung dafür ist eine Ausbildung der Erzieher:innen auf europäischem Niveau. Voraussetzung für den

Berufseinstieg sollte ein Hochschulstudium sein. Schon 2007 monierte der Experte für Frühpädagogik Wassilios E. Fthenakis: »Es kann nicht hingenommen werden, dass wir in Deutschland die schwierigsten und komplexesten Bildungsprozesse im vorschulischen Alter mit dem geringsten Qualifikationsniveau unserer Fachkräfte europaweit bewältigen wollen« (Fthenakis 2007).

Sein Statement ist bis heute aktuell. Deshalb sollten mittel- und langfristig unter anderem die Ausbildungskapazitäten deutlich erhöht und die Kapazitäten in den Studiengängen Kindheitspädagogik deutlich gesteigert werden. Um eine bessere Konsistenz im Bildungsverlauf der Kinder gewährleisten zu können, sollten zudem spezielle Fachberater ausgebildet werden, die institutionenübergreifend Früh- und Schulpädagogen in Kindergärten und Schulen beraten und weiterqualifizieren. Da dafür zurzeit schlichtweg die erforderlichen Hochschuldozenten fehlen, empfiehlt sich ein schrittweises Vorgehen:

- Gemeinsame Ausbildung von Früh- und Schulpädagogen nach Maßgabe eines entwicklungsorientierten Curriculums, das auf die Entwicklungsschritte von Kindern und Jugendlichen – insbesondere von null bis 18 Jahren – eingeht; gekoppelt an Forschungsprojekte würde eine solche Ausbildung auch den Aspekt der Verbindung von Forschung, Lehre und Praxis berücksichtigen, zum Beispiel in Bezug auf den kontinuierlichen Übergang vom Kindergarten in die Schule, der ohne Brüche stattfinden sollte, durch eine institutionalisierte verbindliche Zusammenarbeit beider Bildungsstufen.
- Qualifizierung von Ausbildern (Lehrkräften an Fachschulen) auf Masterniveau für die Ausbildung der pädagogischen Fachkräfte und Leitungen.

- Qualifizierung der pädagogischen Fachkräfte (Gruppen-
leitungen und Leitungen, Fachberatungen und Entschei-
der bei den Trägern) auf europäischem Niveau.

Eine Befragung der Diakonie Niedersachsen unter Kita-Leitungen ergab, welche Voraussetzungen für eine attraktive Gestaltung
der Ausbildung vorliegen müssen:

- deutliche Erhöhung der Ausbildungskapazitäten – durch
Einbeziehung von Fachberater:innen sowie Kita-Leitungen in die Lehre und an Ausbildungsstätten
- Erhöhung der Praxisanteile und Vertiefung der Kooperation mit Fachschulen, um Kitas als Ausbildungsorte stärker und verantwortlich einzubeziehen
- Einführung attraktiver und auskömmlicher Ausbildungsvergütung
- gesetzliche Festschreibung von Weiterbildungsmaßnah-
men für Kitamitarbeiter
- Eröffnung beruflicher Auf- und Einstiegsmöglichkeiten
und Förderung der Durchlässigkeit (Diakonie in Niedersachsen 2022).

Ich hoffe dringend auf einen höheren Anteil an Kita-Leitungen
und Erzieher:innen mit Hochschulabschluss durch eine Intensi-
vierung der Forschung im Elementarbereich und die Anerkennung der Bachelor- und Masterabschlüsse des Studiums der
»Kindheitspädagogik« für die pädagogische Arbeit in Kindertagesstätten.

Die Akademisierung ist mit viel Verve betrieben worden, und
es sind über 90 Studiengänge entstanden, was ja eine sehr gute
Entwicklung ist. Jedoch wurde dabei versäumt, Strukturen zu

schaffen, um die neuen Kindheitspädagogen in die Kita-Praxis zu holen. Es gibt keine spezifischen Aufgabenprofile und nur wenige Möglichkeiten, deren Qualifikationen finanziell anzuerkennen. Es fehlen die Strukturen und Prozesse, um die Wirkung der hohen Kompetenzen der akademisch Gebildeten in der Praxis entfalten zu können (Viernickel 2023).

Die Forschung der Frühpädagogik hat sich zwar als eine »Disziplin im Werden« entwickelt, aber deren Förderung ist im Vergleich zur Schulforschung lächerlich gering, obwohl es mehr Personal und einen zunehmend hohen Anteil von Kindern betrifft. Erschwerend kommt hinzu, dass Forschungserkenntnisse auch nur sehr zögerlich von der Politik zur Steuerung aufgegriffen werden (a.a.O.).

Wie zuvor ausgeführt, plädiere ich dafür, die Ausbildung der pädagogischen Fachkräfte – wie international üblich – auf Hochschulniveau zu konzipieren, aber zwingend mit Begleitung und Fachberatung auch und vor allem in den ersten Berufsjahren. Darüber hinaus sollten für die Ausbildung zu Frühpädagog:innen die Empfehlungen für die Professionalisierung der Fachkräfte gelten, die im Rahmen der Perspektiven zur Weiterentwicklung des Systems der Tageseinrichtungen für Kinder in Deutschland schon vor 20 Jahren formuliert wurden (BMFSGJ 2003):

- eine umfassende und nachhaltige strukturelle wie konzeptionelle Reform der Professionalisierung der Fachkräfte für den Elementarbereich als eine zentrale politische Aufgabe
- eine mittelfristige Anhebung der Erzieher:innenausbildung auf Hochschulniveau in Anlehnung an die meisten europäischen Länder (Haupteingangsvoraussetzung Abitur, vierjähriges Studium)

- Organisation des Studiengangs im Sinne eines koordinierten, modular konzipierten und bundesweit anerkannten Qualifizierungssystems
- Prüfung einer gemeinsamen Ausbildung von Erzieher:innen und Lehrer:innen zumindest in den ersten zwei Studienjahren in diesem organisierten Studiengang (mittelfristig Entwicklung eines neuen Ausbildungsprofils für Pädagogen, das sie befähigt, in allen Stufen des Bildungssystems bis Ende der Grundschule tätig zu werden, als folgerichtige Konsequenz aus der Forderung nach institutionenübergreifenden Bildungsplänen)
- Vernetzung zwischen Forschung und Ausbildung (eine engere Verknüpfung zwischen Theorie und Praxis, Beteiligung der Studierenden an Feldforschung und die Förderung eines Auslandspraktikums)
- bundeseinheitliche Regelung für die Anerkennung von europäischen Abschlüssen
- konzeptionelle Reform der Erzieherausbildung (da eine Anhebung des Ausbildungsniveaus allein keine höhere Ausbildungsqualität garantiert)
- Abkehr von der bisher einseitig auf das sozialpädagogische Paradigma orientierten hin zu einer ebenfalls dem bildungspolitischen Paradigma verpflichteten Ausbildung
- Entwicklung eines Ausbildungscurriculums, zu dessen Elementen u. a. zählen sollten:
  - Förderung personaler Kompetenzen für eine moderne Bildungs- und Erziehungsarbeit
  - Vermittlung grundlegender und berufsfeldbezogener theoretischer Grundlagen und empirischer Erkenntnisse aus den entsprechenden Bezugswissenschaften

- theoriegeleitete Bearbeitung praxisnaher Fragestellungen
- Förderung fachspezifischer Kenntnisse und lernfeldübergreifender Grundprinzipien
- differenzierte Unterrichtsdidaktik
- Abstimmung der Aus-, Fort- und Weiterbildungssysteme aufeinander und in ihrer Gesamtheit hin zu einer modernen, auf die Erzieherbiografie ausgerichteten Professionalisierungskonzeption
- Entwicklung eines berufsbegleitenden Weiterbildungsprogramms ähnlich wie in anderen europäischen Ländern (um zunächst allen Kita-Leitungen eine akademische Ausbildung zu ermöglichen, anschließend den Fachkräften einen Hochschulabschluss zu eröffnen)
- Eröffnung neuer Forschungsmöglichkeiten durch die Anhebung der Ausbildung auf universitäres Niveau (Ausbildungssystem selbst wird Gegenstand von Forschung und einer permanenten Evaluation).

Neben diesen Empfehlungen für eine attraktive Gestaltung der Ausbildung sind meines Erachtens folgende Voraussetzungen maßgebend für die pädagogische Arbeit der Erzieher:innen in den Kitas:

- das Gute-KiTa-Gesetz als wirkliches Qualitätsgesetz ohne Investitionen in die Beitragsfreiheit
- Umsetzung der Bildungs- und Erziehungspläne
- Projekte mit Nachhaltigkeit
- Abbau bzw. Vereinfachung der Dokumentation (Verhältnismäßigkeit von Dokumentation zur pädagogischen Arbeit mit den Kindern)
- Beschleunigung der Baugenehmigungen.

Alle angeführten Kriterien sollten übergreifend und verbindlich gelten. Andernfalls verwalten wir uns weiter total, ohne den Kindern wirklich Bildungschancen zu geben.

Arbeiten als multiprofessionelle Teams

Multiprofessionelle Teams sind in erster Linie Betreuungs- oder Kooperationsteams, deren Mitglieder aus unterschiedlichen Berufsgruppen stammen: Das können Erzieher:innen, Kinderpfleger:innen, Sozialpädagog:innen, Heilpädagog:innen oder Vertreter:innen verschiedener Fachdienste wie Physiotherapeut:innen und Psycholog:innen sein. Im weiteren Sinne kann man auch Eltern oder ehrenamtlich Engagierte dazu zählen. Die Vernetzung mit anderen Institutionen über das Kernteam verschiedener Professionen einer Einrichtung, zum Beispiel im Bereich der frühen Hilfen, mit sozialpädiatrischen Zentren etc., gehört zum sogenannten »interdisziplinären Setting« (P_WERK 2023a).

Kinder benötigen neben klaren Strukturen und emphatischen, verlässlichen Bezugspersonen unbedingt multiprofessionelle Teams, um auch den unterschiedlichen kulturellen Hintergründen der Gruppe adäquat begegnen zu können.

Kinder profitieren von multiprofessionellen Teams, weil sie für ihre ganzheitliche Entwicklung unterschiedliche Kompetenzen brauchen. Auch die Teammitglieder profitieren in ihrer Einrichtung durch Arbeitserleichterung, Wissenszuwachs und gestiegene Professionalität. Werden die verschiedenen Kompetenzen innerhalb eines Teams sinnvoll miteinander kombiniert, entsteht eine hochwertige pädagogische Arbeit (a.a.O.). Die Bedeutung solcher Teams steigt unter anderem deshalb, weil wir in den Kitas eine Zunahme von Kindern mit Autismus-Spektrum-Störungen und von Kindern, die mit ihrem Verhalten das System Gruppe sprengen, verzeichnen. In fast allen Gruppen sind solche Kinder mit Förderbedarf. In diesen Fällen sind klare Diagnosen und eine gezielte Förderung in kleinen Gruppen unerlässlich. Damit ist das pädagogische Personal überfordert, nicht nur angesichts der aktuellen Personalsituation. Es ist auf die Unterstützung von speziell dafür ausgebildeten Fachkräften angewiesen.

Einbeziehung fachfremder Menschen in den Kita-Alltag

Ich finde, dass wir auch andere Professionen wie Tischler, Bäcker oder Gärtner – auch im Sinne der Werkstattpädagogik (Waterkant Academy van Dieken 2023) – mit pädagogischer Begleitung in die Kitas holen müssen.

Auch sollten wir wieder junge Menschen für ein Freiwilliges Soziales Jahr in der Kita stärker anwerben. Früher waren die Kriegsdienstverweigerer eine tolle Gruppe junger, motivierter Männer, die den Kindern in der Kita sehr viel bieten konnten.

Darüber hinaus sollten wir auch junge Migrant:innen mit pädagogischer Begleitung durch Mentoren in die Kitas einbeziehen. Dies würde ihnen eine wichtige soziale Teilhabe ermöglichen und ihre Mitarbeit würde für die Kita die gesellschaftliche Vielfalt widerspiegeln, die auch bei den Kindern sichtbar ist.

Wir werden unseren pädagogischen Alltag nicht allein mit deutschen pädagogischen Fachkräften lösen können, das wäre auch nicht im Sinne der Eltern, die häufig selbst Migrationserfahrung haben bzw. auch als deutsche Fachkräfte weltweit eingesetzt werden. Unsere Welt ist global geworden. Kinder, die jetzt unsere Kitas besuchen, werden künftig vermehrt ihren Arbeitsplatz weltweit finden. Dazu müssen sie von uns – um es mit Goethes Worten zu formulieren – »Wurzeln und Flügel bekommen«.

Besserer Personalschlüssel und kleinere Gruppen

Ich erlebe, dass sich Pädagog:innen in den Kindergärten zunehmend überfordert fühlen und deshalb aussteigen beziehungsweise mit Burn-out reagieren, weil sie den zu großen Gruppen und den vielen Kindern mit besonderem Förderbedarf nicht mehr gerecht werden können. Etliche von ihnen klagten, dass sie in ihrer Ausbildung nicht ausreichend auf solche Situationen vorbereitet wurden und ihnen damit das nötige Handwerkszeug fehlt.

> »Das ist der Grund, warum Erzieherinnen ihren Beruf verlassen, denn sie sagen: ›Wir können mit gutem Herzen, mit gutem Gewissen so nicht mehr arbeiten.‹ Denn das ist mittlerweile Kindeswohlgefährdung und [die Kita] ist nur noch eine Bewahranstalt.«
>
> *(Kita-Leiterin)*

Unter diesen Bedingungen wundert es mich nicht, dass Fachkräfte aus dem Kita-Alltag fliehen, auch Leiterinnen, sie gehen lieber als Putzfrau arbeiten. Tatsächlich! Denn sie müssen sich über ihre eigentlichen Aufgaben hinaus mit der Kita als überreguliertem Bereich herumschlagen: Leiterinnen sind Brandschutzhelferinnen, Sicherheitsexpertinnen, Datenschutzexpertinnen, Kindeswohlexpertinnen und Organisationstalente in Personalunion – und Lückenbüßerinnen, wenn wieder mal eine Erzieherin ausfällt. Ach ja, und dann müssen sie sich noch für jedes Foto, das in der Kita für einen Aushang von den Kindern gemacht wird, von den Eltern eine Genehmigung einholen. Da bleibt nicht mehr viel Zeit für ihre eigentlichen Aufgaben, wie zum Beispiel die Steuerung von pädagogischen Prozessen.

Die einfache Lösung: kleine Gruppen mit einem günstigeren Erzieher-Kind-Schlüssel, dazu neue Formen der Raumgestaltung, zum Beispiel mit Rückzugsmöglichkeiten, Flüstertischen, Schallschutzdecken, Experimentiermöglichkeiten – um nur einige Beispiele zu nennen. In der Pandemie haben wir festgestellt, dass sich Kinder in den kleineren Gruppen sicherer und wohler fühlen und sich besser orientieren können.

Nach Maßgabe offizieller Empfehlungen und Expertisen fordert der Verband KiTa-Fachkräfte Rheinland-Pfalz (2023b), den Personalschlüssel für eine individuelle, bedürfnisorientierte Betreuung der Kinder wie folgt anzuheben:

- für Kinder von 0 bis 1 Jahr auf einen Personalschlüssel von 1:2
- für Kinder von 1 bis 3 Jahren auf einen Personalschlüssel von 1:3
- für Kinder von 3 bis 6 Jahren auf einen Personalschlüssel von 1:7,5
- für Grundschulkinder von 6 bis 10 Jahren auf einen Personalschlüssel von 1:10.

Der optimale Personalschlüssel sollte folgende Kriterien erfüllen:

- unmittelbare pädagogische Arbeitszeit, d. h. direkte Kontaktzeit mit den Kindern
- mittelbare pädagogische Arbeitszeit für Teamgespräche, Dokumentationen, Elterngespräche etc. von mindestens 25 Prozent der Arbeitszeit
- Berücksichtigung von Ausfallzeiten bei Urlaub, Fortbildung oder Krankheit
- zusätzliche Fachkräfte mit sonderpädagogischer Ausbildung für inklusives Arbeiten.

Und um pädagogisch wertvolle Arbeit leisten zu können, müssen die Kinderzahlen in den Gruppen wie folgt reduziert werden:

- Für Kinder von 0 bis 3 Jahren sollte die Gruppenstärke bei maximal 8 bis 10 Kindern liegen.

- Für Kinder von 2 bis 6 Jahren liegt die maximale Gruppengröße bei bis zu 15 Kindern.
- In Gruppen für Kinder von 3 bis 6 Jahren sind 18 bis 20 Kinder als Maximalgröße zu betrachten.

Denkbar wäre auch, nach drei Jahren Pandemie Vorschulklassen als Übergang einzuführen.

Personalpolitische Reformen

Stärkere Berücksichtigung der Wünsche des Personals

In einem Positionspapier zur wirksamen Bekämpfung des Fachkräftemangels in Kitas fordert der Deutsche Kitaverband (2022):

- mehr Flexibilität und Vielfalt an Professionen in den Kita-Teams
- eine steigende Fachkräftezahl
- einen erweiterten Fachkräftekatalog (Qualifikationen, die aus dem Bereich der Bildung sowie der Gesundheit und Pflege entstammen; kvjs.de 2023) und multiprofessionelle Teams
- Qualitätssicherung durch Personalschlüssel und Fachkraftquote
- bessere Karrierewege
- tarifliche Eingruppierung
- Anerkennung von in- und ausländischen Abschlüssen
- besseres Image des Berufs
- Direkteinstieg
- höhere Entlohnung.

Als Kriterien für attraktive Arbeitsbedingungen wurden unter anderem genannt:

- substanzielle Verbesserung der Fachkraft-Kind-Relationen
- ausreichende Vertretungskapazitäten in den Teams
- Weiterentwicklung des Positions- und Entlohnungsgefüges in den Kitas, um den Fachkräften langfristige Entwicklungsperspektiven zu bieten
- ausreichende Zeiten für mittelbare pädagogische Tätigkeiten
- substanzieller Ausbau der Leitungskapazitäten
- Unterstützungssysteme (Fachberatung, Teamentwicklungsprozesse, Supervision, Fort- und Weiterbildung)
- Etablierung partizipativer Qualitätsmanagementsysteme und systematischer Formen der Organisationsentwicklungsprozesse (nifbe 2022).

Entlastung der Fachkräfte

Zur Entlastung der pädagogischen Fachkräfte fordert beispielsweise das Niedersächsische Institut für frühkindliche Bildung und Entwicklung (a.a.O.) kurzfristig von der Politik:

- Entlastung der pädagogischen Fachkräfte von Verwaltungs- und hauswirtschaftlichen Aufgaben durch Assistenz- und Verwaltungskräfte
- Ermöglichung einer schnellen Entbürokratisierung von Genehmigungs-, Abrechnungs- und Antragsverfahren, die Leitungen und Fachkräfte übermäßig belasten und unnötigerweise pädagogisch notwendige Kapazitäten binden

- Sicherung der Weiterqualifizierung zur pädagogischen Fachkraft bei der Einstellung von nicht einschlägig ausgebildeten Personen
- pragmatische Aufgabenfokussierung auf pädagogisches Handeln zum Wohle der Kinder und zu ihrer Förderung.

Fokussierung des Personals auf seine ureigene Aufgabe

Einen Orientierungsrahmen für die ureigene Aufgabe der Fachkräfte bieten die Bildungs- und Erziehungspläne der Länder, die Bezug auf die Entwicklung der Kinder nehmen. Und zwar hinsichtlich:

- ihrer Persönlichkeitsmerkmale: Gefördert werden sollen zum Beispiel Neugierde, Forscherdrang bzw. Experimentierfreude und Eigeninitiative, aber auch Entscheidungsfähigkeit, Selbstbewusstsein und Kreativität bzw. Spielfreude
- ihrer individuellen Kompetenzen: Gefördert werden sollen zum Beispiel Sozial- bzw. Kommunikationskompetenz und die Fähigkeit, Dinge auszuprobieren und die Umgebung zu erkunden, Empathiefähigkeit, Verantwortungsgefühl und Konfliktlösungskompetenz
- des Wissens: Gefördert werden sollen zum Beispiel Sprache, mathematisches Verständnis und allgemeines Weltwissen.

Damit systematisieren die Bildungspläne die Förderschwerpunkte im Sinne einer ganzheitlichen Entwicklung des Kindes und legen dabei den Schwerpunkt auf die sprachliche (literacy) und die mathematische (numeracy) Grundbildung. Die ersten

Bildungs- und Erziehungspläne konzentrierten sich auf die Konkretisierung und verbindliche Festlegung des Erziehungs- und Bildungsauftrags der Tageseinrichtungen für Kinder unter sechs Jahren. Die Pläne der zweiten Generation stellen stärker auf die zu fördernden Basiskompetenzen der Kinder und den Umgang mit Diversität ab (Fthenakis 2008).

Die besten Bildungspläne aber nützen nichts, wenn sie niemand liest, weil die Zeit fehlt. Leitungen und ihre Teams brauchen Zeit, um die in Bildungsplänen niedergeschriebenen neuen wissenschaftlichen Erkenntnisse aufzunehmen und umzusetzen – Zeit für die Vorbereitung, Umsetzung und Nachbereitung der Materialien. Diese Zeit steht ihnen im Arbeitsalltag in der Regel aber nicht zur Verfügung. Ein wichtiges Reformziel ist also, wie schon gesagt, die Personaldecke so anzuheben, dass die Erzieher:innen mit den Bildungsplänen arbeiten können.

Inklusion

Im Vorfeld der vom niedersächsischen Kultusministerium ausgerichteten Fachkonferenz »Bildungsqualität in Kitas sichern – dem Fachkräftemangel begegnen!« im Mai 2023 in Hannover hat ein breites Bündnis aus niedersächsischen Kita-Trägern, Gewerkschaften, Elternvertretern, Bündnissen, Vereinen und Initiativen ein Positionspapier für die Qualität und Verlässlichkeit in der frühkindlichen Bildung vorgelegt. Neben Maßnahmen gegen den Fachkräftemangel, zur verlässlichen Sicherheit der pädagogischen Qualität von Kitas sowie zur Stärkung der Kindertagespflege finden sich explizit Vorschläge zu inklusiven Kitas wie folgende:

1. Rechtsanspruch auf einen Integrationsplatz sowie ausreichend bedarfsgerechte Plätze

2. Berücksichtigung von im Laufe des Jahres festgestellter Behinderung
3. kindgerechte Rahmenbedingungen, um der Vielfalt aller Kinder in Kitas und Tagespflege gerecht zu werden
4. Schaffung von Anreizen zur Weiterqualifizierung zur heilpädagogischen Fachkraft (nifbe 2023a).

Weitere Ideen

Anerkennung und Förderung von Tageseltern

In diesem Zusammenhang dürfen auch die passionierten und engagierten Tageseltern nicht aus dem Blickfeld geraten, die ebenfalls wertvolle Arbeit leisten. Sie sollten für eine positive Zukunftsperspektive mehr pädagogische Beachtung und Begleitung und bessere finanzielle Förderung bekommen. Vielleicht gelingt es auch, sie – wie auch immer – an die Träger anzudocken.

Kombination von Kitas und Senioreneinrichtungen

Des Weiteren sei die Frage erlaubt, ob nicht die frühe Bildung stärker mit dem Thema Seniorenbetreuung kombiniert werden kann, so wie es mancherorts ja schon geschieht. Auf diese Weise könnten die gesamte Verwaltung, der Einkauf und so weiter unter gleicher Regie erfolgen und so neue Ressourcen gewonnen werden. Auch Themen wie dezentrales gesundes Kochen für Jung und Alt könnten unter wirtschaftlichen Aspekten interessant sein. Auf jeden Fall finde ich es lohnenswert, darüber zumindest nachzudenken. Das wäre schon deshalb nicht abwegig, weil ich mehrere Bauprojekte von Kitas in Verbindung mit Senioreneinrichtungen in Bremerhaven begleitet habe, in einem Fall sogar in Verbindung mit einem Hospiz. Derzeit plane ich den Bau einer

Kita in Verbindung mit einer Tagespflege. Ich staune immer wieder selbst darüber, welche Kombinationen von Kitas mit anderen Einrichtungen möglich, praktikabel und für die Kinder attraktiv sind.

Kommunalpolitische Reformen

Die folgenden Empfehlungen beziehen sich auf andere Möglichkeiten frühkindlicher Bildung und Betreuung sowie deren kontextuellen Rahmen.

Zum Beispiel werden vernetzte Erziehungs-, Bildungs- und Betreuungsangebote für Kinder und Jugendliche »aus einer Hand« immer populärer. Einrichtungen wie »Mehrgenerationenhäuser« oder »Kinder- und Familienhäuser« (Wehrmann 2004) eignen sich besonders dafür, die unterschiedlichen Lebens- und Lernwelten von Kindern im Kindergartenalter und Grundschülern besser zu verzahnen. Dies wird unterstützt durch eine wechselseitige Anbindung von Kindergarten und Schule und aufeinander abgestimmte schulische und nicht schulische Angebote.

Zu dieser Vernetzung gehören auch Kooperationen zwischen Trägern, Institutionen, Organisationen, Unternehmen und Betreuungsdienstleistern, beispielsweise um betriebliche Kindergärten einzurichten, Platzkontingente an Unternehmen zu vermieten, Kita-Platz-Sharing anzubieten u.v.m. Hier sind vielfältige Gestaltungsmöglichkeiten auf lokaler Ebene möglich.

All dies setzt auf kommunaler Ebene auch die tatsächliche Umsetzung der folgenden Maßnahmen voraus:

- Haltungsfindung: zum Erkennen der Relevanz von Reformbedarf

- Stabsstelle: zur Vereinigung kommunaler Zuständigkeiten unter einem Dach
- Controlling: zur Ermittlung verlässlicher Zahlen und Bedarfsprognosen
- Platzausbauprogramm: zur Deckung voraussichtlicher Bedarfslagen
- Personalentwicklungskonzept: inkl. Überbrückungslösungen bei akutem Personalmangel
- Betreuungsqualität: nach Maßgabe einheitlicher Qualitätsstandards und -ziele für alle Träger
- Sprachentwicklung: für den Abbau zunehmender Sprachdefizite bei Einschulung
- Sanierungsprogramm: bei schlechtem baulichem Zustand bestehender Kitas
- Tarifverhandlungen: für angemessene Bezahlung, Vermeidung von Streiks
- Beitragsordnung: nach Maßgabe der kommunalen Erfordernisse
- Modernisierung: zur Digitalisierung von Verfahren und Optimierung von Angeboten
- Zukunftsplanung: zur optimalen Verzahnung der Bildungsetappen der Kinder

Finanzpolitische Reformen

Die gesellschaftliche Aufgabe, allen Kindern gleiche Entwicklungs- und Bildungschancen zu bieten, wird auch durch Defizite des föderalen Systems behindert. Dies wird beispielsweise dadurch deutlich, dass bei dem gegenwärtigen Finanzierungssystem der Kindertageseinrichtungen die Bildungs- und Entwicklungschancen im Vorschulalter nach wie vor von der Finanzkraft der Kommunen abhängen.

Bei der Frage nach neuen Finanzierungsmodellen für die frühkindliche Bildung und Betreuung treten die Tücken des föderalen Systems offen zutage: In Deutschland gibt es 16 unterschiedliche Finanzierungssysteme für den Elementarbereich, in jedem Bundesland ein anderes. Allein in Berlin kommen 19 unterschiedliche Pauschalen für die Kita-Betreuung hinzu. Eine Reform des deutschen Kita-Finanzierungssystems erfordert, diesen Gordischen Knoten zu durchschlagen.

Für den Ausbau der ganztägigen Betreuung für Kinder im Vorschul- und Schulalter ist mit höheren Personalkosten und zusätzlichen Mitteln für Infrastrukturmaßnahmen zu rechnen. Die Einbeziehung von Leistungen der Kinder- und Jugendhilfe kompensiert nur bedingt die höheren Kosten für ganztägige Angebote im Schulalter. Elternbeiträge sind für deren Finanzierung keine akzeptable Lösung.

Aufgrund der vielerorts angespannten Finanzlage der Kommunen sollten zusätzliche Möglichkeiten des finanziellen Ausgleichs der Angebote der Kinder- und Jugendhilfe als Teil der kommunalen Bildungslandschaft erwogen und geprüft werden. Zum wiederholten Mal: Es kann nicht sein, dass die Bildungschancen unserer Kleinsten – das heißt die Zukunft des Wissens- und Wirtschaftsstandorts Deutschland – abhängig sind vom Willen der Träger und von der Finanzkraft der Kommunen bzw. der Entscheidung von Bürgermeistern und Lokalpolitikern.

In diesem Bereich kann der Föderalismus der frühkindlichen Bildung und Betreuung finanziell das Genick brechen. In Kommunen, die kein Geld haben, kann man heute bereits den Genickbruch beobachten: In sozialen Brennpunkten und dort, wo Mütter nicht berufstätig sind, werden Ganztagsplätze abgebaut, die Kinder müssen mittags nach Hause gehen. In Stadtteilen, die zu den sozialen Brennpunkten zählen, werden Freizeitheime und Jugendbibliotheken geschlossen. Das ist Ausgrenzungspolitik in ihrer schlimmsten Form. Es ticken Zeitbomben in Deutschland.

So wird nachvollziehbar, warum die IGLU-Studie zu dem Ergebnis gekommen ist, dass die Bildungschancen eines Kindes in keinem anderen Land derart von seinem sozialen Umfeld abhängen wie bei uns. Es ist skandalös und menschenverachtend, Kindern aufgrund langer Arbeitslosigkeit der Eltern und damit einhergehender Armut Bildung vorzuenthalten. Ähnliches gilt für Flüchtlingsfamilien, deren Kinder kein Deutsch sprechen und trotzdem keinen Kita-Platz und somit eine Förderung im Erlernen der deutschen Sprache bekommen. Hier muss der Bund Rahmenbedingungen für die Länder schaffen, die in Zukunft solche skandalösen Zustände ausschließen. Man kann es nicht oft genug wiederholen: Der Bund muss zuständig sein für Qualitäts- und Ausbildungsstandards, für die Rahmenbedingungen frühkindlicher Bildung und Erziehung und für die Qualitätskontrolle.

Die Kommunen als öffentliche Jugendhilfe- und Aufwandsträger sind in ihren finanziellen Möglichkeiten angesichts der Größe der Aufgaben und der bereits angesprochenen angespannten Finanzlage völlig überfordert. Deshalb ist es notwendig, die Finanzierungslasten neu zu verteilen: Weil Bund und Länder ebenfalls für die frühkindliche Erziehung, Bildung und Betreuung verantwortlich sind, müssen sie dauerhaft und in einem wesentlich stärkeren Umfang finanziell zum Ausbau des Systems der Kindertageseinrichtungen beitragen.

Dies erfordert eine Finanzverfassungsreform, die über eine Gemeindefinanzreform hinausgeht, dahingehend, dass der Bund sich – wie im Hochschulbereich auch – endlich am Aus- und Umbau der Kindertageseinrichtungen und an deren notwendiger (EDV-)Ausstattung finanziell beteiligt.

Es gibt aber auch weitere Gestaltungsmöglichkeiten für die Umschichtung finanzieller Mittel zugunsten der frühkindlichen Bildung. Hierzu folgende Empfehlungen:

- Der Besuch von Kindergärten als Bildungseinrichtungen für alle Kinder sollte wie Schulen ausgenommen von der Verpflegung kostenlos sein – in einer ersten Übergangzeit zumindest im letzten Kindergartenjahr vor der Einschulung.
- Die mit der demografischen Entwicklung und der stagnierenden bzw. leicht steigenden Geburtenrate einhergehenden Einsparungen, die sich ergeben, weil weniger Transferzahlungen an Eltern und Familien anfallen, sollten nicht zweckentfremdet werden. Sie sollten vielmehr in die Qualität der frühkindlichen Bildungs- und Betreuungsangebote einfließen.
- Öffentlich verantwortete Kindertageseinrichtungen sollten kostenfrei angeboten werden, begründet mit der schrittweisen Abschaffung der Elternbeiträge, die länder- und kommunalspezifisch geregelt sind.
- Finanzielle Spielräume sollten ganz ausgeschöpft werden und es sollte eine Prüfung erfolgen, ob die Mittel effizient und zweckgerichtet eingesetzt werden. Hindernisse bei Mittelabfluss sollten identifiziert und nicht genutzte Mittel umverteilt werden. Ziel ist es, alle Mittel zweckgerichtet für den Ausbau der Tagesbetreuung für unter dreijährige Kinder einzusetzen und keine Ausgabenreste entstehen zu lassen.

Generell muss nach Lösungen gesucht werden, die zu einem effizienteren Einsatz der Mittel und zur Anhebung des Budgets führen. Im internationalen Vergleich und im nationalen Bildungsstufenvergleich ist in Deutschland der Elementar- und Primarbereich deutlich unterfinanziert. Der hohe Stellenwert der frühkindlichen Förderung und der hohe volkswirtschaftliche Nutzen erfordern eine Umverteilung innerhalb der öffentlichen Haushalte.

Expert:innen sind der Auffassung, dass die Deckung des erforderlichen Finanzbedarfs den ernsthaften Willen und ein Umdenken bei den politisch Verantwortlichen voraussetzt.

Um verbesserte und verlässliche finanzielle Rahmenbedingungen für die Reform der (früh)kindlichen Bildung in Deutschland zu gewährleisten, sind meines Erachtens zudem folgende Maßnahmen erforderlich:

- umfassende Investitionen in den Kita-Bereich (quantitativer und qualitativer Ausbau der Kita-Plätze und der Aus- und Weiterbildung der pädagogischen Fachkräfte und der Quereinsteiger)
- ein »Sondervermögen Bildung«
- eine kontinuierliche Erhöhung der Ressourcen für das frühkindliche Bildungssystem
- eine stärkere finanzielle Beteiligung des Bundes und der Länder an den Kosten der frühkindlichen Bildung in den Kommunen
- eine Verstetigung der im KiTa-Qualitätsgesetz festgeschriebenen Sockelfinanzierung.

Diese und auch die vorgenannten Empfehlungen sind nur dann Erfolg versprechend, wenn nicht weiter nach bewährtem Muster

Flickschusterei in Form unkoordinierter Reparaturmaßnahmen betrieben wird – das heißt, erst wenn es mal wieder brennt, sondern das System systematisch nach einem festen Plan, der von oben gewollt und gesteuert – also Chefsache – ist, runderneuert wird.

I have a dream …

Ich wünsche mir, dass unser Bildungssystem eines Tages allen Kindern in Deutschland, egal welche soziale und ethnische Herkunft sie haben, optimale Startchancen für ihr Leben bietet. Und das geht zuallererst durch Bildung. Wissen ist Macht, Wissen macht schlau, Wissen öffnet Türen und Tore. Daran hapert es in Deutschland – und zwar mächtig. Es sollte zu denken geben, dass hierzulande beim Thema »(früh)kindliche Bildung« in einem Atemzug der Begriff »Kollaps« fällt. Nicht vereinzelt von irgendwelchen Panikmachern und Berufspessimisten verbreitet, sondern flächendeckend von nahezu allen, die tagtäglich mit Kindern in diesem System arbeiten und sich mit den durch politisches Unterlassen verursachten Unbillen herumplagen müssen.

Die »Traumkita«

Auch wenn die Lage vielerorts hoffnungslos scheint, ist es meines Erachtens nicht angebracht, zu resignieren und »den Kopf in den Sand zu stecken«. Im Gegenteil. Dass es auch anders geht, stellt zum Beispiel die Kita »Heide Süd« in Halle unter Beweis.

In dieser Kita ist vieles anders als in anderen Kindergärten. Die Kinder können essen und schlafen, wann sie wollen. Einen Plan für den Tagesablauf gibt es nicht, alles geht von den Kindern aus. Nicht ein durchgetakteter Zeitplan ist für die 15 pädagogischen

Fachkräfte maßgebend, sondern die Bedürfnisse der Kinder. Allen Erzieher:innen ist wichtig, dass die Kinder stark gemacht werden. Die Kinder bestimmen auch, wann sie was essen möchten. Zu Mittag gibt es ein Büfett, von dem sich die Kinder aussuchen können, was sie essen möchten. Auch die Kleinsten. Die Erzieher:innen helfen ihnen dabei.

Wenn ein Kind das Essen vor lauter Spielen vergisst, wird es von den Erzieher:innen zum Mittagstisch eingeladen. Die Küche ist den ganzen Tag offen, von früh um 6 bis 18 Uhr. Es gibt nur zwei wichtige Regeln für alle: Jeder muss in der Küche Schuhe tragen, falls zum Beispiel mal ein Glas herunterfällt, und jedes Kind muss seinen Teller auch wieder wegräumen.

Auch geschlafen wird, wann wer will. Im Schlafraum gibt es ganz unterschiedliche Schlafmöglichkeiten. Zwei Hochbetten für die älteren Kinder, ein Zelt, einen Kinderwagen, ein Ehebett samt kleinem Baldachin darüber. Zwei »Schlaffrauen« der Kita begleiten jeden Tag die Kinder in den Schlaf. Sie wissen genau, was die Kinder brauchen, damit sie einschlummern. Wer nicht von selbst schlafen geht, wird beim Essen dazu eingeladen. Irgendwann sind alle mal müde. Die älteren Kinder suchen sich ihren Schlafplatz selbst, das kann sogar im Freien sein. Wenn mal ein Kind im Garten einschläft, dann legt eine Erzieher:in eine Decke unter das Kind, eine Decke drauf und lässt es schlafen. Das »Schlafmotto«: Kein Kind wird geweckt, und keines, das putzmunter ist, zum Schlaf gedrängt.

Alles, was die Kinder in der Kita »Heide-Süd« machen – auch den Tagesablauf bestimmen sie selbst –, geht von den Kindern aus. In die verschiedenen Räume zum Bauen, Theaterspielen, Malen, Toben oder Handwerken kann jedes Kind nach Lust und Laune hineingehen. Auch der Garten steht den Kindern zum Spielen offen, auch an Regentagen.

Dass es auf den ersten Blick in der Kita keine Regeln gibt, ist ein Trugschluss. Sie folgt einem Konzept, das nur mit Struktur funktioniert. Es gibt durchaus Regeln: In der Werkstatt werden Schuhe getragen. Wenn das Stoppschild vor der Treppe steht, dürfen die Kinder nicht nach oben gehen und so weiter.

Es ist auch nicht so, dass die Kita mehr Personal hat als andere. In dieser städtischen Kita kommen auf die 109 Kinder zwischen null und sechs Jahren 14 pädagogische Fachkräfte und eine Leiterin. Alle stehen voll hinter dem Kita-Konzept. Über die Jahre haben etwa zehn Pädagogen die Kita wieder verlassen, weil sie von dem offenen, kinderrechtsbasierten Konzept nicht überzeugt waren. Auch um die zehn Familien haben die Kita gewechselt, weil die pädagogische Arbeit sie nicht angesprochen hat. Jetzt aber passen Team, Eltern und Kinder zusammen.

Die Erzieher:innen arbeiten mit den Kindern in Projekten, weil sie mit ihnen eine schöne Zeit haben wollen. Jede Kollegin arbeitet dort, wo sie möchte, nach ihren Stärken und Interessen – das ist ein großes Plus. Und sie freut sich darüber, dass sie mit so tollen Eltern und Kindern arbeiten kann. So kommen Eltern zum Beispiel am Wochenende in die Kita, um die Schildkröte zu füttern, oder sie gießen in der Sommerpause den Garten. Und wer sich einfach mal zum Reden in die Küche setzen will, ist ebenso willkommen. Und selbstverständlich duzen sich Kinder, Erzieher:innen und Eltern. Für ihr Engagement ist die Kita mit dem Deutschen Kita-Preis 2023 ausgezeichnet worden (Kotulla 2023).

Die beschriebene »Traumkita« erfüllt exemplarisch nahezu alle Kriterien für eine qualitativ hochwertige Erziehung, Bildung und Betreuung von Kindern im Vorschulalter. Für meine persönliche »Traumkita« müssten insbesondere vier weitere Voraussetzungen vorliegen, die mir ein besonderes Anliegen sind:

- Bi- bzw. Multilingualität: zwei- oder mehrsprachige Erziehung der Kinder, auch vor dem Hintergrund, dass immer mehr Kinder durch die Entwicklungen in der Bevölkerungsstruktur in Deutschland zwei- oder mehrsprachig aufwachsen und dass das Beherrschen verschiedener Sprachen später für sie nicht nur im Berufsleben von Vorteil sein wird, sondern auch persönlich viele positive Aspekte mit sich bringt (Kita.de 2023c)
- ausgewogene und kindgerechte Ernährung, zubereitet nach Möglichkeit in der hauseigenen Küche mit Zutaten aus der Region
- Inklusion: Erziehung, Bildung und Betreuung von Kindern mit und ohne Beeinträchtigungen durch multiprofessionelle Teams, die jedem Kind individuell die optimale Förderung angedeihen lassen
- Integration: kultursensible Eingliederung von Kindern mit Migrations- und insbesondere Flüchtlingshintergrund in die Kindergruppen mit besonderem Augenmerk auf die Förderung der deutschen Sprache als Vorbereitung für die spätere Einschulung.

Eine Kita wie »Heide Süd« in Halle, die zusätzlich auch diese Voraussetzungen erfüllt, würde meinen Vorstellungen einer »Traumkita« sehr nahekommen.

Mein Traum

Weil Träumen erlaubt ist, träume ich davon, dass eines Tages die Kita »Heide Süd« keine Ausnahme, kein »Leuchtturmprojekt« in Deutschland ist, sondern die Regel. Dass Kinder bundesweit in Kitas wie dieser beste Voraussetzungen für einen optimalen Start ins Leben erhalten. Nach selbstentwickelten Konzepten, die von allen Mitwirkenden getragen werden. Damit dieser Traum Wirklichkeit wird, muss Deutschland ein kinder- und familienfreundliches Land werden und lernen, Kinder zu lieben und nicht zu verwalten. Es muss lernen, seine Bürokratie zu reduzieren, damit Baugenehmigungen innerhalb von drei Monaten und die Fertigstellung von Neu- und Umbauten innerhalb von acht bis zehn Monaten die Regel sind und nicht teilweise jahrelange Wartezeiten. Teilweise mit dem Ausgang, dass Projekte nach jahrelangem Hinarbeiten mit einem Federstrich gecancelt werden. Auf diese Weise werden auch die wohlgesonnensten Investoren vergrault.

Wenn wir schon beim Träumen sind, warum nicht auch von der Überwindung der unterschiedlichen föderalen Strukturen, die unser Bildungssystem konterkarieren. Oder von der Schaffung einheitlicher bundesweiter, verbindlicher Standards, zum Beispiel in der Ausbildung, der Raumgestaltung und bei Qualitätskriterien. Oder von einem Ausbau der Ausbildungskapazität der Erzieher:innen auf Fachschul- und Hochschulniveau. Oder dass Erzieher:innen und Lehrer:innen als Zukunftsgestalter:innen unseres Landes anerkannt werden und dass die bestausgebildeten Pädagog:innen in Krippe und Kita gehören, dorthin, wo die Grundlagen für Bildungsbiografien gelegt werden. Dass also die Pyramide umgekehrt aufgebaut wird – auch in der Ausgabenpolitik. Student:innen können sich etwas dazuverdienen, Kinder aber in den ersten Lebensjahren nicht. Sie sind auf das angewiesen, was die Gesellschaft ihnen anbietet. Deshalb ist die Gesellschaft gefordert. Wir müssen wieder zum Vorreiter im Bildungsbereich werden und dürfen uns nicht mit der Rolle eines der Schlusslichter abfinden. Ich vermisse hier den Ehrgeiz der Politik und wundere mich über die Handlungsunfähigkeit gegenüber den Kindern, den Schwächsten in der Kette, denen wir so viele Probleme überlassen.

Kinder gehören an die erste Stelle der Gesellschaft. Deutschland, das Land der Dichter und Denker, das den »Kindergarten« erfunden hat, muss sich seiner gesellschaftlichen Verantwortung wieder bewusst werden und seine Kinder an die erste Stelle zurückholen und nicht weiter »unter ferner liefen« wegparken. Dafür setze ich mich ein. Und ich ermuntere alle Fachkräfte, alle Erzieher:innen vor Ort, dafür auf die Straße zu gehen und zu demonstrieren. Auf nötige Veränderungen können wir lange warten, wenn wir nicht massiver für unsere Interessen eintreten. Wenn wir uns nicht berufspolitisch engagieren, wird nichts passieren. Erfreulicherweise regen sich – wie oben beschrieben – erste Proteste. Der Anfang wäre also gemacht. Jetzt heißt es: Nur nicht nachlassen!

Wir haben ja gesehen, wie schnell 20 Jahre vergehen, ohne dass etwas Wirksames geschieht, wie die Politik sozusagen eine Generation »verpennt« hat. Revolutionen starten von unten, nicht von oben. Anders kommen wir aus der Misere nicht heraus – auch die Erzieher:innen vor Ort nicht. Hier muss man vor allem die Kommunalpolitiker in die Verantwortung nehmen, zum Beispiel, indem man sie in die Einrichtungen holt, damit sie sich dort ein Bild darüber machen, wie die Realität in den Kitas ihrer Kommunen aussieht (Bergediek 2023).

Und eines will ich auch betonen: Die Fachkräfte, die Erzieher:innen sind es, diese Expert:innen in Sachen frühe Bildung, die tagtäglich mit den Kindern und für die Kinder arbeiten, die den Politikern zeigen können, wo die Dinge im Argen liegen und was getan werden muss, um Fehler zu beheben. Ihnen allen, den Erzieher:innen und Pädagog:innen, gebührt der Dank für die gute tägliche Arbeit trotz zum Teil sehr schwieriger Rahmenbedingungen. Unser Dank gilt ihnen – dafür, dass sie nicht aufgeben und weiter mit viel Liebe und Empathie Kinder in ihren wichtigen ersten Lebensjahren begleiten. Sie sind es, die mir mit ihrer Passion für ihren Beruf und mit ihrem Engagement für die Kinder meine Zuversicht aufrechterhalten, dass der vielbeschworene Kita-Kollaps in Deutschland nicht eine in Stein gemeißelte Zwangsläufigkei ist, sondern noch abgewendet werden kann.

Gleichwohl ist mir bewusst, dass Dank und Händeklatschen nicht ausreichen, um der wichtigen und wertvollen Arbeit, die die Fachkräfte und Mitarbeiter tagtäglich mit den Kindern in den Kitas erbringen, gerecht zu werden. Vielmehr geht es darum, ihnen ihren Arbeitsalltag zu erleichtern, unter anderem durch bessere Arbeitsbedingungen etwa durch kleinere Gruppen, bessere Betreuer-Kind-Schlüssel oder den Abbau der Personalnot; es geht darum, sie gerechter zu bezahlen – und ihnen höchste Anerkennung für ihren Dienst an unseren Kindern zu zollen. Und die Hoffnung stirbt zuletzt, dass die Politik endlich aufwacht und ernsthaft die Umsetzung der dafür erforderlichen Reformmaßnahmen in Angriff nimmt.

Der jüngste Appell

Vielleicht taucht tatsächlich Licht am Horizont auf: Am 21. Juni 2023 rief ein breiter Kreis aus 89 Stiftungen, Verbänden und Gewerkschaften die Regierungschefs der Bundesländer und den Bundeskanzler zu einem Nationalen Bildungsgipfel als Auftakt zu einem kontinuierlichen Reformprozess in der Bildung auf. Zu den Initiatoren dieses Bündnisses gehören die Vodafone Stiftung Deutschland, die Bertelsmann Stiftung und die Robert Bosch Stiftung. Anlässlich der letzten Sitzung der Kultusministerkonferenz (KMK) vor der Sommerpause richtet das Bündnis »#NeustartBildungJetzt« folgenden Appell an die Politik:

»Leistungsdefizite, Chancenungleichheit, Fachkräftemangel
Die Lösung der massiven Probleme im deutschen Bildungs-
system duldet keinen weiteren Aufschub. Aus dieser Über-
zeugung heraus richtet ein breiter Kreis aus Stiftungen,
Verbänden und Gewerkschaften erneut einen gemeinsamen
Appell an alle Verantwortlichen in der Politik. Die aktuelle
Form der Zusammenarbeit zwischen den politischen Ebenen
wird der Dimension der Herausforderung nach Ansicht der
Unterstützerinnen und Unterstützer des Appells nicht ge-
recht. Es ist höchste Zeit, dass Bundeskanzler Olaf Scholz und
die Regierungschefinnen und -chefs der Bundesländer einen
echten Nationalen Bildungsgipfel einberufen. Dieser Gipfel
sollte alle Verantwortlichen in der Bildung an einen Tisch
bringen und den Auftakt zu einem grundlegenden, gesamtge-
sellschaftlichen Reformprozess markieren, um einen Neustart
in der Bildung einzuleiten.
Die Alarmsignale sind längst unverkennbar und zeigen sich
bereits in der frühen Bildungsphase: Bundesweit fehlen Hun-
derttausende Kita-Plätze, zudem können viele Kitas auf-
grund einer nicht kindgerechten Personalausstattung ihren
Bildungsauftrag nicht mehr erfüllen. An den Grundschulen
wiederum gehen die Leistungen seit Jahren zurück, vor al-
lem in den Basiskompetenzen Lesen, Schreiben, Zuhören
und Rechnen. Auch an den weiterführenden Schulen sinkt
das Leistungsniveau auf allen Ebenen dramatisch. Der An-
teil der Jugendlichen ohne Schulabschluss bleibt hoch. Zu-
gleich wächst die Zahl junger Menschen, die im Berufsleben
den Anschluss verlieren: Mehr als eine halbe Million junge
Erwachsene zwischen 20 und 34 Jahren gehen weder einer
Arbeit noch einer schulischen oder beruflichen Ausbildung
nach. Neben individuellen Risiken erwachsen daraus auch

soziale und wirtschaftliche Belastungen für die Gesellschaft. Ein Kernproblem deutscher Bildungspolitik bleibt über alle Bildungsstufen hinweg ungelöst: Bildungserfolge hängen hierzulande noch immer zu stark von der sozialen Herkunft ab. Auf diese Weise werden die Chancen und Rechte von Kindern und Jugendlichen beschnitten und Begabungen vergeudet.

•

Strukturelle Probleme angehen: Fachkräftemangel, Finanzierung, Steuerung

Obwohl sich alle Beteiligten viel Mühe geben: Dem Bildungssystem gelingt es immer weniger, die Fehlentwicklungen zu korrigieren. Das liegt zum einen am massiven Mangel an Fachkräften, der sich in den kommenden Jahren noch zu verschärfen droht. Darunter leiden nicht nur die Verfügbarkeit und Qualität der Bildungsangebote an Schulen und Kitas, sondern auch das vorhandene Personal. Die steigende Arbeitsbelastung, insbesondere durch nicht-pädagogische Aufgaben, mindert die Attraktivität der Berufsbilder und schreckt künftige Nachwuchskräfte ab. Die Engpässe haben auch Folgen für die Wirtschaft: Fehlende Plätze in Kitas und der Ganztagsförderung von Grundschülerinnen und -schülern erschweren die Vereinbarkeit von Familie und Beruf, während häufiger Unterrichtsausfall die Vermittlung grundlegender Kompetenzen für die Fachkräfte von morgen behindert.

Ein weiteres Problem stellt die Finanzierung des Bildungssystems dar. Sie ist häufig weder auskömmlich noch sozial gerecht. Gerade im Bereich der außerschulischen Angebote ist das Geld zu knapp und nicht langfristig zugesichert. Zudem werden Gelder noch immer zu oft nach dem Gießkannen-

prinzip verteilt, anstatt sie gezielt dort einzusetzen, wo sie am meisten bewirken können.

Schließlich behindert die Struktur des Bildungssystems selbst Anpassungen und Reformen. Die unsystematische Verflechtung der politischen Ebenen erfordert komplexe Abstimmungen, sowohl zwischen Bund, Ländern, Kommunen und den jeweils beteiligten Ressorts als auch mit den Trägern. Wohin das führt, zeigen zum Beispiel die zähe Umsetzung des Digitalpakts, der schleppende Ausbau des Ganztagsangebots für Grundschulkinder, die stagnierende Inklusion oder das Fehlen bundesweiter Qualitätsstandards in vielen Bereichen. Gefragt ist eine neue Kultur der Bildungszusammenarbeit zwischen Bund, Ländern und Kommunen, wie sie der Koalitionsvertrag in Aussicht gestellt hat.

Es braucht eine Initialzündung auf den höchsten politischen Ebenen

Allerdings lässt es die Dringlichkeit der Probleme nicht zu, auf eine Neuordnung der kommunalen und föderalen Zuständigkeiten zu warten. Die Missstände im Bildungswesen reichen weit über Kitas und Schulen hinaus. Sie gefährden sowohl die Chancen und Rechte jedes einzelnen jungen Menschen als auch die Zukunft unserer Wirtschaft, Gesellschaft und Demokratie. Bildung soll den jungen Menschen in ihrer persönlichen Entwicklung helfen und Orientierung bieten. Sie soll es ihnen ermöglichen, ein selbstbestimmtes Leben zu führen, an der Gesellschaft teilzuhaben und diese mitzugestalten. Sie soll ihnen die Kompetenzen vermitteln, um in der immer komplexeren Arbeitswelt ihren Platz zu finden. Bildung ist die Grundlage für wirtschaftlichen Wohlstand, Innovationskraft und die Zukunftsfähigkeit unserer demo-

kratischen Gesellschaft. Daher ist es erforderlich, jetzt die Weichen für ein leistungsfähigeres, begabungs- und chancengerechteres Bildungssystem zu stellen.

Um den dringend benötigten Reformprozess herbeizuführen, braucht es eine Initialzündung auf höchster politischer Ebene. Ein Nationaler Bildungsgipfel wäre das starke Signal, die Bildung endlich zur gemeinsamen Chef- und Chefinnensache zu erklären. Der Bundeskanzler und die Regierungschefinnen und -chefs der Länder haben das nötige Gewicht, um gemeinsam mit den Bildungs-, Wissenschafts- und Jugendministerinnen und -ministern von Bund und Ländern, Bundes-, Landes- und Kommunalpolitik, Wirtschaft, Wissenschaft, Bildungspraxis, Zivilgesellschaft sowie Eltern, Kinder und Jugendliche zusammenzubringen. Der Nationale Bildungsgipfel sollte den Auftakt zu einem kontinuierlichen Dialog- und Reformprozess mit gemeinsamen Arbeitsstrukturen markieren. Dabei müssen sich alle relevanten Akteure auf gemeinsame Ziele sowie geeignete Maßnahmen verbindlich einigen und darauf hinwirken, diese in gesamtgesellschaftlicher Verantwortung pragmatisch, lösungsorientiert und entschlossen umzusetzen. Denn nur mit vereinten Kräften kann der Neustart in der Bildung als elementare Voraussetzung für die Zukunftsfähigkeit Deutschlands gelingen« (neustart-bildung-jetzt.de 2023).

Es wäre wünschenswert, wenn dieser Appell der Startschuss für die Politik wäre, die überfälligen Reformmaßnahmen in der Bildung endlich anzupacken.

Warum ich dieses Buch geschrieben habe

Dieses Buch ist entstanden, weil ich den Umgang unseres Landes mit Kindern und den geringen Stellenwert, den es ihnen und damit auch ihren Bildungs- und Fördermöglichkeiten beimisst, nicht aushalte. Die Gleichgültigkeit und die Langsamkeit von Politik und Verwaltung, neue Kitas zu beschließen und zu bauen, sind für mich schon seit Langem nicht mehr nachvollziehbar und akzeptabel. Das Gleiche gilt für die Ausbildungskapazitäten der pädagogischen Fachkräfte.

Ich stelle ebenfalls seit Längerem fest, dass die Langsamkeit und Zähigkeit bisweilen auch die Bauträger erfasst hat. Ich habe mir überlegt, ob ich resignativ die Begleitung meiner Kita-Aus- und Neubauten »hinschmeiße« und die Augen vor dem Bildungskollaps verschließe. Oder ob ich mit Leidenschaft noch einmal eine Offensive zum Wohle unserer Kinder starte und zum Aufbruch und Neuanfang in der frühkindlichen Bildung aufrufe. Das Land der Erfinder, dessen einziger Rohstoff Wissen und Bildung ist, darf so nicht weitermachen, sonst driftet es in absehbarer Zeit tatsächlich in einen Kita-Kollaps und verliert international weiter den Anschluss.

Wenn wir heute sagen, hier geht es zu wie im Kindergarten, dann zucke ich zusammen. Denn in einer guten Kita gibt es Umgangsregeln, Konfliktmanagement, eine vergnügte Atmosphäre und Ordnung. Aber der Spruch zeigt mir, welchen Stellenwert Kinder und Kitas in unserer Gesellschaft haben.

Ich bin betroffen darüber, dass zunehmend gut qualifizierte Fachleute unser Land – einem sinkenden Schiff vergleichbar –

verlassen, weil sie für ihre Familien hier keine Perspektive mehr sehen.

Es fängt mit der Bildung unseres jüngsten Nachwuchses an. Ich habe noch zu viel Temperament, um die Lahmheit in unserem Land auszuhalten, und gleichzeitig als Kirchenfrau noch genug missionarischen Eifer, um es an das Wunderbarste, was es hat, nämlich seine Kinder, zu erinnern. »Kinder bilden! Deutschlands Zukunft«, das war schon 2007 der Titel eines meiner Bücher. Leider muss ich feststellen, dass sich seitdem nicht viel verbessert hat, bisweilen eher das Gegenteil passiert ist. Wenn ich wie gestern in einer Zeitung lesen muss, dass jeder fünfte Jugendliche seine Ausbildung abbricht, oder in einer neuen Koalitionsvereinbarung lesen muss, dass in den Kitas die Gruppengröße auf 23 Kinder erhöht werden soll und gleichzeitig auch weniger pädagogisch ausgebildetes Personal angestellt werden kann, frage ich mich, ob die Verantwortlichen Deutschland wirklich bewusst gegen die Wand fahren wollen.

Auf solche Ideen bei der Gestaltung von Kindergärten muss man erst einmal kommen. Die Verantwortlichen scheinen immer noch nicht begriffen zu haben, dass gerade bei den Kleinsten die Saat für die späteren Bildungsbiografien – also den Wissensstandort Deutschland – gelegt wird. Deshalb gilt es, im Vorschulbereich zu »klotzen« und nicht zu »kleckern«, und nicht umgekehrt: bei den Kleinsten zu »knapsen« und damit in eine Bildung zu investieren, deren Wurzeln bereits beschnitten wurden.

Ich erlebe aber manchmal auch Highlights. Dafür fuhr ich jüngst rund 900 Kilometer durch Deutschland, weil ein Wirtschaftsunternehmen mich zu einem Beratungsgespräch mit dem Personalvorstand, der Abteilungsleitung, dem Bürgermeister und pädagogischen Fachberaterinnen anlässlich des beabsichtigten Neubaus einer betrieblichen Kita eingeladen hatte. Das Ergebnis war, dass im Anschluss an dieses Meeting der Bau einer innovativen neuen Kita beschlossen wurde, zwei Wochen später die Pläne der Architekten vorlagen und die Entscheidung zugunsten der Realisierung fiel. So etwas kommt – man mag es kaum glauben – tatsächlich auch vor.

Wir waren in Deutschland schon mal weiter, was beispielsweise das Tempo der Umsetzung anbelangt oder die Qualität in Kindergärten, die vor gut 20 Jahren in der »Nationalen Qualitätsinitiative im System der Tageseinrichtungen für Kinder« (NQI) verschriftlicht wurde – und seitdem mehr oder weniger vor sich »hindümpelt«, weil die Quantität das Geschehen dominiert.

An dieser Stelle danke ich ausdrücklich den Verfasserinnen und Verfassern der Vorworte zu diesem Buch für ihre jahrzehntelange Begleitung und Unterstützung im Bemühen um eine gute frühkindliche Bildung in unserem Land. Mein Dank gebührt aber auch allen Architekten und Investoren dafür, dass sie sich von meiner Leidenschaft und meinem nachdrücklichen Einsatz für die Sache der Kinder nicht haben abschrecken lassen.

Die Zukunft fängt heute an – mit unseren Kindern und ihrer Bildung. Bleiben Sie deshalb mit mir unbequem, wenn es um unsere Kinder geht. Um ihnen wenigstens beste Bildungs- und Entwicklungschancen zu bieten und nicht nur einen Berg an Schulden und die Folgen der Klimakatastrophe zu hinterlassen.

Ilse Wehrmann

»Weil unsere Kinder unsere einzige reale Verbindung in die Zukunft sind und weil sie die Schwächsten sind, gehören sie an die erste Stelle der Gesellschaft.«

(Olof Palme)

Quellen

AGJ – Arbeitsgemeinschaft Kinder- und Jugendhilfe (2023). Inklusion gestalten! Anregungen zum Beteiligungsprozess, Bewertungen der Gestaltungsoptionen zur künftige Anspruchsnorm und Verfahren. Erste zusammenführende Stellungnahme der Arbeitsgemeinschaft für Kinder- und Jugendhilfe – AGJ zum BMFSFJ-Diskussionsprozess »Gemeinsam zum Ziel«. https://www.agj.de/fileadmin/files/positionen/2023/Erste_AGJ-StN_Gemeinsam_zum_Ziel.pdf (Download 10.06.2023).

agjä – Arbeitsgemeinschaft der Jugendämter (2023a). Der Kita-Fachkräftemangel steuert auf den Worst Case zu!!! Appell der Arbeitsgemeinschaft der Jugendämter an die Kultusministerin Frau Julia Willie Hamburg. 16.05.2023. https://www.agjae.de/assets/downloads/Fachkraeftemangel-10-Punkteplan.pdf (Download 13.06.2023).

agjä – Arbeitsgemeinschaft der Jugendämter (2023b). Dem Fachkräftemangel begegnen – Vereinbarkeit von Familie und Beruf sicherstellen. 16.05.2023. https://www.agjae.de/assets/downloads/Anschreiben-an-die-Ministerin.pdf (Download 13.06.2023).

Ahnert, Lieselotte (2022). Die Wiener Kinderkrippenstudie: Die Eingewöhnungsphase von Kindern in der Kinderkrippe. Heidelberg.

Ahnert, Lieselotte (2002). Frühe Tagesbetreuung und Eltern-Kind-Beziehung. In: Archiv frühe Kindheit 2/2002. Hrsg. Deutsche Liga für das Kind. https://liga-kind.de/fk-202-ahnert/ (Download 08.06.2023).

Aktion Mensch und Forschungsinstitut für Inklusion durch Bewegung und Sport (FIBS) (2023). Inklusion auf Spielplätzen in Deutschland. Bonn.

Aldenhoff, Kathrin (2023). Kita-Betreiber warnen vor Kollaps. In. Süddeutsche Zeitung 12.01.2023. https://www.sueddeutsche.de/muenchen/muenchen-kitas-fachkraeftemangel-caritas-warnung-1.5730542 (Download 10.05.2023).

Alfred Toepfer Stiftung F.V.S. et al. (2023). Für einen Nationalen Bildungsgipfel: Breiter Appell an Bundeskanzler und Länderchef:innen. Pressemitteilung 14. März 2023. https://www.eaf-bund.de/sites/default/files/2023-03/230314_Appell_Nationaler_Bildungsgipfel.pdf (Download 05.05.2023).

Amend, Jürgen (2017). Drei Quadratmeter pro Kind. In: nd-aktuell.de, 28.01.2017. https://www.nd-aktuell.de/artikel/1039969.drei-quadratmeter-pro-kind.html (Download 12.06.2023).

Anders, Yvonne und Bettina Hannover, Monika Jungbauer-Gans, Dieter Lenzen, Nele McElvany, Tina Seidel, Rudolf Tippelt, Karl Wilbers und Ludger Wößmann (2022). Bildung und berufliche Souveränität. Hrsg. vbw – Vereinigung der Bayerischen Wirtschaft. Münster. https://www.waxmann.com/index.php?eID=download&buchnr=4707 (Download 02.06.2023).

architektur-welt.de (2021). Kindergarten bauen: Richtlinien 2021. Kindergarten bauen: Richtlinien 2021 (architektur-welt.de) (Download 13.06.2023).

Arilla, Gemma Teres und Tobias Müller (2023). Ziemlich beste Freunde. In: taz, 14.05.2023. https://taz.de/Selenski-in-Deutschland/!5931768/ (Download 07.06.2023).

Aswald, Nadja und Jana Kolbe (2023). Leben wir in einem kinderfeindlichen Land? In: BILD, 02.06.2023. https://www.bild.de/ratgeber/2023/ratgeber/familienministerin-lisa-paus-im-interview-leben-wir-in-einem-kinderfeindlichen-l-84137390.bild.html (Download 02.06.2023).

Atens-Kahlenberg von, Wiebke (2018). Bremer Checkliste für ausgewogene Mittagessen in Kindertagesstätten. https://www.bips-institut.de/fileadmin/bips/downloads/ratgeber/Bremer_Checkliste_2018.pdf (Download 26.06.2023).

azubi.de (2023). Gehalt in der Ausbildung als Pflegefachmann/frau. https://www.azubi.de/beruf/ausbildung-pflegefachfrau/gehalt (Download 10.06.2023).

Barmer (2021). Barmer Gesundheitsreport 2021. Berlin. https://www.barmer.de/resource/blob/1032110/aaafa3405427f0b05d34a7f20fd904d1/barmer -gesundheitsreport-2021-data.pdf (Download 15.05.2023).

Barthelme, Cornelie (2023). Kinder sind nie die Nummer eins. In: Weser Kurier, 26.05.2023. Kinder sind nie die Nummer eins (e-pages.dk) (Download 28.05.2023).

Bauer, Patricia (2023). Rechtsanspruch Kita: Recht auf einen Kindergartenplatz durchsetzen. In: Advocado.de, 25.05.2023. https://www.advocado.de/ratgeber/verwaltungsrecht/kita-platz/rechtsanspruch-auf-einen-kita-platz.html (Download 08.06.2023).

Baumert, Jürgen und Petra Stanat, Amke Demmrich (2001). PISA 2000: Untersuchungsgegenstand, theoretische Grundlagen und Durchführung der Studie. In: Jürgen Baumert, Eckhard Klieme, Michael Neunbrand, Manfred Prenzel, Ulrich Schiefele, Wolfgang Schneider, Petra Stanat, Klaus-Jürgen Tillmann und Manfred Weiß (Hrsg.): PISA 2000. Basiskompetenzen von Schülerinnen und Schülern im internationalen Vergleich. Opladen. S. 15–68.

Bergediek, Matthias (2023). »Wir haben alle über unsere Verhältnisse gelebt, auf Kosten der nächsten Generation«. Ein Interview mit Bildungsexpertin Ilse Wehrmann. In: kindergarten heute 4/2023. https://www.erzieherin.de/files/einrichtungsleitung/kindergarten-heute-f-2023-53-ein-interview-mit-bildungsexpertin-ilse-wehrmann.pdf (Download 08.06.2023).

Bertelsmann Stiftung (2023). Kinderarmut in Deutschland. Factsheet. Gütersloh. https://www.bertelsmann-stiftung.de/fileadmin/files/BSt/Publikationen/GrauePublikationen/291_2020_BST_Facsheet_Kinderarmut_SGB-II_Daten__ID967.pdf (Download 08.06.2023).

Bertelsmann Stiftung (2022a). Kita-Personal braucht Priorität! KiTa-Personal braucht Priorität! (bertelsmann-stiftung.de) (Download 06.11.2022).

Bertelsmann Stiftung (2022b). »Keine Kita für arme Kinder? Viele Kinder, die in Armut aufwachsen, haben schlechte Chancen auf einen Kitaplatz«. 22.12.2022. https://www.bertelsmann-stiftung.de/de/unsere-projekte/kein-kind-zurueclassen-kommunen-schaffen-chancen/projektnachrichten/keine-kita-fuer-arme-kinder-viele-kinder-die-in-armut-aufwachsen-habenschlechte-chancen-auf-einen-kitaplatz (Download 22.05.2023).

Bertelsmann Stiftung (Hrsg.)(2021a). Fachkräfte-Radar für KiTa und Grundschule. https://www.bertelsmann-stiftung.de/de/publikationen/publikation/did/fachkraefte-radar-fuer-kita-und-grundschule-2022-all (Download 15.05.2023).

Bertelsmann Stiftung (Hrsg.) (2021b). Mehr Plätze im Westen, mehr Qualität im Osten: Bessere Kita-Bedingungen sind möglich. Pressemitteilung der vom

24.08.2021. Mehr Plätze im Westen, mehr Qualität im Osten: Bessere Kita-Bedingungen sind möglich (bertelsmann-stiftung.de) (Download 06.11.2022).

Bertelsmann Stiftung (Hrsg.) (2020). Schlechte Rahmenbedingungen erschweren die Bildungsarbeit der Kitas. Pressemitteilung vom 25.08.2020. Schlechte Rahmenbedingungen erschweren die Bildungsarbeit der Kitas (bertelsmann-stiftung. de) (Download 06.11.2022).

BETA – Bundesvereinigung Evangelischer Tageseinrichtungen für Kinder e.V. (BETA). Für Kinder mischen wir uns ein. https://www.beta-diakonie.de/ (Download 12.06.2023).

BiB – Bundesinstitut für Bevölkerungsforschung (2023). Kinder aus benachteiligten Familien bekommen seltener KiTa-Platz. Pressemitteilung vom 10.03.2023. https://www.bib.bund.de/DE/Presse/Mitteilungen/2023/pdf/2023-03-10-Trotz-Betreuungswunsch-bekommt-nur-jedes-zweite-Kind-einen-KiTa-Platz. pdf?__blob=publicationFile&v=7 (Download 05.05.2023).

BiB – Bundesinstitut für Bevölkerungsforschung (2020). Registrierte Asylanträge (1990–2020). https://www.bib.bund.de/DE/Fakten/Fakt/M21-Registrierte-Asylantraege-ab-1990.html (Download 15.06.2023).

bildungsklick.de (2005). Studium für Erzieherinnen. 12.12.2005. https://bildungsklick.de/hochschule-und-forschung/detail/studium-fuer-erzieherinnen (Download 01.06.2023).

BMFSFJ – Bundesministerium für Familien, Senioren, Frauen und Jugend (Hrsg.) (2022a). Bundesrat stimmt KiTa-Qualitätsgesetz zu. https://www.bmfsfj. de/bmfsfj/aktuelles/alle-meldungen/bundesrat-stimmt-kita-qualitaetsgesetz-zu-200716 (Download 12.06.2023).

BMFSFJ – Bundesministerium für Familien, Senioren, Frauen und Jugend (Hrsg.) (2022b). KiTa-Qualitätsgesetz: Großer Schritt für mehr Chancengerechtigkeit. Infopapier, Dezember 2022. https://www.bmfsfj.de/ resource/blob/206008/92ddfd71e2a5ccaff08c7dbf92fe0ad9/20221202-info-papier-kita-qualitaetsgesetz-data.pdf (Download 12.06.2023).

BMFSFJ – Bundesministerium für Familien, Senioren, Frauen und Jugend (Hrsg.) (2021). Eltern sein in Deutschland. Zusammenfassung des Gutachtens der Sachverständigenkommission. Berlin. Eltern sein in Deutschland. (bmfsfj.de) (Download 13.06.2023).

BMFSFJ – Bundesministerium für Familie, Senioren, Frauen und Jugend (Hrsg.) (2006). Zwölfter Kinder- und Jugendbericht. Bericht über die Lebenssituation junger Menschen und die Leistungen der Kinder- und Jugendhilfe in Deutschland. Verfügbar unter: https://www.bundesregierung.de/breg-de/service/publikationen/zwoelfter-kinder-und-jugendbericht-733332 (Download 28.06.2023).

BMFSFJ – Bundesministerium für Familien, Senioren, Frauen und Jugend (Hrsg.) (2003). Perspektiven zur Weiterentwicklung des Systems der Tageseinrichtungen für Kinder in Deutschland. Berlin. https://www.bmfsfj.de/resource/blob/94454/ b1641dd507e9705f036abac95b2ec4d9/perspektiven-zur-weiterentwicklung-des-systems-der-tageseinrichtungen-data.pdf (Download 28.05.2023).

Böhm, Mona (2023). Gesetzeslücke Kita? Kein Zuschuss für hessische Kinder in Bayern. In: BR24, 05.06.2023. https://www.br.de/nachrichten/bayern/gesetzesluecke-kita-kein-zuschuss-fuer-hessische-kinder-in-bayern,Tg23GZt (Download 09.06.2023).

Böttcher, Sabine (2020). Kitas und Kindererziehung in Ost und West. Hrsg. Bundeszentrale für politische Bildung (bpb). Kitas und Kindererziehung in Ost und West | bpb.de (Download 26.11.2022).

Bohlmann, Kathrin (2023). »Es reicht!«: Warum immer weniger Menschen Lehrer werden wollen. In: BR24, 14.05.2023. »Es reicht!«: Warum immer weniger Menschen Lehrer werden wollen | BR24 (Download 15.06.2023).

Bostelmann, Antje (2021). Einfach machen! Den digitalen Wandel im Kindergarten gestalten. Berlin.

bpb – Bundeszentrale für politische Bildung (2023). Öffentliche Ausgaben nach Aufgabenbereichen. https://www.bpb.de/kurz-knapp/zahlen-und-fakten/soziale-situation-in-deutschland/61871/oeffentliche-ausgaben-nach-aufgabenbereichen/ (Download 04.06.2023).

bpb – Bundeszentrale für politische Bildung (2022). Bevölkerung ohne Abschluss. 05.06.2022. https://www.bpb.de/kurz-knapp/zahlen-und-fakten/soziale-situation-in-deutschland/61653/bevoelkerung-ohne-abschluss/ (Download 11.06.2023).

Bremische Bürgerschaft (2022). Kitaplätze in Gefahr: Werden die Träger frühkindlicher Bildungseinrichtungen in Bremen ungleich behandelt und verliert Bremen als Standort damit an Attraktivität? Mitteilung des Senats. 26.04.2022. Drucksache 20/698 S zu 20/682 S. 2022-04-27_Drs-20-698 S_e0b8d.pdf (bremische-buergerschaft.de) (Download 31.05.2023).

Bund, Kerstin (2023). Das große Kindeswohlvergessen. In: Süddeutsche Zeitung, 11.04.2023. https://www.sueddeutsche.de/meinung/bildungspolitik-schulen-kitas-kindergrundsicherung-kommentar-1.5792341 (Download 22.05.2023).

Bund, Kerstin (2023b). Kein Platz für Kinder. In: Süddeutsche Zeitung, 04.06.2023. https://www.sueddeutsche.de/projekte/artikel/wirtschaft/kitas-kinderbetreuung-familienpolitik-vereinbarkeit-e894011/ (Download 04.06.2023).

Bundesarbeitsgemeinschaft der Kinderschutz-Zentren e.V. (2023). Digitale Mediennutzung kindgerecht gestalten: 5 Tipps von Kinderschutzexpert*innen. https://www.kinderschutz-zentren.org/interview/mediennutzungkindgerechtgestalten?utm_source=newsletter&utm_medium=email&utm_campaign=Newsletter+Juni+2023 (Download 14.06.2023).

bundestag.de (2023). 39. Sitzung des Familienausschusses. 24.05.2023. https://www.bundestag.de/dokumente/textarchiv/2023/kw21-pa-familie-39-sitzung-949370 (Download 16.06.2023).

buten un binnen (2023a). Mehr Kita-Plätze für Bremen: Senat will 300 Millionen Euro ausgeben. https://www.butenunbinnen.de/nachrichten/kita-platz-bremen-ausbau-senat-100.html (Download 12.06.2023).

buten un binnen (2023b). Lerndefizite: Ist ein Pflicht-Vorschuljahr in Bremen die Lösung? 12.02.2023. https://www.butenunbinnen.de/nachrichten/bremen-kitas-vorschuljahr-pflicht-100.html (Download 12.06.2023).

Butzmann, Erika (2023). Empathie und soziales Verstehen in den ersten Lebensjahren. In: ErzieherIn.de, 08.05.2023. https://www.erzieherin.de/empathie-und-soziales-verstehen-in-den-ersten-lebensjahren.html (Download 10.06.2023).

Corino, Eva (2023). Schulplatzvergabe in Berlin: Wenn selbst 1,1 nicht für die Wunschschule reicht. In: Berliner Zeitung, 08.06.2022. https://www.berliner-zeitung.de/lernen-arbeiten/schulplatzvergabe-in-berlin-wenn-selbst-11-nicht-fuer-die-wunschschule-reicht-li.233904 (Download 03.06.2023).

Der Bundespräsident (2023). UNICEF-Neujahrsgespräch »Aufwachsen in Krisen-zeiten«. 23.02.2023. https://www.bundespraesident.de/SharedDocs/Berichte/DE/Elke-Buedenbender/2023/230126-UNICEF-Neujahrsgespraech.html (Download 07.06.2023).

Der Paritätische Gesamtverband (2022). Kita-Bericht 2022 des Paritätischen Gesamtverbandes. Berlin. broschuere_kitabericht-2022.pdf (der-paritaetische.de) (Download 11.05.2023).

Der Spiegel (2023a). Kita-Not, Schulkrise – knapp hundert Verbände appellieren an Scholz. 01.06.2023. Olaf Scholz: Kita-Not, Schulkrise – knapp hundert Verbände appellieren an Bundeskanzler - DER SPIEGEL (Download 01.06.2023).

Der Spiegel (2023b). »Der Bund hat keine Fachkompetenz in Sachen Bildung«. 11.05.2023. https://www.spiegel.de/panorama/bildung/karin-prien-kritisiert-bettina-stark-watzinger-der-bund-hat-keine-fachkompetenz-in-sachen-bildung-a-2b8df1a7-1815-4176-bed9-b4040b939844 (Download 08.06.2023).

Der Spiegel (2023c). Jede fünfte Schulleitung will raus aus dem Job. 14.06.2023. https://www.spiegel.de/panorama/bildung/bildungsnotstand-jeder-fuenfte-schul-leiter-will-raus-aus-dem-job-a-52ab2cba-36b7-4ce6-869a-8879484b02aa (Download 14.06.2023).

Der Spiegel (2020). Deutschland investiert 150 Milliarden Euro in Bildung. 10.12.2020. https://www.spiegel.de/panorama/bildung/deutschland-investiert-150-milliarden-euro-in-bildung-a-58022b0d-28c4-4a20-8d46-b6354178c9f2?sara_ref=re-so-app-sh (Download 14.06.2023).

Der Ministerpräsident des Landes Schleswig-Holstein – Staatskanzlei (2023). Gesetz zur Förderung von Kindern in Kindertageseinrichtungen und in Kindertagespfle-ge (Kindertagesförderungsgesetz - KiTaG). Stand: Januar 2021. § 23: Räumliche Anforderung. https://www.schleswig-holstein.de/DE/landesregierung/themen/soziales/kitareform/Downloads/2101_Kitagesetz_Lesefassung.pdf?__blob=publicationFile&v=1 (Download 08.06.2023).

destatis (2023). 1,1 Millionen Zuzüge von Menschen aus der Ukraine im Jahr 2022. Pressemitteilung Nr. N010 vom 16.02.2023. 1,1 Millionen Zuzüge von Menschen aus der Ukraine im Jahr 2022 - Statistisches Bundesamt (destatis.de) (Download 04.06.2023).

destatis (2022). 35% der unter Dreijährigen am 1. März 2022 in Kindertagesbetreu-ung. Statistisches Bundesamt. Pressemitteilung Nr. 449 vom 23.09.2022. https://www.destatis.de/DE/Presse/Pressemitteilungen/2022/10/PD22_451_225.html (Download 06.11.2022).

destatis (2021). Drei von vier Müttern in Deutschland waren 2019 erwerbstätig. Pressemitteilung No. N 017 vom 05.03.2021. https://www.destatis.de/DE/Presse/Pressemitteilungen/2021/03/PD21_N017_13.html (Download 13.06.2023).

destatis (2020). Öffentliche Bildungsausgaben 2019 um 6,3 % gestiegen. Pressemit-teilung Nr. 495 vom 10. Dezember 2020. Öffentliche Bildungsausgaben 2019 um 6,3 % gestiegen - Statistisches Bundesamt (destatis.de) (Download 15.06.2023).

Deutsche Welle (2008). Bildungsgipfel. 22.10.2008. https://www.dw.com/de/auf-dem-weg-zur-bildungsrepublik/a-3731093 (Download 11.06.2023).

Deutscher Kitaverband (2022). Fachkräftemangel wirksam bekämpfen. Positions-papier, August 2022. Berlin. Deutscher-Kitaverband_Positionspapier_Fachkraef-temangel-wirksam-bekaempfen_2022.pdf (Download 12.05.2023).

Deutsches Kinderhilfswerk (2023). Infoportal Kinderrechte in Kommunen. Info-portal – Kinderrechte in Kommunen (Download 06.06.2023).

Deutschlandfunk (2023a). Dauerpatient Bildung. 14.04.2023. https://www.deutschlandfunk.de/dauerpatient-bildung-dlf-ea9a531a-100.html (Download 10.06.2023).

Deutschlandfunk (2023b). Baustelle Bildung – Wie kann der Aufbruch gelingen? 18.03.2023. https://ggg-web.de/z-ggg/16-aktuell/2048-ggg-2023-03 (Download 10.06.2023).

Deutschlandfunk (2023c). Kommentar zu IGLU-Studie: Wo bleibt der Aufschrei? 16.05.2023. https://www.deutschlandfunk.de/kommentar-zu-iglu-studie-keine-demokratie-ohne-lesekompetenz-dlf-7593de54-100.html (Download 10.06.2023).

Deutschlandfunk (2023d). Kirsten Boie über Lesedefizite: »Wir brauchen ein Son-dervermögen Bildung«. 16.05.2023. https://www.deutschlandfunkkultur.de/jedes-kind-muss-lesen-lernen-alarmierende-lesekompetenz-in-der-grundschule-dlf-kultur-58c2834f-100.html (Download 10.06.2023).

Deutschlandfunk (2017). Was muss Schule eigentlich leisten? In: Deutschlandfunk, 18.02.2017. https://www.deutschlandfunk.de/bildung-was-muss-schule-eigent-lich-leisten-100.html (Download 12.06.2023).

DGB-Bundesvorstand (2013). Fünf Jahre nach dem Bildungsgipfel – eine Bilanz. Die Umsetzung der Ziele des Dresdner Bildungsgipfels vom 22. Oktober 2008. (Download 11.06.2023). Berlin.

Diakonie in Niedersachsen (2022). Diakonie in Niedersachsen stellt Ergebnisse ihrer Kita-Umfrage vor – Die Situation in Kitas ist alarmierend. Pressemeldung vom 28.10.2022. Diakonisches Werk in Niedersachsen - Diakonie in Niedersach-sen stellt Ergebnisse ihrer Kita-Umfrage vor - Die Situation in Kitas ist alarmie-rend (diakonie-in-niedersachsen.de) (Download 18.11.2022).

Dibber gGmbH Kindertagesstätten (2023). Jedes Kind ist wertvoll. https://dibber.de/ (Download 12 .06.2022).

Diekmann, Nicole (2023a). Stark-Watzinger lädt zum Gipfel: Keiner kommt. In: ZDF, 12.03.2023. https://www.zdf.de/nachrichten/politik/bildungsgipfel-stark-watzinger-kritik-100.html (Download 11.06.2022).

Diekmann, Nicole (2023b). Bildung sollte Chefsache sein, kein Gedöns. In: ZDF, 14.03.2023. Gipfeltreffen: Bildung sollte Chefsache sein, kein Gedöns - ZDFheute (Download 11.06.2022).

DIE LINKE. Fraktion in der BVV Neukölln (2023). Philipp Dehne. https://www.linksfraktion-neukoelln.de/ueber-uns/bezirksverordnete/philipp-dehneLi/ (Download 01.06.2023).

Difu – Deutsches Institut für Urbanistik (2023). Fachkräftemangel in der Kinder- und Jugendhilfe – Impulse zum Umdenken. 24.04. Fachkräftemangel in der Kinder- und Jugendhilfe – Impulse zum Umdenken | ErzieherIn.de (Download 09.05.2023).

DIPF – Leibniz-Institut für Bildungsforschung und Bildungsinformation (2020). Forschungseinrichtungen / Netzwerke in der frühen Bildung. In: fachportal-paedagogik.de, 31.08.2020). https://www.fachportal-paedagogik.de/forschungs-information/forschungseinrichtungen-netzwerke-frueher-bildung-12520-de.html (Download 12.11.2022).

Dittrich, Gisela (2022). Praxisforschung und Modellprojekte in den Bereichen Kindertagesstätten und Tagespflege. Hrsg. Deutsches Jugendinstitut (DJI) . Datenbank ProKita. DJI - Datenbank ProKiTa (Download 06.11.2022).

DJI – Deutsches Jugendinstitut (Hrsg.) (2021). Fachkräftebarometer Frühe Bildung 2021. München. https://www.fachkraeftebarometer.de/fileadmin/Redaktion/Publikation_FKB2017/Publikation_FKB2021/WiFF_FKB_2021_web.pdf (Download 15.05.2023).

DKHW – Deutsches Kinderhilfswerk (2023). Kinderrechte endlich im Grundgesetz verankern. 23.05.2023. https://www.dkhw.de/presse/schlagzeilen-archiv/schlagzeilen-details/kinderrechte-endlich-im-grundgesetz-verankern/ (Download 29.06.2023).

DPFA-Schulen gGmbH (2023). Bist du für den Erzieherberuf geeignet? https://www.dpfa-erzieher.de/erzieher-werden/ausbildungsfinanzierung (Download 28.06.2023).

Eickhoff, Helmut (2023). Fachkräftemangel: Teilnehmer loben Ausgang von Kita-Gipfel. In: Hallo Niedersachsen, 25.05.2023, 19:14 Uhr. https://www.ndr.de/nachrichten/niedersachsen/Fachkraeftemangel-in-Kitas-Gipfeltreffen-soll-Loesungen-finden,kitagipfel102.html (Download 28.05.2023).

El-Mafaalani, Aladin (2020). Mythos Bildung: Die ungerechte Gesellschaft, ihr Bildungssystem und seine Zukunft. Köln.

ErzieherIn.de (2023a). Zum Weltspieltag am 28. Mai: 80 Prozent der Spielplätze schließen Kinder mit Behinderung aus. 25.05.2023. https://www.erzieherin.de/zum-weltspieltag-am-28-mai-80-prozent-der-spielplaetze-schliessen-kinder-mit-behinderung-aus.html (Download 10.06.2023).

ErzieherIn.de (2023b). Verband Kita-Fachkräfte Baden-Württemberg zum Tag der Kinderbetreuung. 15.05.2023. https://www.erzieherin.de/verband-kita-fachkraefte-baden-wuerttemberg-zum-tag-der-kinderbetreuung.html (Download 10.06.2023).

erzieherin-ausbildung.de (2023). Erzieherausbildung: Infos zu Voraussetzungen, Gehalt und Beruf. https://www.erzieherin-ausbildung.de/content/erzieherausbildung (Download 23.06.2023).

EUFH – Europäische Fachhochschule Rhein/Erft GmbH (2023). Warum solltest du Kindheitspädagogik studieren? https://www.eufh.de/bachelor/kindheitspaedagogik (Download 01.06.2023).

Faas, Stefan und Katharina Kluczniok, Hans-Günther Roßbach (2023). Auf die Kitaqualität kommt es an. Analysen und Argumente 503/Mai 2023. Hrsg. Konrad-Adenauer-Stiftung. Berlin. https://www.kas.de/documents/252038/22161843/Auf+die+Kitaqualit%C3%A4t+kommt+es+an.pdf/37d70b2d-3d2d-8419-7d4c-26580daaf88f?version=1.1&t=1684240858940 (Download 22.05.2023).

Falk von Löwis of Menar, Simone (2019). Wenn Eltern zu lange am Handy sind – Studie zeigt: Dauer der Smartphone-Nutzung beeinträchtigt Feinfühligkeit. In: idw-online, 28.11.2019. https://idw-online.de/de/news728012 (Download 12.06.2023).

FLEET Education Events GmbH, VBE Bundesverband, Bayerischer Lehrer- und Lehrerinnenverband (BLLV), VBE Baden-Württemberg, VBE Hessen und VBE Nordrhein-Westfalen (2023). DKLK-Studie 2023. Themenschwerpunkt: Personalmangel in Kitas im Fokus. Eine bundesweite Befragung unter 5.387 Kitaleitungen. Hamburg. https://www.google.com/url?sa=t&rct=j&q=&esrc=s&source=web&cd=&ved=2ahUKEwjZrOTQ4Oj_AhWHQvEDHY2hCqoQFnoE-CAsQAQ&url=https%3A%2F%2Fdeutscher-kitaleitungskongress.de%2Fwp-content%2Fuploads%2F2023%2F03%2FDKLK_Studie_2023_210x297_A4_V07_RZ-1.pdf&usg=AOvVaw2APlLWNhIX8MfKMGsLOvrq&opi=89978449 (Download 11.05.2023).

Forschungsverbund DJI/TU Dortmund (2020). Plätze. Personal. Finanzen. Bedarfsorientierte Vorausberechnungen für die Kindertages- und Grundschulbetreuung bis 2030. Teil 1: Kinder vor dem Schuleintritt. https://www.dji.de/fileadmin/user_upload/dasdji/presseinformationen/2020/Pl%C3%A4tzePer sonalFinanzen2020_Teil1.pdf (Download 15.05.2023).

Franke, Thomas und Beate Hollbach-Grömig, Kerstin Landua (2023). Berichte. Das Magazin des Fifu. Hrsg. Deutsches Institut für Urbanistik (Difu). 1/2023. 4–5.

Freund, Wieland (2023). Eltern wissen ja, woran das Bildungssystem krankt. In: Welt, 23.05.2023. Iglu-Studie: Eltern wissen ja, woran das Bildungssystem krankt - WELT (Download 07.06.2023).

Fröbel e. V. (2023). #Zusammen sind wir stark. https://www.froebel-gruppe.de/?saveOptinHistory=&cHash=c49516dbcbad0f1c1015cb1711658589 (Download 12.06.2023).

Fthenakis, Wassilios E. (2015). Bildung und Kompetenzerwerb. In: klett, de. https://www2.klett.de/sixcms/media.php/229/on_006137_6_3_084_2.pdf (Download 04.06.2023).

Fthenakis, Wassilios E. (2008). Frühkindliche Bildung und Konsistenz im Bildungsverlauf. In: Kauder, Volker, und Ole von Beust (Hrsg.). Chancen für Alle - die Perspektive der Aufstiegsgesellschaft. Freiburg. S. 85–111. https://www.kas.de/c/document_library/get_file?uuid=6223f1cc-50bd-31ed-5d52-0a276a83d509&groupId=252038 (Download 04.06.2023).

Fthenakis, Wassilios E. (2007). Bildung ist eine gesamtgesellschaftliche Aufgabe. Vortrag anlässlich der Eröffnung der DIDACTA-Fachmesse in Köln. 27. Februar 2007.

Fthenakis, Wassilios E. (o. J.). Das Fundament erfolgreicher Bildungsbiografien: die Kita. Interview. In: YouTube. https://www.youtube.com/watch?v=0lM6wQ181m4 (Download 04.06.2023).

FVM – Forschungsgruppe Verhaltensbiologie des Menschen – FVM (2019). PromiK – Professionalität messen in Kitas! 01.05.2019. https://www.promik.eu/ (Download 01.06.2023).

Geiger; Kristina, und Birgit Riedel (2023). Träger sind wichtige Akteure der Qualitätsentwicklung in der Frühen Bildung. In: Kita aktuell Baden Württemberg, 4/2023. S. 14–16. https://www.erzieherin.de/files/editorials/Kita_aktuell_BW_2023_04_Geiger_Riedel.pdf (Download 04.06.2023).

GEW – Gewerkschaft Erziehung und Wissenschaft (2015). »GEW: ‚Wir brauchen ein Kita-Qualitätsgesetz – Bund muss sich finanziell engagieren'«. Pressemitteilung vom 24.08.2015. https://www.gew.de/presse/pressemitteilungen/detailseite/gew-wir-brauchen-ein-kita-qualitaetsgesetz-bund-muss-sich-finanziell-engagieren-1-1 (Download 23.06.2023).

Graswurzelbündnis »Die bessere Kita« (2019). Heraus aus dem Schattendasein: Frühkindliche Bildung erhält neuen Stellenwert im Koalitionsvertrag. Pressemitteilung, 09.12.2019. http://die-bessere-kita.de/heraus-aus-dem-schatten-dasein-fruehkindliche-bildung-erhaelt-neuen-stellenwert-im-koalitionsvertrag/ (Download 04.06.2023).

Günther, Anna (2022). Scharfe Kritik an Bayerns Kita-Plänen. In: Süddeutsche Zeitung, 30.08.2022. https://www.sueddeutsche.de/bayern/kinderbetreuung-kritik-vorschlaege-scharf-kita-bayern-erziehung-1.5648039 (Download 12.06.2023).

Heimbach, Ferdinand (2023). So häufig werden unsere Kinder Opfer von Gewalt. In BILD, 05.06.2023. https://www.bild.de/ratgeber/2023/ratgeber/traurige-zahlen-so-haeufig-werden-unsere-kinder-opfer-von-gewalt-84078636.bild.html (Download 05.06.2023).

Hermann, Kirsten (2023). »Ich bin froh, wenn ich alle satt bekomme«. In: Weser Kurier, 01.06.2023. »Ich bin froh, wenn ich alle satt bekomme« (e-pages.dk) (Download 31.05.2023).

Herrmann, Karsten (2022). NUBBEK-Studie zum frühkindlichen Betreuungssystem. In: nifbe Fachbeiträge, 08.06.2022. https://www.nifbe.de/component/themensammlung?view=item&id=177:nubbek-studie-zur-fruehkindlichen-betreuungssystem&catid=137 (Download 28.05.2023).

Hild, Peter (2023). Neue IGLU-Studie: Forderung nach mehr Unterstützung für Grundschulen: In: WDR, 16.05.2023. https://www1.wdr.de/nachrichten/landespolitik/iglu-studie-forderung-grundschulen-nrw-100.html (Download 22.05.2023).

Hofmann, Rainer, und Philipp B. Donath (2017). Gutachten bezüglich der ausdrücklichen Aufnahme von Kinderrechten in das Grundgesetz nach Maßgabe der Grundprinzipien der UN-Kinderrechtskonvention. Hrsg. Deutsches Kinderhilfswerk. Berlin. Gutachten_KinderrechteinsGG_2017.pdf (dkhw.de) (Download 04.06.2023).

Holdmann, Hendrik (2019). »Viele sehen uns immer noch als Basteltanten« – eine Erzieherin erklärt die Personalnot in Kitas«. stern.de, 08.01.2029. https://www.stern.de/familie/kinder/extreme-personalnot-in-kitas--eine-erzieherin-erklaert-die-gruende-8521326.html#:~:text=Was%20macht%20den%20Job%20so%20unattraktiv%3F%20Die%20Hauptgr%C3%BCnde,immer%20von%20wenig%20Gehalt%20in%20der%20Ausbildung%20gesprochen. (Download 15.05.2023).

Hüther, Gerald (2023). Was wir von unseren Kindern lernen können. Vortrag am Fachtag »Gemeinsam Vielfalt leben und gestalten« am 07.02.2019 in Ulm. https://av1-shop.de/produkt/was-wir-von-unseren-kindern-lernen-konnen-prof-dr-gerald-huther/ (Download 31.05.2023).

idw – Informationsdienst Wissenschaft (2005). Frühpädagogik an der Uni Bremen: Profis in Kitas. 09.12.2005. https://idw-online.de/de/news140146 (Download 01.06.2023).

IJAB – Fachstelle für Internationale Jugendarbeit der Bundesrepublik Deutschland e.V. (2022). Qualifikation der sozialpädagogischen Fachkräfte. https://www.kinder-jugendhilfe.info/strukturen/personal/qualifikation-sozialpaedagogischer-fachkraefte (Download 26.06.2023).

Israel, Agathe (2017). Frühe Fremdbetreuung in der DDR. Erfahrungen mit der Krippenerziehung. In: Bundeszentrale für politische Bildung (bpb), 17.11.2017. Frühe Fremdbetreuung in der DDR | Deutschland Archiv | bpb.de (Download 23.06.2023).

IW – Institut der deutschen Wirtschaft (2020). Kinderbetreuung: In Deutschland fehlen immer mehr Betreuungsplätze. Pressemitteilung vom 11.10.2020. Kinderbetreuung: In Deutschland fehlen immer mehr Betreuungsplätze - Institut der deutschen Wirtschaft (IW) (iwkoeln.de) (Download 06.11.2022).

Jugendhilfeportal (2011). Forschungskolleg Frühkindliche Bildung neu ausgeschrieben. 20.04.2011. https://jugendhilfeportal.de/artikel/forschungskolleg-fruehkindliche-bildung-neu-ausgeschrieben-1 (Download 01.06.2023).

Kaul, Ina, Peter Cloos, Stephanie Simon, Werner Thole und Johannes Münder (2023). Rethinking frühkindliche »Erziehung, Bildung und Betreuung«. Fachwissenschaftliche und rechtliche Vermessungen zum Bildungsanspruch in der Kindertagesbetreuung. Hrsg. Pestalozzi-Fröbel-Verband. Berlin. https://www.pfv.info/wp-content/uploads/2023/05/pfv_Expertise_Rethinking_FEBB_2023.pdf (Download 31.05.2023).

Kita.de (2023a). PiA: Wissenswertes über die praxisintegrierte Ausbildung zum Erzieher. 30.04.2023. https://www.kita.de/wissen/pia-ausbildung/#1_Die_PIA_Ausbildung_wird_positiv_angenommen (Download 04.06.2023).

Kita.de (2023b). Kindergarten, Krippe und Hort. https://www.kita.de/ (Download 12.06.2023).

Kita.de (2023c). Kinder zweisprachig erziehen: Tipps für die bilinguale Erziehung. 17.05.2023. https://www.kita.de/wissen/kinder-zweisprachig-erziehen/ (Download26.06.2023).

Klax Gruppe (2023). Das sind wir. Wir sind das innovativste Kindergartenunternehmen der Welt. https://klax.de/de/ueber-uns/unternehmensportraet (Download 12.06.2023).

Klusemann, Stefan und Lena Rosenkranz, Julia Schütz (2020). Professionelles Handeln im System. Perspektiven pädagogischer Akteur*innen auf die Personalsituation in Kindertageseinrichtungen (HiSKiTA). Hrsg. Bertelsmann Stiftung. Gütersloh. Professionelles Handeln im System (bertelsmann-stiftung.de) (Download 31.05.2023).

Köpsell, Lena (2023). Aktionstag am Montag: Kitas sollen geschlossen bleiben – Eltern, Erzieher und Träger warnen vor Kita-Kollaps. In: Märkische Allgemeine, 14.05.2023. https://www.maz-online.de/brandenburg/aktionstag-am-15-mai-brandenburgs-erzieher-warnen-vor-kita-kollaps-GPXU6ZXQ3FFJLKDNEF-V5SRQAYU.html (Download 13.06.2023).

Kramer, Henri (2023). Warnung vor dem »Kitakollaps«: Mehr als 50 Potsdamer Einrichtungen beteiligen sich an landesweiter Protestaktion. In: Tagesspiegel 10.05.2023. https://www.tagesspiegel.de/potsdam/landeshauptstadt/warnung-vor-dem-kitakollaps-mehr-als-50-potsdamer-einrichtungen-beteiligen-sich-an-landesweiter-protestaktion-9793106.html (Download 10.05.2023).

Kopp, Carmen (2022). Mit Übersetzungs-App am Basteltisch. In: tagesschau. 27.04.2022. https://www.tagesschau.de/inland/gesellschaft/kita-kinder-ukraine-101.html (Download 15.06.2023).

Kotulla, Luise (2023). Essen vom Buffet, schlafen, wo man will: Besuch in der besten Kita Deutschlands in Halle. In: mdr.de, 17.05.2023. https://www.mdr.de/nachrichten/sachsen-anhalt/halle/halle/deutscher-kita-preis-kindertagesstaetteheide-sued-100.html (Download 09.06.2023).

KTK – Verband Katholischer Tageseinrichtungen für Kinder – Bundesverband e. V. (2023). KTK – Verband Katholischer Tageseinrichtungen für Kinder – Bundesverband e. V. https://www.caritas.de/diecaritas/deutschercaritasverband/fachver-baende/ktk/ktk (Download 12.06.2023).

Kühne, Anja und Tilman Warnecke (2015). DGB-Bilanz nach dem Bildungs-gipfel: Die Bildungsrepublik verfehlt ihre Ziele. In: Tagesspiegel, 07.01.2025. https://www.tagesspiegel.de/wissen/die-bildungsrepublik-verfehlt-ihre-zie-le-8137675.html (Download 11.06.2023).

kununu (2023). Was verdient man als Erzieher:in? Gehalt & Verdienstunterschiede. https://news.kununu.com/gehalt-als-erzieherin/ (Download 07.06.2023).

Kutter, Kaija (2023). Hamburger Senat bremst Kita-Ausbau. In: taz, 17.03.2023. https://taz.de/Kitas-sollen-fuer-Spielplaetze-bezahlen/!5919040/ (Download 07.06.2023).

kvjs.de (2023). Fachkräfte. https://www.kvjs.de/jugend/kindertageseinrichtungen/fachkraefte/#c24754 (Download 26.06.2023).

Lehn von, Birgitta (2010). Stress in der Krippe. In: Frankfurter Rundschau, 24.01.2010. https://www.fr.de/wissen/stress-krippe-11457417.html (Download 08.06.2023).

Lichtblick Kommunikation (2023). Wie verändert das Handy den Alltag von Kindern und Jugendlichen? https://www.informationszentrum-mobilfunk.de/wirtschaft-gesellschaft/mobile-gesellschaft/kinder-jugendliche (Download 08.06.2023).

LVR – Landschaftsverband Rheinland (2023). Planung einer Einrichtung. https://www.lvr.de/de/nav_main/jugend_2/kinderundfamilien/tageseinrichtungenfrkin-der/betrieb_einer_einrichtung_betriebserlaubnis/planung_einer_einrichtung/planung_einer_einrichtung_1.jsp (Download 08.06.2023).

Martus, Theresa (2022). Personalnot in Kitas: Das System ist dem Kollaps nahe. In: Berliner Morgenpost, 26.11.2022. https://www.morgenpost.de/politik/article237005673/personalnot-in-kitas-system-kollaps-eltern.html (Download 10.05.2023).

McElvany, Nele und Ramona Lorenz, Andreas Frey, Frank Goldhammer, Anita Schilcher, Tobias C. Stubbe (Hrsg.) (2023). IGLU 2021. Lesekompetenz von Grundschulkindern im internationalen Vergleich und im Trend über 20 Jahre. Münster. https://www.waxmann.com/index.php?eID=download&buchnr=4700 (Download 23.06.2023).

Menkens, Sabine (2023a). Wenn fast ein Drittel der Erstklässler sitzenzublei-ben droht. In: Welt, 06.05.2023. https://www.welt.de/politik/deutschland/plus245175002/Bildungsmisere-Wenn-fast-ein-Drittel-der-Erstklaessler-sitzenzu-bleiben-droht.html (Download 06.06.2023).

Menkens, Sabine (2023b). »Status quo zu halten und nicht noch schlechter zu wer-den, ist für uns ein Erfolg«. In: Welt, 23.05.2023. https://www.welt.de/politik/deutschland/plus245413338/Brennpunktschulen-Nicht-noch-schlechter-zu-wer-den-ist-fuer-uns-ein-Erfolg.html (Download 06.06.2023).

Menkens, Sabine (2023c). »Klarer Hinweis darauf, dass es eigentlich schon zu spät ist«. Interview mit Aladin El-Mafaalani. In: Welt, 06.06.2023. https://www.welt.de/politik/deutschland/plus245700726/Schulen-und-Integration-Klarer-Hin-weis-darauf-dass-es-eigentlich-schon-zu-spaet-ist.html (Download 06.06.2023).

Michler, Inga (2020a). Gravierende Qualitätsmängel in deutschen Kitas festgestellt. In: Welt, 05.01.2020. https://www.welt.de/wirtschaft/article204765640/Immermehr-Kitas-mit-Qualitaetsmaengeln-Beim-Ausbau-der-Kinderbetreuung-geht-Masse-vor-Klasse.html (Download 10.05.2023).

Michler, Inga (2020b). Die gefährlichen Betreuungsmängel in Deutschlands Kitas. In: Welt, 17.01.2020. https://www.welt.de/wirtschaft/article205058580/Kinder-tagesstaetten-Schlechte-Betreuungsqualitaet-schadet-Kindern-und-Gesellschaft.html (Download 10.05.2023).

Mlodoch, Peter (2023). Kultusministerin will gemeinsam mit Verbänden die Unterrichtsversorgung verbessern. In. Weser Kurier, 13.06.2023. Kleine Schritte gegen den Lehrermangel (e-pages.dk) (Download 13.06.2023).

Morzuch, Marion (2012). Gesunde Kinderernährung – Was ist das und wie geht das? In: lokalkompass.de, 14.04.2012. https://www.lokalkompass.de/event/bochum/c-information/gesunde-kinderernaehrung-was-ist-das-und-wie-geht-das_e95760 (Download 26.06.2023).

Müller, Silke (2023). Wir verlieren unsere Kinder. Gewalt, Missbrauch, Rassismus – Der verstörende Alltag im Klassen-Chat. München: Droemer-Knaur.

Nabi Robin L., und Lara N. Wolfers (2022). Does Digital Media Use Harm Children's Emotional Intelligence? A Parental Perspective. In: Media and Communication 10(1). SA. 350–360. Verfügbar unter: https://www.cogitatiopress.com/mediaandcommunication/article/view/4731 (Download 28.06.2023).

NDR (2022a). Studie: Hamburg fehlen im kommenden Jahr 3.700 Kita-Plätze. 20.10.2022. https://www.ndr.de/nachrichten/hamburg/Studie-Hamburg-fehlen-im-kommenden-Jahr-3700-Kita-Plaetze,kita1418.html.

NDR (2022b). Diakonie SH: »Erzieher-Ausbildung muss vergütet werden«. 15.03.2022. https://www.ndr.de/nachrichten/schleswig-holstein/Diakonie-SH-Erzieher-Ausbildung-muss-verguetet-werden,diakonie332.html (Download 04.06.2023).

neustart-bildung-jetzt.de (2023). Appell an den Bundeskanzler und die Länderchefinnen und -chefs. https://neustart-bildung-jetzt.de/ (Download 26.06.2023).

News4teachers (2023a). Arbeitgeber-Präsident fordert mehr Ganztag: »Studien zur Schulqualität sind alarmierend«. 12.02.2023. https://www.news4teachers.de/2023/02/arbeitgeber-praesident-alle-studien-zur-schulqualitaet-sind-alarmie-rend/ (Download 15.06.2023).

News4teachers (2023b). Palmer: Flüchtlingskinder nicht mehr in Kitas unterbringen – nur in Spielgruppen. 22.02.2023. https://www.news4teachers.de/2023/02/palmer-fluechtlingskinder-nicht-mehr-in-kitas-unterbringen-nur-in-spielgrup-pen/ (Download 15.06.2023).

nifbe – Niedersächsisches Institut für frühkindliche Bildung und Entwicklung (2023a). Für Qualität und Verlässlichkeit in der frühkindlichen Bildung! 22.05.2023. https://www.nifbe.de/infoservice/aktuelles/2338-fuer-qualitaet-und-verlaesslichkeit-in-der-fruehkindlichen-bildung (Download 10.06.2023).

nifbe – Niedersächsisches Institut für frühkindliche Bildung und Entwicklung (2022). »Das Kita-System steht vor dem Kollaps«. Positionspapier vom 05.09.2022. https://www.nifbe.de/images/nifbe/Aktuelles_Global/2022/Das_Kita_System_steht_vor_dem_Kollaps-Appell_der_Wissenschaft-31.8.2022.pdf (Download 18.11.2022).

nifbe – Niedersächsisches Institut für frühkindliche Bildung und Entwicklung (2022a). »KiTa-Befragung der Diakonie mit alarmierenden Ergebnissen«.

02.11.2022. https://www.nifbe.de/infoservice/aktuelles/2239-kita-befragung-der-diakonie-mit-alarmierenden-ergebnissen (Download 27.06.2023).

nifbe – Niedersächsisches Institut für frühkindliche Bildung und Entwicklung (2016). Neue Koalition verspricht »beste Bildungschancen«. 26.11.2021. https://www.nifbe.de/infoservice/aktuelles/2042-neue-koalition-verspricht-beste-bildungschancen (Download 04.06.2023).

nifbe – Niedersächsisches Institut für frühkindliche Bildung und Entwicklung (2016b). Wassilios Fthenakis: Wie frühe Bildung gelingt. 16.02.2016. https://www.nifbe.de/infoservice/aktuelles/959-prof-fthenakis-wie-fruehe-bildung-gelingt (Download 04.06.2023).

nifbe – Niedersächsisches Institut für frühkindliche Bildung und Entwicklung (2016). Ilse Wehrmann: Bildungssoli für die KiTas? 04.03.2016. https://www.nifbe.de/infoservice/aktuelles/970-bildungssoli-fuer-die-kitas (Download 03.06.2023).

nifbe – Niedersächsisches Institut für frühkindliche Bildung und Entwicklung (2013). Wie wird der ErzieherInnen-Beruf attraktiver? Prof. Dr. Maria-Eleonara Karsten im Interview. 10.04.2013. https://www.nifbe.de/infoservice/aktuelles/462-wie-wird-der-erzieherinnen-beruf-attraktiver (Download 12.06.2023).

Novotny, Rudi (2023). Kinder? Nicht so wichtig! In: Zeit online, 24.05.2023. https://www.zeit.de/2023/22/elternschaft-kinder-stellenwert-vermaechtnisstudie (Download 01.06.2023).

OECD – Organization for Economic Cooperation and Development (2004). Die Politik der frühkindlichen Betreuung, Bildung und Erziehung in der Bundesrepublik Deutschland. Ein Länderbericht der Organisation für wirtschaftliche Zusammenarbeit und Entwicklung (OECD). Berlin.

Oschmiansky, Frank und Jürgen Kühl und Tim Obermeier (2020). Das Ende des Ernährermodells. Hrsg. Bundeszentrale für politische Bildung (bpb). https://www.bpb.de/themen/arbeit/arbeitsmarktpolitik/306053/das-ende-des-ernaehrermodells/ (Download 25.11.2022).

pme familienservice (2023). Notbetreuung. Kinderbetreuung in Ausnahmefällen. https://www.familienservice.de/web/lernwelten/notbetreuung (Download 12.06.2023).

Posener, Alan (2023). Fokus auf Mathe und Deutsch? Der fatale Irrweg unserer Schulen. In: Welt, 09.06.2023. https://www.welt.de/kultur/plus245630806/Bildung-Fokus-auf-Mathe-und-Deutsch-Der-fatale-Irrweg-deutscher-Schulen.html (Download 10.06.2023).

Preissing, Christa (2019). Bildungsort Kita: Welche Pädagogik braucht der Lebensort Kita und wer kann sie leisten? Baustelle Kita auf der didacta 2019. Vortrag am 22.02.2019. Dr. Christa Preissing Multiprofessionelle Teams in Kitas – Ressourcen und Herausforderungen (beta-diakonie.de) (Download 06.11.2022).

P_WERK (2023a). Die Mischung macht's: Multiprofessionell in Kitas arbeiten. https://www.p-werk.de/blog-post/multiprofessionell-in-kitas-arbeiten (Download 29.06.2023).

P_WERK (2023b). Jobs im Bereich Pädagogik: Menschen mit Empathie und Fachwissen. https://www.p-werk.de/blog-post/jobs-im-bereich-paedagogik (Download 13.11.2022).

Qualität in Kitas Onlineakademie GmbH (2023). Kinder verdienen Qualität. Expert:innen zur aktuellen Lage im Interview. https://qualitaet-kita.de/kinder-verdienen-qualitaet/ (Download 12.11.2022).

Ravens-Sieberer Ulrike, Anne Kaman, Janine Devine, Constanze Löffler, Franziska Reiß, Ann-Kathrin Napp, Martha Gilbert, Hila Naderi, Klaus Hurrelmann, Robert Schlack, Heike Hölling und Michael Erhart (2022). Seelische Gesundheit und Gesundheitsverhalten von Kindern und Eltern während der COVID-19-Pandemie – Ergebnisse der COPSY-Längsschnittstudie [The mental health and health-related behavior of children and parents during the COVID-19 pandemic: findings of the longitudinal COPSY study]. Deutsches Ärzteblatt International; 119. https://doi.org//10.3238/arztebl.m2022.0173 (Download 15.05.2023).

rbb24 (2023). Eltern und Erzieher protestieren für bessere Kita-Betreuung. 15.05.2023. https://www.rbb24.de/politik/beitrag/2023/05/brandenburg-kita-protest-kindertagesstaette-kindergarten-personal-geschlossen.html (Download 13.06.2023).

Robert Bosch Stiftung (Hrsg.) (2008). Frühpädagogik Studieren – ein Orientierungsrahmen für Hochschulen. Stuttgart. https://www.yumpu.com/de/document/read/2654050/fruhpadagogik-studieren-ein-robert-bosch-stiftung (Download 01.06.2023).

Rolfes Andrea (2023). Bielefelder Eltern sehen Kitas vor dem Kollaps und starten Petition: In: NW.de 10.05.2023. https://www.nw.de/lokal/bielefeld/mitte/23557614_Bielefelder-Eltern-sehen-Kitas-vor-dem-Kollaps-und-starten-Petition.html (Download 10.05.2023).

Rosenberg von, Florian (2023). Die beschädigte Kindheit: Das Krippensystem der DDR und seine Folgen. München.

Rudzio, Kolja (2023). Intel in Magdeburg. Der Milliarden-Acker. In: Die Zeit, 22.06.2023. https://www.zeit.de/2023/27/intel-magdeburg-chipfabrik-subvention (Download 26.06.2023).

Schattauer, Göran (2023). Migranten-Kinder mischen deutsche Kitas auf – Erzieherinnen verzweifeln. In: Focus online, 08.05.2023. https://www.focus.de/panorama/erzieherin-packt-aus-du-mir-nix-sagen-du-deutsch-zoff-mit-migranten-jungs-im-kindergarten_id_190115478.html

Schnetzer, Simon und Kilian Hampel, Klaus Hurrelmann (2023). Trendstudie Jugend in Deutschland. Aktuelle Krisen belasten Jüngere stärker als Ältere – ein Generationenkonflikt bleibt aus. Frankfurt a. M.

Schoener, Johanna (2023). Mehr Anschwung. In: Die Zeit, 20.04.2023. https://www.zeit.de/2023/17/kitas-krise-fachkraeftemangel?utm_referrer=https%3A%2F%2Fwww.bing.com%2F (Download 05.05.2023).

Schumann, Jan (2023). Ich war 9 Monate Lehrer – es war die Hölle! In: Bild, 14.06.2023. https://www.bild.de/regional/thueringen/thueringen-aktuell/quereinsteiger-berichtet-ich-war-9-monate-lehrer-es-war-die-hoelle-84309942.bild.html (Download 14.06.2023).

Seitz, Josef (2023). Eine Lösung für das deutsche Pflege-Desaster liegt in Finnland. In Focus, 11.06.2023. https://www.focus.de/kultur/kino_tv/tv-kolumne-pflege-neu-gedacht-eine-loesung-fuer-das-deutsche-pflege-desaster-liegt-in-finnland_id_196102434.html (Download 12.06.2023).

Sommer, Bettina, und Tim Hochgürtel (2023). Datenreport 2021. Familien und ihre Strukturen. Hrsg. Bundeszemtrale für politische Bildung. https://www.bpb.

de/kurz-knapp/zahlen-und-fakten/datenreport-2021/familie-lebensformen-und-kinder/329561/familien-und-ihre-strukturen/ (Download 08.06.2023).

Spieß, C. Katharina (2023). Hat das Gute-Kita-Gesetz dazu beigetragen, die Potenziale der frühkindlichen Bildung besser auszuschöpfen? Was sollte die Politik darüberhinaus machen? Vortrag am 30.11.2020 beim DIW Berlin.

Spiewak, Martin (2023). Mit Verschulung hat das nichts zu tun. In: Zeit online, 31.05.2023. https://www.zeit.de/2023/23/fruehkindliche-bildung-kita-grundschule-fachkraeftemangel-paedagogik (Download 01.06.2023).

statista (2023a). Verteilung der öffentlichen Bildungsausgaben von Bund, Ländern und Gemeinden in Deutschland nach Körperschaftsgruppen im Jahr 2021. Verteilung der öffentlichen Bildungsausgaben nach Bereichen | Statista (Download 04.06.2023).

statista (2023b). Arbeitslosenquote in Deutschland im Jahresdurchschnitt von 2005 bis 2023. https://de.statista.com/statistik/daten/studie/1224/umfrage/arbeitslosenquote-in-deutschland-seit-1995/ (Download 04.06.2023).

statista (2023c). Anteile der Euro-Länder am erweiterten Euro-Rettungsschirm EFSF. https://de.statista.com/statistik/daten/studie/201823/umfrage/anteile-der-euro-laender-am-efsf/#:~:text=Die%20Statistik%20zeigt%20die%20Anteile%20der%20Euro-L%C3%A4nder%20am,des%20EFSF%20bel%C3%A4uft%20sich%20auf%2021%20Milliarden%20Euro. (Download 07.06.2023).

statista (2023d). Ausgaben der öffentlichen Haushalte in Deutschland für Bildung von 1995 bis 2022. 05.05.2023. https://de.statista.com/statistik/daten/studie/2526/umfrage/entwicklung-der-oeffentlichen-bildungsausgaben/ (Download 15.06.2023).

statista (2023e). Lehrkräftemangel an Schulen. https://de.statista.com/themen/10477/lehrermangel-in-deutschland/#topicOverview (Download 15.06.2023).

statista (2021). Bildungsfinanzbericht 2021. Wiesbaden. https://www.destatis.de/DE/Themen/Gesellschaft-Umwelt/Bildung-Forschung-Kultur/Bildungsfinanzen-Ausbildungsfoerderung/Publikationen/Downloads-Bildungsfinanzen/bildungsfinanzbericht-1023206217004.pdf?__blob=publicationFile (Download 15.06.2023).

Steinberg, Friederike (2023). Warum Berlin den Übergang an die Oberschule neu regeln will. In: rbb24, 27.01.2023. https://www.rbb24.de/politik/beitrag/2023/01/schule-berlin-oberschule-vergabe-plaetze-noten-wege.html (Download 03.06.2023).

Steinert, Janina und Cara Ebert (2021). Gewalt an Frauen und Kindern in Deutschland während Covid19-bedingten Ausgangsbeschränkungen: Zusammenfassung der Ergebnisse. TU München und RWI. Zusammenfassung. https://www.kriminalpraevention.de/files/DFK/Praevention%20haeuslicher%20Gewalt/2020_Studienergebnisse%20Covid%2019%20HGEW.pdf (Download 15.05.2023).

Stephan, Elmar (2023). Alle Kommunen in Niedersachsen sind vom Fachkräftemangel betroffen – Konferenz sucht nach Lösungen. In: Weser Kurier, 26.05.2023. Erste Kita-Gruppen müssen zeitweise schließen (e-pages.dk) (Download 28.05.2023).

Stiftung Bildung (2023). Nationaler Bildungsgipfel – wir brauchen mehr davon 5-Punkte-Plan für einen Paradigmenwechsel in der Bildung. Positionspapier. 14.03.2023. https://www.stiftungbildung.org/wp-content/uploads/230308sb_

Positionspapier_Bildungsgipfel_StiftungBildung_PDF.pdf (Download 11.06.2023).

Stiftung Grone Schule (2023). Zweitkraft in Kindertagesstätten. https://www.grone.de/bildungsangebote/detail/angebot/zweitkraft-in-kindertagesstaetten-2037/ (Download 23.06.2023).

Stiftung Kinder forschen (2023). Jahresbericht 2022 der Stiftung Kinder forschen. Berlin. Jahresbericht 2022 (stiftung-kinder-forschen.de) (Download 24.05.2023).

Strätz, Rainer (2023). Qualität und Qualitätsmanagement als fachliche und politische Notwendigkeiten. In: imap://gajdacz%40team-4media%2Ecom@imap.1und1.de:993/fetch%3EUID%3E/INBOX%3E28819?part=1.1.6&filename=09694000_Das_gr.Hdb_Qualitats_Kita_2A__Kap_01_v2.pdf&type=application/pdf (Download 11.05.2023).

Sundermann, Sara (2023a). An vielen Schulen fehlen Musiklehrer. In: Weser Kurier, 24.05.2023. An vielen Grundschulen fehlen Musiklehrer (e-pages.dk) (Download 24.05.2023).

Sundermann, Sara (2023b). Arbeitnehmerkammer und CDU erwarten in diesem Jahr eine besonders große Lücke in den Krippen. In: Weser Kurier, 01.02.2023.

Sundermann, Sara (2023c). Was eine Initiative für bessere Bildung in Bremen fordert. In: Weser Kurier, 10.01.2023. https://www.weser-kurier.de/bremen/initiative-will-reformen-in-bremer-schulen-anstossen-doc7offoe7rwc118462poub (Download 14.06.2023).

SWR (2023a). Bildungs-Appell: Verbände fordern mindestens 100 Milliarden Euro. In: SWR aktuell, 01.06.2023. Bildungs-Appell: Verbände fordern mindestens 100 Milliarden Euro - SWR Aktuell (Download 01.06.2023).

SWR (2023b). Bleiben 40 Erstklässler in Ludwigshafener Grundschule sitzen? 13.04.2023. https://www.swr.de/swraktuell/rheinland-pfalz/ludwigshafen/ludwigshafen-brennpunkt-grundschule-40-kinder-erste-klasse-bleiben-sitzen-100.html (Download 31.05.2023).

tagesschau.de (2023a). Jeder vierte Viertklässler kann nicht richtig lesen. 16.05.2023. https://www.tagesschau.de/inland/gesellschaft/bildung-lesen-iglustudie-100.html. (Download 22.05.2023).

tagesschau.de (2023b). Wieder mehr Kinder in Deutschland. 30.05.2023. https://www.tagesschau.de/inland/gesellschaft/kinder-geburtenrate-statistik-100.html (Download 31.05.2023).

tagesschau.de (2023c). Philipp Dehne, Bildungskampagne »Schule muss anders«, zur Initiative »Bildungswende jetzt!«. https://www.tagesschau.de/multimedia/sendung/tagesschau24/schwerpunkt/video-1202302.html (Download 01.06.2023).

tagesschau.de (2023d). Mit Geld gegen »eine der schwersten Bildungskrisen«. 01.06.2023. https://www.tagesschau.de/inland/gesellschaft/verbaende-fordern-bildungswende-100.html (Download 01.06.2023).

Tagesspiegel (2023). »Trotz Rechtsanspruchs: Kinder aus armen Familien bekommen seltener einen Kita-Platz«. 10.02.2023. https://www.tagesspiegel.de/politik/trotz-rechtsanspruchs-kinder-aus-armen-familien-bekommen-seltener-einen-kita-platz-9478124.html (Download 10.05.2023).

Theiner, Jürgen (2023). Schule zentralisiert Lehrerverteilung. In: Weser Kurier, 08.06.2023. Schulamt zentralisiert Lehrerverteilung (e-pages.dk) (Download 08.06.2023).

Thieme, Andreas (2023). Kita-Krise: Tausende Plätze fehlen in München – »System kurz vor dem Kollaps«. In: tz München, 07.05.2023. https://www.tz.de/muenchen/stadt/krise-in-den-kitas-tausende-plaetze-fehlen-in-muenchen-zr-92260795.html (Download 10.05.2023).

Tietze, Wolfgang, Susanne Viernickel (Hrsg.), Irene Dittrich, Katja Grenner, Andrea Hanisch, Andrea Lasson und Jule Marx (2017). Pädagogische Qualität entwickeln. Berlin. https://www.verlagdasnetz.de/home/verlagsprogramm-181/praxismateriali-en/1809-paedagogische-qualitaet-entwickeln.html (Download 28.05.2023).

Tietze, Wolfgang und Fabienne Becker-Stoll, Joachim Bensel, Andrea G. Eckhardt, Gabriele Haug-Schnabel, Bernhard Kalicki, Heidi Keller, Birgit Leyendecker (Hrsg.) (2012). NUBBEK Nationale Untersuchung zur Bildung, Betreuung und Erziehung in der frühen Kindheit. Weimar/Berlin.

Trauernicht, Mareike, Nadine Besser und Yvonne Anders (2022). Burnout in der Kita und der Zusammenhang zu Aspekten der Arbeitszufriedenheit. In: Frühe Bildung 11(2). 85–93. https://econtent.hogrefe.com/doi/epdf/10.1026/2191-9186/a000566 (Download 28.05.2023).

Trüb, Kristin (2023). Handy-Nutzung von Eltern beeinflusst Sprachentwicklung der Kinder. https://www1.wdr.de/nachrichten/ruhrgebiet/handy-nutzung-von-eltern-wirkt-sich-negativ-auf-kinder-aus-100.html (Download 12.06.2023).

Tulowski, Pierre, Marcus Pietsch, Gloria Sposato, Colin Cramer Kana Groß Ophoff (2022). Schulleitungsmonitor Deutschland. Zentrale Ergebnisse aus der Befragung. Hrsg. Wübben Stiftung. Düsseldorf. Verfügbar unter: https://www.wuebben-stiftung-bildung.org/schulleitungsmonitor-deutschland-2022/

Universität Bremen (2011). PiK – Profis in Kitas der Robert Bosch Stiftung. https://www.fruehpaedagogik.uni-bremen.de/forschung/pik_ueberblick.html (Download 28.06.2023).

Verband Bildung und Erziehung (2023). Dramatische Zuspitzung: Personalmangel gefährdet frühkindliche Bildung. Pressemitteilung, 21.02.2023; Studie zugänglich unter: https://deutscher-kitaleitungskongress.de/digitale-pressemappe-2023/ (Download 11.05.2023).

Verband Bildung und Erziehung Baden-Württemberg (2023). DKLK-Studie: Personalmangel an Kitas gefährdet Bildung von Kleinkindern. 08.05.2023. https://www.vbe-bw.de/meldung/dklk-studie-personalmangel-an-kitas-fuehrt-in-soziale-krise/ (Download 06.06.2023).

Verband KiTa-Fachkräfte Baden-Württemberg (2023). Personalmangel in Kitas in BaWü immer dramatischer. Pressemitteilung vom 17.05.2023. Pressemitteilung: Personalmangel in Kitas in BaWü immer dramatischer (17.05.2023) – Verband Kitafachkräfte Baden-Württemberg (verband-kitafachkraefte-bw.de) (Download 02.06.2023).

Verband KiTa-Fachkräfte Rheinland-Pfalz (2023a). Die Probleme des Bildungssystems beginnen in der Kita. 27.04.2023. https://kitafachkraefteverband-rlp.de/die-probleme-des-bildungssystems-beginnen-in-der-kita/ (Download 07.05.2023).

Verband KiTa-Fachkräfte Rheinland-Pfalz (2023b). Unsere Ziele und Forderungen. Unsere Ziele und Forderungen - Kitafachkräfteverband RLP (kitafachkraefteverband-rlp.de) (Download 15.06.2023).

Verbeet, Markus (2010). Pisa 2000 bis 2009. Bilanz eines Schock-Jahrzehnts. In: Der Spiegel, 07.12.2010. Pisa 2000 bis 2009: Bilanz eines Schock-Jahrzehnts

– DER SPIEGEL. https://www.spiegel.de/lebenundlernen/schule/pisa-2000-bis-2009-bilanz-eines-schock-jahrzehnts-a-733310.html (Download 07.06.2023).

ver.di (2023). Kita-System steht vor dem Kollaps. Pressemitteilung vom 20.10.2022. https://gesundheit-soziales-bildung.verdi.de/mein-arbeitsplatz/sozial-und-erziehungsdienst/++co++55ca26a4-5062-11ed-b4a1-001a4a160111 (Download 10.05.2023).

Viernickel, Susanne (2023). E-Mail an die Autorin vom 13.06.2023.

Viernickel, Susanne (2016). Qualität in Kitas. In: nifbe Fachbeiträge, 26.02.2016. https://www.nifbe.de/fachbeitraege/themenstruktur?view=item&id=210:qualitaet-in-kitas&catid=61 (Download 28.05.2023).

Volkert, Lilith (2023a). Burn-out im Klassenzimmer In: Süddeutsche Zeitung, 20.02.2023. https://www.sueddeutsche.de/politik/lehrermangel-schule-studenten-nachwuchssorgen-probleme-1.5754315 (Download 07.06.2023).

Volkert, Lilith (2023b). Kinder in Deutschland können immer schlechter lesen. In: Süddeutsche Zeitung, 16.05.2023. https://www.sueddeutsche.de/politik/lesen-grundschule-schlechte-ergebnisse-deutschland-1.5861819 (Download 07.06.2023).

Wachs, Carl-Victor, und Luisa Volkhausen (2023). Deshalb schreiben deutsche Schüler so schlecht. »Mama, hap dich lip«. In: BILD, 23.05.2023. »Mama, hap dich lip«: Deshalb schreiben deutsche Schüler so schlecht | Politik | BILD.de (Download 23.05.2023).

Wahnschaffe, Anja (2023). Bildung als Schlüssel: Wie Kinder einen Weg aus der Armut finden. In: BR24, 09.06.2023. https://www.br.de/nachrichten/bayern/bildung-als-schluessel-wie-kinder-einen-weg-aus-der-armut-finden,TgVx6R (Download 09.06.2023).

Wapler, Sabine und Dagmar Müller, Helen Baykara-Krumme (2021). Eltern sein in Deutschland: Perspektiven des 9. Familienberichts. Onlineveranstaltung auf dem 17. Deutschen Kinder- und Jugendhilfetag (DJHT), 18.05.2021. Eltern sein in Deutschland: Perspektiven des 9. Familienberichts (dji.de) (Download 14.06.2023).

Wapler, Friederike (2017). Umsetzung und Anwendung der Kinderrechtskonvention in Deutschland Rechtsgutachten im Auftrag des Bundesministeriums für Familie, Senioren, Frauen und Jugend. Berlin. 2017-gutachten-umsetzung-kinderrechtskonvention-data.pdf (bmfsfj.de) (Download 04.06.2023).

Waterkant Academy van Dieken (2023). Digitale Lernwerkstatt. Waterkant Academy (waterkant-academy.com) (Download 26.06.2023).

Wehrmann, Ilse (2023). Bildung im Elementarbereich: konsequenten Reformkurs wagen. In: Rainer Strätz (Hrsg.). Das große Han000dbuch Qualitätsmanagement in der Kita. Kronach. S. 65–81. https://www.ilse-wehrmann.de/files/publikationen/handbuch-qualitaetsmanagement-in-der-kita.pdf (Download 03.06.2023).

Wehrmann, Ilse (2014). Bildungsforschung 2020 – Zwischen wissenschaftlicher Exzellenz und gesellschaftlicher Verantwortung. Vortrag anlässlich des Forums 8 Bildungsökonomie – Reichweite und Grenzen eines bildungswissenschaftlichen Ansatzes, 27.–28. März 2014, Berlin. https://www.ilse-wehrmann.de/cms/28.03.14%20BMBF.pdf (Download 03.06.2023).

Wehrmann, Ilse (2004). Kindergarten und Gütesiegel. In: Ilse Wehrmann (Hrsg.): Kindergärten und ihre Zukunft. Weinheim, Basel, Berlin.

Weitwinkel Bildung (2023a). Bildungsgerechtigkeit in Bremen. Anspruch und Wirklichkeit. Bremen. https://www.bildung.bremen.de/sixcms/media.php/13/ZfLB_Weitwinkel_Bildung_V4.pdf (Download 14.06.2023).

Weitwinkel Bildung (2023b). Website der Initiative »Weitwinkel Bildung«. https://www.weitwinkel-bildung.de/ (Download 14.06.2023).

Welt (2023a). Präsident des Lehrerverbands will Englisch an Grundschulen streichen. https://www.welt.de/politik/deutschland/article245769834/Um-Basics-kuemmern-Praesident-des-Lehrerverbands-will-Englisch-an-Grundschulen-streichen.html (Download 09.06.2023).

Welt (2023b). Olaf Scholz bei den kleinen Forschern. 13.06.2013. https://www.welt.de/regionales/berlin/article245830034/Olaf-Scholz-bei-den-kleinen-Forschern.html (Download 13.06.2023).

Witt, Martin (2023). »Fatale Auswirkungen«: Eine Studie zeigt, welchen Einfluss ständige Handynutzung auf Kinder hat. In: businessinsider.de, 11.05.2023. https://www.businessinsider.de/leben/eine-studie-zeigt-welchen-einfluss-staendige-handynutzung-auf-kinder-hat/ (Download 12.06.2023).

Youtube (2023). »Multiprofessionelle Teams sind ein Vorteil« – Interview mit Prof. Dr. Dörte Weltzien. https://www.youtube.com/watch?v=JIduxeGVkPQ (Download 13.06.2023).

ZDF (2023). 1,1 Millionen Ukrainer in Deutschland. https://www.zdf.de/nachrichten/panorama/fluechtlinge-statistisches-bundesamt-ukraine-krieg-russland-100.html (Download 15.06.2023).

ZDF (2022). Jeder zweiten Kita fehlen Erzieher. ZDF.de, 13.06.2022. https://www.zdf.de/nachrichten/wirtschaft/kita-bericht-2022-fachkraefte-personalmangel-kindergarten-100.html (Download 10.05.2023).

Zeit online (2023a). Fachkräfte warnen vor Qualitätsverlust in Kitas. 24.04.2023. https://www.zeit.de/news/2023-04/24/fachkraefte-warnen-vor-qualitaetsverlust-in-kitas (Download 10.05.2023).

Zeit online (2023b). Stark-Watzinger hält Ergebnisse von Lesestudie für »alarmierend«. 16.05.2023. https://www.zeit.de/gesellschaft/schule/2023-05/iglu-studie-2023-bettina-stark-watzinger (Download 22.05.2023).

Zeit online (2023c). Müssen 40 Erstklässler einer Schule wiederholen? 21.04.2023. https://www.zeit.de/news/2023-04/21/muessen-40-erstklaessler-einer-schule-sitzenbleiben (Download 31.05.2023).

Zeit online (2023d). Fachkräftemangel erreichte 2022 Rekordniveau. 16.04.2023. https://www.zeit.de/wirtschaft/2023-04/fachkraeftemangel-arbeitsmarkt-iw-ukrainekrieg-inflation (Download 04.06.2023).

Zeit online (2023e). Eine Blamage für die Bildungsministerin. 14.03.2023. ZEIT ONLINE | Lesen Sie zeit.de mit Werbung oder im PUR-Abo. Sie haben die Wahl. (Download 11.06.2023).

Zimmermann, Ben (2021). »Das Kind hat mehr davon, bei den Eltern zu sein«. Weser Kurier, 07.03.2021. https://www.weser-kurier.de/bremen/gespraech-mit-bremer-entwicklungspsychologin-ueber-krippenbetreuung-doc7fbocdi56khgcfclavi (Download 08.06.2023).